스탄차의 밤

김종광 평론집

책을 내면서

　문학의 많은 갈래 중 유독 시를 생각하면 마음이 깊어진다. 존재하는 것들에 영롱하게 뿌리내린 시인들의 사념은 사람들을 한층 성찰하게 만들거나 삶의 진실로 다가가는 마음과 순정한 마음을 더욱 값지게 키울 것이다.
　과거의 응축된 시간과 율동하는 생명이 사람 안에서 사람들의 눈동자 속에서 이글거리기를 바라며, 아름답게 유지되어야 할 것들에 대한 사념으로 하루하루 어제와 같은 오늘에 충실하기를 바란다. 마치 모네의 루앙 대성당의 그림처럼 반복되고 차이가 나면서 요원하던 일상이 세심하게 풍요로워지고 아늑해지기를 바란다. 그 모든 최일선에 시인이 있고 시가 있기를 소원하는 마음으로 평론이라는 창작을 시도하고 있다.
　이미지와 욕망으로 뒤덮인 세상 속에서, 듬성듬성한 징검다리 같은 행간의 틈으로 침잠하는 일상과 직관하는 시어들을 어찌 내려 읽지 않을 수 있을까. 평론은 그 틈새에서 짙은 밤을 만드는 작업이다.

　스탄차의 밤. 행간의 밤.

　스탄차는 조르조 아감벤의 저서『행간(Stanze)』에서 공감 깊어 빌려온 말이다. 그는 소유하지 말아야 할 것을 소유해야 한다는 불가능한 과제 앞에서 인간의 영혼이 대답을 시도하는 공간을 '행간'으로 보고 있다. 아무 것도 없을 것만 같은 그 스탄차에서 우리는 너를 볼 수 있고 너의 마음을 읽을 수 있는 그리움을 생산한다. 이렇게 잠들지 못하고 침잠할 수 있는 숱한 밤들을 오래도록 생각할 것이므로 오늘의 나를 이 책 속에 담아보려 하는 것이다.

고마움을 표하고 싶은 분들이 너무도 많지만, 내 삶의 결에 문학적 솔질을 거든히 더해주신 여러 은사님들과 이 책이 완성체로 출간되기까지 꼼꼼히 살펴주신 ≪신생≫ 편집진들께 진심어린 감사의 말씀을 드린다.

그리고 사랑하는 아버지, 어머니, 형님, 아내, 아들까지 가족들의 애정과 격려에 많은 힘을 얻었습니다. 앞으로도 뜨끈한 된장찌개 함께 먹을 수 있는 순간들 오래도록 쌓아가기를, 그것만으로 저는 충분합니다. 사랑합니다.

2024. 7.
장마철 마산 부락에서 김종광

차례

책을 내면서   002

1부

단련의 시와 서정의 지층   009
―오정환 시의 의미

생활 속 감정의 발견   021
―박남준 시의 의미

시선(視線), 환상과 놀이, 시작(詩作)   035
―김재홍 론

몸의 시, 그 양가적 유혹과 미감(美感)   052
―문옥영 론

가난한 땅에서 맑은 슬픔이   065
―신휘 론

기억의 생명술사가 만드는 시침(詩鍼)   079
―강재훈 론

귀기울이는 음성과 시의(詩衣)의 재단사   095
―이윤정 론

스며듦의 미학   109
―양선빈 론

2부

먼 곳의 일회적 유령과 시(詩)   127

백석 시(詩)의 '바깥'에서 '밝음'으로   138

미메시스 그물망 속의 서정시   144

잡설에 대한 몇 가지 삽화   157

3부

보이지 않으나 살아있는 생선(生線)   167
—유연희, 『날짜변경선』(산지니)

너를 껴안는 불의 춤, 포옹   172
—나여경, 『포옹』(전망)

피플 네임: 시간과 물음으로 응시   177
—강성민, 『길가메시 프로젝트』(전망), 김민혜, 『명랑한 외출』(산지니)

그때의 지리산에 골몰하는 기억들   191
—이인규, 『지리산에 바람이 분다』(전망)

문학적 소통에 나타나는 어떤 부름   195
—백가흠, 「광어」, 「귀뚜라미가 온다」를 중심으로

비서사성 소설의 이미지와 탈주화   208
—한유주, 「달로」를 중심으로

평정(平靜)의 중독자, 춤추고 노래하다 225
―박남준, 『중독자』(펄북스)

생(生)의 사랑스러운 빛살들에 관하여 229
―김화자, 『그래도 열매를 맺다』(작가마을)

번전(反田)의 시학 235
―이형우, 배옥주의 시편들

보아뱀이 삼킨 시 243
―김뱅상, 『어느 세계에 당도할 뭇별』(한국문연)

예측할 수 없는 소용돌이 언어의 미술(美術) 251
―『궤도이탈』(시동인지, 가변차선 제5호, 전망)

고요히 밥 짓는 시인 262
―2021년 《부산시인》 겨울호를 읽고

1부

단련의 시와 서정의 지층
―오정환 시의 의미

1. 눈 먼 아이의 대장간에서

> 아무런 쓸모없고 너무나 무력한 것이 시라고 하지만 내가 세상에서 할 수 있는 일을 결국 시를 쓰면서, 날카로운 칼날처럼 사물의 껍질을 벗겨내고 나날이 멍청해가는 내 눈을 닦아내어 어둠과 희뿌옇게 흐려진 안개 속에서 빛나는 진실의 알맹이를 꺼내는 것이라고 생각한다.
> ―「詩作노트」, 『盲兒學校』(오상사, 1986, 111쪽), 부분

시인 오정환은 1981년 ≪한국일보≫ 신춘문예에 「探鑛記」로 등단하였다. 그 후 1986년 첫 시집 『盲兒學校』를 탈고하여 문단에 본격적으로 그의 시세계를 펼쳐 보이기 시작한다. 보통 '맹아학교(盲啞學校)'의 '맹아(盲啞)'가 '시각 장애인과 청각 장애인'을 나타내는 말인데 비해, 오정환 시인은 그의 시집에서 '눈 먼 아이(盲兒)'라는 뜻인 '맹아(盲兒)'를 사용하면서 세계 속 대상들과 그것에 대한 인식을 소중히 여기는 본인의 각오를 드러냈다. 언제나 진실은 눈 가리는 안개 속으로 가려지기 쉽기에 시인의 눈은 세상을 밝게 담는 담지체로서 아이 눈처럼 언제나 맑고 예리해야 한다.

두드려라 두드려

못쓰게 되었다. 우리들의 낫이며
칼 쇠스랑 도끼들이 어둠에 절어
어둠이 되어 가고 있다.
사악을 예리하게 밝혀내고
잡초를 찍어 헤치던 시퍼런 눈
아예 용납을 모르던, 서슬 푸른
결단은 이제 보이지 않는다.
두드려라 두드려
썩은 흙더미 잿빛 하늘은
걷잡을 수 없이 짙어만 가고
휘주근한 바람
골목마다 넘쳐 흐른다.
수백 도 수천 도 화염 속에
두드려라 두드려
잘려나간 팔다리, 부르튼 입술
쓸모없이 대룽이는 어금니
모두 던져 넣어
스스로 타오르는 불꽃이 될 때까지
두드려라 두드려
흔쾌한 바람
새로운 하늘
투명한 창유리를 적시고
우리들의 낫 칼 쇠스랑 도끼들이
찬물같은 눈을 뜨고
되살아날 때까지.

—「대장장이」, 『盲兒學校』(오상사, 1986, 69-70쪽), 전문

  대장장이가 엄청난 화염 기운 속에서 묵묵히 두드려내는 행위는 무뎌진 예리(銳利)에 대한 욕망이다. 못쓰게 된 삶의 무수한 도구들에게 날카로운 쓰임을 불어넣는 그 행위는 오정환 시인의 "두드려라 두드려"라는 시적 발설

로 귓청을 쩌렁쩌렁 울린다. 이것은 내적인 자기 단련의 목소리인 동시에 우리들의 눈 속에 "사악을 예리하게 밝혀"내는 "서슬 푸른/ 결단"을 되살려내라는 절규의 외침이다.

> 황소가 밀고 간 발자국에
> 하늘을 걸러낸
> 맑은 앙금이 굳었다.
>
> 쟁기날에 매달려 죽어가던
> 땀방울 땀방울
>
> 황토는 비틀려 불태워지고
> 아낙의 모가지가
> 열 길 우물 속에서 허덕인다.
>
> 갈라진 얼귀빗 손바닥에
> 모래밭같은 땅뙈기보다야
> 한 숟갈
> 오롯한 설움이
> 눈물로 넘기는
> 하늘이 있다.
>
> ─「흰 죽사발」, 『盲兒學校』(오상사, 1986), 전문

문학평론가 김현은 만 4년 치의 일기 유고집 『행복한 책 읽기』(문학과지성사, 1992, 33-34쪽)에서 오정환 시인의 위 시 "쟁기날에 매달려 죽어가던/ 땀방울 땀방울" 부분을 인용하면서 "「흰 죽사발」에는 절규가 있다. 잊기 힘든 절규다."라고 말하면서 오정환 시인의 '시(詩)의 눈'을 마주한 경험을 생생하게 기록하고 있다. 사실 이 시에는 '죽사발'이 나오지 않는다. 다만 "아낙의

모가지"로 넘어가는 "한 순갈/ 오롯한 설움"이 삶의 고됨으로 담겼을 법한 "맑은 앙금"에, 시인의 눈길이 닿아 있다. 이러한 세심한 시선이 세상 낮은 자들의 "땀방울"을 간절한 절규로 빛나게 하고, 우리의 "눈을 잃어"(「廢船」, 『盲兒學校』, 오상사, 1986, 97-98쪽. 일부) 버리게 만든 안개 세상 속에서 "진실의 알맹이를 꺼내" 들게 하는 대장장이의 부단한 담금질의 시작점이 된다.

2. 연원(淵源)과 숨결을 담아

우리는 누구나 어제와 닮은 일상을 살고 있다. 하루하루 퇴색된 삶의 의미로 세계를 향한 창은 녹슬어만 간다. 반복되는 평범한 생활 앞에 무시로 찾아드는 막막함과 힘겨움의 침략은 금세 우리를 고단하게 하고, 아무 혁혁할 것 없는 연원(淵源)의 시간 앞에 잰 걸음도 먼 눈길도 사우(絲雨)와 함께 한곳에 머무르게 한다. 오정환 시인에게 시작(詩作)은 어떤 의미일까. "선혈처럼 뜨거운 金脈/ 끝없이 이어진/ 성스러운 새벽의 나라/ 가장 빛나는 마을 어귀까지"(「探鑛記」, 『盲兒學校』, 오상사, 1986, 34-35쪽. 일부) 그의 "화차(貨車)"는 어떤 그 무엇을 향해 질주하고 있는 것일까. 여기 존재와 삶에 대한 오정환 시인의 고된 '못박기'의 여정이 잘 드러나는 시편이 있다.

    아침마다 눈 뜨면서 못을 찾는다.
    간밤 늦게까지 박지 못한 못들이
    머리맡에 수북히 쌓여있다.
    돌아다보면
    제 자리에 단단히 박은 게 하나도 없다.

헐거워 느슨하거나 비뚤어지고 꼬부라져
옳은 버팀이 되지 못한 채
이미 녹슬거나 부러져 삐걱이고 있다.
아침마다
현관문을 열고 계단을 내려 가면서
양쪽 어금니에 하나씩 못을 박는다.
천천히 발끝 신발굽으로
골목길 어귀에 못을 눌러 박으면서
주머니 속에 가득 쩔렁이는
오늘의 못을 가늠해본다.

엄청나게 쏟아져내리던 빗줄기도
맑은 날 눈에 잘 띄지 않던
여린 햇살의 뿌리털마저도
내 잘못 뱉아낸
숨결과 허황한 입술을 찌르는
따가운 못이었음을 몰랐다.

—「못박기」(『물방울 노래』, 신생, 2004, 48-49쪽), 전문

지난밤에 다 "박지 못한 못들"을 아침마다 찾는 사람이 있다. "제 자리에 단단히 박은 게 하나도 없"거나, "이미 녹슬거나 부러져 삐걱이고 있는" 삶의 흔적의 못들이다. "양쪽 어금니에" 반복적으로 삽입되거나 "내 잘못 뱉아낸/숨결과 허황한 입술"을 찔러내는 시인의 육체 속으로, 시인의 시(詩)적 양심으로 그 못들은 전화(轉化)하고 축적된 삶의 의미로 단단해지고 있다. 이제 시인에게 못은 하나의 삶이자 시(詩)가 된다. 함부로 된 말을 단속하고 "옳은 버팀"이 되지 못한 삶을 성찰하는, 그 숙명 같은 시 쓰기가 시인의 호주머니 속에서 쩔렁거리며 "오늘의 못"으로 곰삭고 있는 것이다. 그때서야 비로소 시는 시인의 숨결을 닮은 하루가 된다.

현대인들은 소외의 동굴로 귀환하고 있다. 분절된 시간과 단절된 공간 속에 살면서, 사람과 사람을 잇고 있던 정(情)과 애처로움 같은 것들을 비계산적이고 비이성적인 것들이기에 쓸모가 덜하다고 판정한다. 사건 속의 살벌한 사람들과 냉담한 사람들의 반응은 돌이킬 수 없을 지경의 현대인의 고립을 합리화하기에 이르렀다. 하지만 오정환 시인은 "걸레질"이라는 "세상 가장 단순한 수고로움"을 통해, 어머니를 타고 흐르는 지속의 시간과 사람 간의 연속성에 대해 말하고 있다.

반드시
무릎부터 꿇어야 하고
숨결부터 가다듬어야 하는
저 역동의 경건한 자세
아래로
바닥을 굽어보는 성찰

언제 어떻게 비롯하였나
때 묻은 살림 닦는 일
땀 흘리며 닦고 또 닦아온
어머니의 어머니
그 전 어머니 적부터의
세상 가장 단순한 수고로움

고단한 하루를 접고
내일을 겨냥하는 마음
훔치고 밀어내는 것이
어찌 흙먼지뿐이었겠나

―「걸레질」(『푸른 눈』, 전망, 2013, 14-15쪽), 전문

이 시를 만나자, 사람의 때 묻은 흔적을 닦아내는 일에서 마음의 걸레질을 바라보는 오정환 시인을 만나게 된다. "언제 어떻게" 비롯되었든지 시인은 그 처음을 "어머니"에게서 기억한다. 가장 낮은 자세로 일의적인 행동을 반복하는 일은 원시적이지만 가장 인간적이고 내면적인 성찰의 삶이다. 경건한 몸가짐으로 "흙먼지"를 훔쳐내며 땀을 흘리는 작업이 "어머니의 어머니/ 그 전 어머니"까지 아주 오래전 모성의 시간으로까지 역행하게 한 것은 오정환 시인의 시간관과 인간관이 자연스레 스며든 표현으로 읽힌다. 사물의 근원, 사람의 연원에는 누구에게나 어머니가 있다. 어머니라는 존재는 생명의 시작이며 기억의 뿌리가 되어, '나'를 바라보게 하고, '나를' 기억하게 한다. 그러한 어머니의 "걸레질", 그 무던하고 묵묵한 "수고로움"이 지속되어 응축된 것이 시「걸레질」이다. 바람 같아서 놓치기 쉽지만, 시인의 눈이 그 한곳에 머무를 때 우리의 호흡도 같이 동결(凍結)된다. 마치 '오늘'과 '내일'만 있는 것 같은 현대인의 오늘날이다. 오래되고 단순한 인간의 행위로부터 인간의 자연스러운 습성을 읽을 수 있기에, 끊임없이 지속되는 시간 속에 "흙먼지"를 밀어내는 어머니의 행위 너머 아들에 대한 사랑, 가족애, 인간애로의 전이(轉移)가 결단코 이기적이고 계산적인 심정에서는 출원할 수 없음을 오정환 시인은 단정(端正)하게 못 박고 있다.

3. 오수(午睡), 그 유영(遊泳)의 물결 속으로

끊임없이 찰나를 인식하며 살아간다는 것은 상당한 고역(苦役)이다. 사람들은 소멸되어가는 현재의 더께 위에서 하염없이 미래를 기다리며 기약하는 삶을 유지한다. 그러기에 바쁜 걸음으로 하루의 한 시간을 기억하기에도 숨이 목까지 차오른다. 그런데 오정환 시인은 "짧은 간극"에 지극히 예민하므로 시간의 역동성을 감지하기도 한다.

> 문틈 아침 햇살 속 고요에서
> 키 큰 나무 그림자 속 고요에서
> 꿈틀대는 시간
> 그물 속 물고기처럼
> 퍼덕이며 튀어 오르는
> 시간의 비늘
> ―「시간」(『물의 경전』, 전망, 2018, 76쪽) 부분

> 방파제 벼랑 넘으며
> 모조리 쓸어낼 것 같던
> 그런 완력이 아니라
> 부서지면서 잠깐 드러내는
> 흰 이빨의 웃음소리
> 수없이 많은 모래알들의
> 저 깨알 같은 눈, 눈들을
> 쓰다듬는 들숨과 날숨
> 그 짧은 간극에 뜻이 있다
>
> 온몸 다 던져 부서졌다
> 다시 밀려오는 물살 만나는
> 백사장과 파도의 생애
> 어쩌면 허망한 물거품 시간
> 역류하는 흐름 위에서도
> 잠깐 눈 붙이는 여유
> 그 짧은 유영의 숨결 속에
> 찾아야 할 뜻이 있다
> ―「파도」(『물의 경전』, 전망, 2018, 68쪽) 전문

연못 돌팍 위, 부동의 조각 같은 자라는
새빨갛게 잘 익은 과일, 달콤 시원한 맛은
어여쁜 소녀의 곱디고운 뺨은 그 미소는
어디서 왔다 또 어디로 되돌아가는 걸까
　　　　　―「되돌아가는 것」(『물의 경전』, 전망, 2018, 57쪽) 부분

　유고시집 『물의 경전』의 「시간」에는 모든 시간이 정지된 듯한 묵중한 "고요"가 있다. 숨 가쁘게 허둥거리며 살아가는 긴장의 일상에서 잠시잠깐 고요를 본다는 것은 시간에 대한 애틋함이 그만큼 절절하다는 것이다. 햇살 속 그리고 큰 나무 그림자 속 고요는 마치 잠든 듯 동요가 없는 이미지의 세계로 보이지만, 시인의 눈에는 "꿈틀대는 시간/ 그물 속 물고기처럼" 역동하는 에너지의 흐름으로 발견된다. 오정환 시인은 아주 짧지만 사물과 강렬하게 조응하는 세계 속에서 건강한 생(生)의 에너지를 표현한다. 한 차례가 파도가 만들어내는 "부서지면서 잠깐 드러내는/ 흰 이빨의 웃음소리"와 미동조차 없는 조각 같은 "자라"에서 연상되는 "새빨갛게 잘 익은 과일, 달콤 시원한 맛은/ 어여쁜 소녀의 곱디고운 뺨은 그 미소"는 마치 '고요와 역동'의 모순을 통해 '삶과 죽음'이라는 변증법적 시간관을 보여주는 듯하다. 그러한 정반합의 내적 질서에서 오정환 시인이 찾아낸 합의 테제는 오수(午睡)다. "잠깐 눈 붙이는 여유/ 그 짧은 유영의 숨결"은 고요하되 꿈틀대며, "들숨과 날숨"의 리듬으로 수합되는 한바탕 낮잠인 것이다. 결국 삶이란 지나고 보면, "반짝이는 초침"(「시간」, 『물의 경전』, 전망, 2018, 62쪽.)과 같이 흘러가버려 애틋하고, 이리저리 물속에서 헤엄치며 놀던 물고기의 "시간의 비늘"처럼 눈물나게 반짝이는 그 무엇이 아니던가.

4. 넉넉하게 그리운 서정(抒情)

인간의 행위는 능동적인 공간의 산물이다. 공간을 차지하는 사물과 사물 사이에 교섭이 발생하고, 그 교섭과 상생의 공간 속에서 인간의 행위는 규정할 수 있는 동질적인 것이 된다. 이처럼 인간에게 실존적 의미의 공간이란 구체적이고 감각적인 인식과 행위가 덧보태어져 삶의 경험을 체화할 수 있는 장소로 변화할 때에야 비로소 생활의 터전이 된다.

> 언제나 어둠 속에
> 걸려 있던 흐린 외등 불빛
>
> 다닥다닥 맞붙은 지붕
> 담장 사이의 그 좁디좁은 길
>
> 싸우고 히히덕거리고 욕하고
> 헤어지고 한숨 쉬고 사랑했던
> 고달프고 힘든 골목의 생애
>
> 혼자가도 여럿이 몰려가도
> 단골선술집 같이 다 받아 주던
> 넉넉한 품을 지녔던 그 골목
>
> 어두운 전봇대 담벼락에
> 하염없이 쏟아내던 오줌줄기
> ―「그리운 골목」(『푸른 눈』, 전망, 2013, 67쪽) 전문

생활의 터전 속에 시인은 삶의 생기를 불어넣는다. 희미한 "외등 불빛"과 맞닿은 "지붕" 그리고 협소한 "길"은 시인의 서정(抒情)에 의해, 언제든지

온정이 닿을 수 있는 근거리의 이웃으로 그리고 희로애락(喜怒哀樂)을 함께 나눌 공존의 터의 구성체들로 전환되고 있다. 하나이어도 여럿이어도 가리지 않는 "넉넉한 품"을 가진 골목은 결국 시인이 정성들여 그려놓은 한 점의 파스텔화인 셈이다. 오정환 시인에게 그리움의 실체는 누구에게나 가슴 한 편에 간직해놓은 고향 골목, 정겨운 생활의 골목과 닮아 있다. 무제한적인 인공지능이 범람하는 시대에 수치화되고 구획한 된 공간 좌표를 탈피하여 인류의 감성을 온전히 보존하고 지속시켜 줄 존재는 시인이 아닐까. 언제부턴가 한적한 길을 가다 물 한 모금 얻어 마실 수 없게 되었고, 다급한 생리현상 해결할 방법이 없는, 고고(孤苦)하고 고결(高潔)한 빌딩 숲을 거닐 게 되었다. 오정환 시인은 그 인정머리 없는 도시 문명에 시원스레 쏟아내는 "오줌줄기" 같은 서정(抒情)을 갈구하고 있는 것이다.

  나는 시를 쓰면서 때때로 놓쳐버린 나를 다시 찾는다. 아침에 눈을 떠서 다시 자리에 돌아올 때까지 나날이 반복되는 일상의 연속이지만, 이러한 일상에서 문득 나 자신을 잃어버린다. …(중략)… 나에게 있어서 시는 나 자신에 대한 일종의 깨우침이다. 나의 생애를 생각하게 하고, 나의 삶의 자세, 온갖 감정까지 하나하나 분석해 보게 한다. 그러므로 나는 시를 통하여 깨닫고 반성하고 고민한다. 어둡고 우울한 시대에 점점 소멸해가는 진실을 나는 시를 통하여 되살리고 찾아내고 싶다.
        ―「詩作노트」(『盲兒學校』, 오상사, 1986, 110-111쪽) 부분

넉넉하게
백 년이라 하자

…(중략)…

어둠의 건너편까지
환하게 밝히던 그 불꽃 사그러지고
두개골 속 전두엽 잎새 마르기까지

아무리 길어도
백 년밖에 더 되겠는가

—「백 년」(『푸른 눈』, 전망, 2013, 22-23쪽) 부분

「詩作노트」는 오정환 시인의 초심이 잘 드러난 글이다. 그에게 시는 삶의 기록이자 기억이다. 그리고 그는 생애의 온갖 '자세, 감정, 시대' 앞에 늘 깨어있는 고민을 하고, 지난한 삶의 진실이 "도무지 손댈 데가 없는 작품"의 시(詩)적 응축과 절제로 발현되기를 갈망하는 시인이다. 이제와 돌아보니, 삶에서 시에서 풍겨져 나오던 오정환 시인 특유의 '넉넉함'이란 기실 삶의 열정적 치열함에서 분출한 따뜻한 '못박기'가 아니었던가 싶다. 그리고 남겨진 자에게 생(生)의 유한함과 진득함을 동시에 일깨워 주는 시「백 년」에서 "넉넉하게/ 백 년이라 하자"라며 '툭 내던지는 듯한' 시적 발화가 인상적이다. 이 대화투는 "그 신갈나무숲 여름산 오르거든 찾으시라"(「신갈나무」, 『물방울 노래』, 신생, 2004, 41쪽 일부)에서도 나타나는데, 시인의 유쾌하고 호방한 성향이 시에 그대로 전염되어 시와 시인의 삶이 내적 동일성을 이룬 듯, 시적 진실성의 깊이를 더해준다.

생활 속 감정의 발견
―박남준 시의 의미

'감정'[1]은 지극히 개인적이고 즉흥적인 내적 기분과 혼합되어 누구에게나 흔하게 소비되는 일상어이다. 사랑과 원망, 기쁨과 슬픔, 감동과 우울 등 지극히 평범한 우리의 삶에 대한 직감(直感)으로 표현되는 감정은 지식과 믿음에 비해, 객관적이지도 합리적이지도 못한 '정념'으로 오랫동안 치부되어왔다.

사실 이성의 세기로 불리는 17세기 데카르트 시대부터 심리적 현상의 주요 개념들이 규정되고 정교화되어 왔는데, 데카르트의 제자 말브랑슈는 감정을 개인적이고 정신물리학적인 혼란스러운 인상으로 여겨, 오늘날에까지 그 비합리적이고 어두운 특징만을 지나치게 강조하는 이미지를 굳혔다. 다행스러운 것은 19세기 쇼펜하우어가 '연민'의 문제를, 키에르케고르가 '불안'의 문제를 깊이 천착하여 감정의 심리학에 크게 공헌했다.

사람에게 놓여 있는 육체와 정신의 관계와 더불어 현상과 감정의 의미에 대해 여전히 해명되지 못하는 부분이 많이 있다. 냉철한 이성을 갖춘 시인의 사회적 현상에 대한 섬뜩한 직시의 언어는 무엇보다 중요하다. 그럼에도 불구하고 하루하루 생활 곳곳에서 발견되는 섬세한, 시인의 감정 언어에 오래

---
[1] 장 메종뇌브 지음, 김용민 옮김, 『감정』, 한길사, 1999. 이 글에서 자주 언급되는 '감정'에 대한 사유의 상당 부분은 장 메종뇌브의 '감정'에 대한 철학적 정리에 전적으로 기대고 있음을 밝힌다.

도록 눈길이 머무는 것은 어떤 감정에서 연유(緣由)하는 것일까. 오래 두고 바라본 박남준의 시에는 은은하니 묵향이 난다.

1. 바닥에서 꽃 피우는 생명

박남준 시인에게 '바닥'은 심연의 자아가 숨을 몰아쉬는 곳이다. 호모사피엔스(Homo Sapiens)의 직계 조상으로 간주되는 '선 사람'(호모에렉투스; Homo Erectus)의 후손이 진화의 방향을 거스르고 구태여 낮은 자세로 그 '바닥'에서 생명을 찾는 것, 삶의 참 의미를 찾아가는 "낮고 겸손한"(「절」의 부분) 그 자세에는 번민하는 그림자의 몸부림이 강렬하게 투영되어 있다.

두 손을 모아 무릎 꿇으니
알겠다
여기 이 손가락을 들어
누군가를 삿대질로
재단했을 것이다
화살 같은 상처가 되었을

이 손으로 주먹 쥐고
누군가의 영혼에 내리쳐
다시는 돌아가지 못할
장애를 만들었을

나 그때 두 손을 펴
닦아주고 쓰다듬으며
어루만져 살피지 못했음을,
찢고 휘두르며 움켜쥐었다

동댕이쳐 버렸을

내 손이 저질렀던
기억에 불편한 옛날들
꺼내어 마주하네
그 옛날에 절해야 하리
옛날에 절하는 아침이네

—「옛날에 절하네」 전문

이 시에는 "절"이라는 종교적 수행행위가 일상적인 삶의 성찰 행위로 확장되어 있다. 절대적인 존재와의 만남이 아닌 "옛날"의 기억 속으로 휩쓸린 존재자가, 그 시절 "누군가"로 대변되는 불특정 존재들에게 입힌 상처와 무뢰함을 상기하고 있다. 시인은 자신의 "두 손"이 저질렀던 많은 불편함과 직면함으로써, 자기정화 행위에 다다르고자 애쓴다. 이러한 깨달음을 시인은 "두 손을 모아 무릎 꿇으니/ 알겠다"와 같이 평범하게 여는 시구 속에 함축하고 있다. 끝없이 높이만을 숭앙하는 현대인의 삶이란, 과연 "절"이라는 한없이 무구(無垢)하고 낮아지는 행위 앞에 얼마만큼의 우위를 점할 수 있겠는가.

지문을 찍듯 엎드려
낮고 겸손한 바닥을 몸에 새기는 것만이
절은 아닐 것이다
절은 할수록 절로 늘어
뼈마디마다 불꽃을 피우고
육탈 같은 다비가 일어나기도 한다
꽃잎의 주소를 따라가면 환해지고는 했지
강가에 나가 꽃배를 띄웠다
일상이 간절해야지
점점 작고 가벼워져

꽃배를 타고 건너가야지

─「절」 부분

또 다른 시에서도 시인은 "절"이라는 반복적인 수행의 의미를 말한다. "육탈 같은 다비"에 이를 만큼 몸에서 덜어 내어지는 것은 무엇인가. "낮고 겸손한 바닥을 몸에 새기는 것"을 넘어선, 비로소 "꽃잎"으로 환해지는 그 순간은 꽃의 '가벼움'으로 남는 시간이다. 키에르케고르에게 번민은 '현기증나는 자유'이자, '자신만의 가능성의 깊이를 탐색하는 자유'라고 일컬어지듯이, 박남준 시인에게도 '바닥'에 닿아가는 "절"이라는 행위는 더이상 고통의 시간만은 아니다. "푸른 바다가 들어와" "꽃배를 타고 건너"갈 수 있도록, 욕망과 갈등으로 점철된 현실적 불편한 감정의 무게를 한 꺼풀씩 덜어내는 겸손의 시간인 것이다.

이러한 시인의 삶의 태도는 오로지 외부적 실체로 존재하는 "동백"에도 사유의 시선을 드리워, 「절」의 '존재의 가벼움'과는 또 다른 '생명의 열망'을 시 「동백」에서 발견하는 데 기여하고 있다.

동백의 숲까지 나는 간다
저 붉은 것,
피를 토하며 매달리는 간절한 고통 같은 것
어떤 격렬한 열망이 이 겨울 꽃을 피우게 하는지
내 욕망의 그늘에도 동백이 숨어 피고 지고 있겠지

…(중략)…

동백의 숲을 되짚어 나오네
부리지 못한 동백꽃송이 내 진창의 바닥에 떨어지네
무수한 칼날을 들어 동백의 가지를 치고 또 친들

> 나를 아예 죽고 죽이지 않은들
> 저 동백 다시 피어나지 않겠는가
> 동백의 숲을 되짚어 나오네
> 부리지 못한 동백꽃송이 내 진창의 바다에 피어나네
>
> ―「동백」 부분

동백의 숲을 거니는 시인에게 '동백의 붉음'은 "피를 토하며 매달리는 간절한 고통"이자 "격렬한 열망"으로 안착된다. 생명에서 죽음의 "바다"로 내리꽂히는 강렬한 색조들의 환란, 그 "견딜 수 없"이 추락하는 주검을 목도하면서도, 시인은 기억 깊이 잔존하던 "부리지 못한" 생명을 소환한다. 생명의 시작점을 "내 진창의 바다" 즉, 죽음이 격렬한 그 아름다움들 속에서부터 재구성하고 있는 것이다. 오래전 현대시의 문을 열어젖힌 감정 시인 김소월의 시론 「시혼(詩魂)」에서도 "어둠음의 거울에 빗치어 와서야 비로소 우리에게 보이며, 살음을 좀더 멀니한, 죽음에 갓갑은 산마루에 섯서야 비로소 사름의 아름답은 쌜내한 옷이 生命의 봄두던에 나붓기는 것을 볼 수도 잇습니다. 그럿습니다. 곳 이것입니다."[2]와 같이 박남준 시인도 '죽음'의 공간에서 '생명'의 의미와 부활을 읽어내는 역설스러운 사태에서 희망을 발견하고 있다. 가장 낮은 곳, 바다으로 향하는 시선과 겸손한 생활의 태도는 시·공간을 초월하여 사람으로서 시인으로서 갖추어야 할 오랜 내밀성이자, 과거에 대한 "후회"와 "고통"을 넘어서는 미래를 향한 '개화(改化)'의 단초가 된다.

시 「거기 숨어있는 빛」에도 "그 흰이 다 한 후"에서야 "붉고 청동빛/ 찬란을" 연다는 구절이 있다. 이것은 무엇인가의 본래의 모습이 종료·소멸된 시점에서부터 새롭게 생명의 기운이 다시 시작됨을 의미한다. 모든 욕망은

---

[2] 김용직 편저, 『김소월전집』, 서울대학교출판문화원, 2011, 496쪽. 원작의 띄어쓰기는 인용자에 의해 현대 문법으로 조정하였다.

번민의 시기를 초래하고, 그 순간 실패를 선택할 것인가 성공을 선택할 것인가는 오롯이 외부적 상황에 대처하는 우리의 '자유 의지'에 달려 있다.

마르셀은 "희망한다는 것의 정확한 뜻은 창조한다는 것이 아니라 창조의 잠재적 가능성을 믿는" 것이라고 말한 바가 있다. 이와 같은 깨달음은 진정한 '희망'은 잠재적 가능성에 대한 믿음이 있을 때에야 비로소 유의미한 것이 된다는 뜻으로 이해된다. 이와 얽어 박남준 시인을 살피건대, 그의 상당수 시편 속에 배경하고 있는 낮고 겸손한 삶의 태도와 '하찮고 보잘것없는 것'에 대한 집요한 애정 그리고 번민의 시기를 인고하고 희망을 선택하는 '자유 의지', 이 세 가지의 시작(詩作) 태도가 지리산 시인의 오래 묵은 시벽(詩癖)으로 뿌리내린 듯, 그의 시는 읊조리면 읊조릴수록 자꾸만 침잠하게 만든다.

2. 사람과 감정이 머문 자리

이별이 익숙한 사람에게는 어떤 감정이 남는가. 사람과 사랑은 잊히는 것인가. 박남준의 다음 시편들에는 만남과 이별 그리고 이별 뒤 남는 것에 대한 생활 속 사유가 엿보인다. 한 존재가 내 마음 속에서 오래 머물다 간다는 것은 상처가 기록된다는 뜻일 수 있다.

> 돌아오는 길이 절뚝거린다 하루해가 저문다
> 비로소 어둠이 고요한 것들을 빛나게 한다
> 별빛이 차다 불을 지펴야겠군
>
> 이것들 한때 숲을 이루며 저마다 깊어졌던 것들
> 아궁이 속에서 어떤 것 더 활활 타오르며

거품을 무는 것이 있다
몇 번이나 도끼질이 빗나가던 옹이 박힌 나무다
그건 상처다 상처받은 나무
이승의 여기저기에 등뼈를 꺾인
그리하여 일그러진 것들도 한 번은 무섭게 타오를 수 있는가

언제쯤이나 사는 일이 서툴지 않을까
내 삶의 무거운 옹이들도 불길을 타고
먼지처럼 날았으면 좋겠어
타오르는 것들은 허공에 올라 재를 남긴다
흰 재, 저 흰 재 부추밭에 뿌려야지
흰 부추꽃이 피어나면 목숨이 환해질까
흰 부추꽃 그 환한 환생

—「흰 부추꽃으로」부분

이 시는 일상의 고단함 속에 환한 감정의 발견을 다루고 있다. "사는 일이 늘 그렇"듯, 하루해가 저물고 나면 부산스럽던 낮의 활기는 고요한 어둠 속으로 잠긴다. 시인은 자신에게 온기를 전해주는 아궁이 속 불타는 "옹이 박힌 나무"에게서 스스로 인고했던 삶의 서툰 "상처"의 기억들을 읽어내고 있다. 셸러는 『고통의 의미』에서 모든 감정이 그 나름의 하나의 가치를 의미함과 동시에, 우리에게 어떠한 선택이나 노력, 또는 거부로 결정할 수 있는 통찰력을 제공한다고 말한다. 시인은 삶의 "무거운 옹이들"이 불타고 먼지처럼 날아가서, "흰 부추꽃"에 "목숨"을 더해줄 수 있는 환골탈태하는 환생을 선택하고 갈망한다. 수많은 도끼질에 빗나갔던 흔적으로 남은 나무의 '옹이'는, 시인에게 사람을 만나고 대인관계를 갖고 이런저런 가치 있는 타협을 끌어내려 애쓰는 과정에서 깊이 남은 '상처'이자 희망의 기운으로 발견된 것이다.

빈 찻잔의 향기 깊이 맞이하네

사랑이 머문 자리
그 사랑의 소중한 자취를
몸에 들여 각인시키는 것이리
사랑을 했었네
많은 이별도 있었지
때로 사랑은 견딜 수 없는 울음이 되어
밤하늘을 부유했으나
그 슬픈 사랑으로 인해 길의 저편에 이를 수 있었네
이제 나는 빈 잔 가득 고요한 잔향을 아는 나이

잔향에 취하나 거기 매이지 않는

―「잔향」 전문

    시 「잔향」은 매이지는 않지만 결코 잊을 수 없는 감정을 노래하고 있다. 잔향(殘香)은 향기가 남아있다는 의미인데, 사실 그 "향기(香氣)"라는 것은 꽃, 향, 향수 따위에서 나는 좋은 냄새, 즉 휘발성 기체 정도로 사전적 해석이 가능하다. 이렇듯 현상에 대한 단편적인 이성적 해석은 시의 깊이를 이해하는 데 낯선 불편함을 발생시키기도 한다. 박남준 시인은 그의 "잔향"에 생활의 삶을 담았다. 어떤 이에게나 인연에는 '오고감'이 있어, 사랑과 이별이라는 현상은 때로 "견딜 수 없는 울음"의 정신적 동요와 격정적 감정을 만들어낸다. 그리고 우리는 그 순간들이 무수히 지나는 시간을 되뇌어, 다시 그 의미를 묻고 답한다. 이러한 시인의 삶의 태도는, 김소월의 시를 무척이나 흠모했던 백석의 시 「산숙山宿」의 "이 산골에 들어와서 이 목침들에 새까마니 때를 올리고 간 사람들을 생각한다/ 그 사람들의 얼골과 생업과 마음들을 생각해본다"3)라는 부분에도 잘 드러나는데, 시인 백석이 "목침"의 "때"에서 발견한 사람들의 삶의 흔적을 박남준 시인은 "찻잔"의 "향기"에서 길어 올리고 있다.

시인은 이렇게 평범하게 살아가는 사람들의 생활 속에 "매이지 않"지만 맘껏 "취"하는 한 점의 감정을 "각인"한다. 이성적으로 그 장면들을 분석하고 기억하는 섬뜩함보다 '그 날'의 무수한 감정을 소중히 담고자 하는 것이다. 빈 잔을 비어도 비지 않은 것으로 형상화해내는 시인의 시심(詩心)에는, 한순간이라도 감정 없는 삶이란 존재하지 않는다. 어떠한 순간의 우리 삶 속에도 늘 감정은 살아있으므로, 충일감(充溢感)으로 세월을 맞고자 하는 유유자적함이 그 속에 묻어난다.

>사람들 떠나갔다
>허기도 불쑥 복날 손님처럼 찾아오네
>식은 호박죽 덜고
>반찬통 꺼내 숟가락 들었는데
>사막처럼 목이 맨다
>쉽지 않다 식은 죽 먹기
>너 소중히 여기지 않는구나
>김치와 머위장아찌 접시에 담고
>찻잎에 머문 푸른 햇살 한 줌과
>별빛이슬에 재운 노란 산국 향기 꺾어 들어와
>밥상을 장식한다
>이제 좀 먹을 만하니
>가만히 묻고 빙긋 웃는다
>
>―「대접」 전문

삶은 생활의 연속이다. 오로지 사유(思惟)와 연장(延長)으로 정신과 물질의 실체를 파악할 수 있다고 보는 인간의 지각 방식에는 분명히 한계가 있다.

---

3) 백석, 「산숙山宿」, 『백석문학전집 1-시』, 서정시학, 2012, 116쪽. 원작의 한자 병기는 의미 전달에 큰 문제가 되지 않으므로, 인용자에 의해 삭제되었다.

시「대접」에는 사물을 사물 그 자체로 보는 것에 지나지 않는 방식인 '연장'을 넘어서, 시인의 '사유' 체계 속으로 흡수하고 있다. 시인은 '나'에 대한 "대접"이라는 생각과 태도의 변화를 통해, '나'와 '너'의 존중에 대한 얘기를 하고 있다. '그것'에 지나지 않는 사물 "호박죽"과 "김치", "머위장아찌"와 "산국"을, 금방 대접하고 떠나보냈던 "사람들"과 마찬가지로, 소중함을 이루는 "밥상"의 존재들로 재구성하고 있는 것이다. 그리고 사물을 정신적 교류의 대상으로 확대시킴으로써, "사람들"이 떠난 화자의 빈 '감정의 자리'에는 '행복'으로 들어차게 된다. 박남준 시인은 이 시를 통해, '나'란 존재는 결코 혼자의 의지만으로 온전할 수 없기에, 타자로 존재하는 '너'와의 긴밀한 감정의 접속과 생명력의 혼융 속에서 실체를 유지할 수 있고, 존중받을 수 있음을 표현하고 있다.

3. 연원의 감정에 닿는 존재

박남준 시인의 이번 신작시 중에는 전면에 '사죄'의 메시지를 담고 있는 시편이 있는데, 그것이 바로 시「죗값」이다. 이 시는 시적 형상화 과정을 거쳤지만, 시인의 삶의 방식과 감정이 구체적인 사연과 함께 소상히 벌여 있는 서술적 서정시에 해당된다.

　　가파른 길 저 아래로부터 앞장세웠을 것이다 대추처럼 붉고 젊은 시인 등짐 지워 오시는데 찌는 염천 건너가는 단벌 사내의 살림 앞에 집채만 한 쌀가마니를 부리는 것이었으니

　　낯빛은 대번 일그러지고 저걸 다 어찌하나 구물거리는 쌀벌레가 눈앞에 스멀거려지

는데 한번 구겨진 장면은 좀처럼 펴지지 않아 안절부절 갈팡질팡거리는데 눈치채지 못하셨을 리야 돈 생기지 않는 시 쓴다고 산자락에 엎드려 곯고 있지는 않을까 굶어 죽지만 않으면 팔자에 없는 뭔 수라도 생기겠지 쌀자루 묶어 벌레 좀 생기는 거 무슨 대수라고 그 살뜰한 선물 왼고개를 틀고 앉아 아예 묵언수행으로 일삼는 거북한 자리, 툭 털고 일어나셨다 얼마나 아프고 섭섭하셨을까

…(중략)…

잘못했습니다 전화기 건너 느린 화면으로 분절되고 굴절되는 목소리가 오랜 병증이라는 것을 모르고 자책 일삼았습니다 두고두고 후회합니다 백배 천배 뒤늦은 절로는 천부당만부당이겠습니다만 찾아뵙는 날 염치없는 제 낯짝에 붉은 줄 철썩 뺨 때려 주시지요 하여간 죗값 꼭 치르고 곧 건너가겠습니다

—「죗값-문인수 선생께」 부분

시 「죗값-문인수 선생께」에는 "가파른 길"을 올라야 만날 수 있는, 세상살이와 등진 곳에 살고 있는 시인과 그 처지를 잘 아는 지우(知友)와의 "쌀가마니" 사연을 담고 있다. 산자락에 살면서 "굶어 죽지만 않으면" 뭔 수라도 생기는 양 안분지족(安分知足)하며 태연자약하는 시(詩) 쓰는 지우를 염려하는, 그의 친구가 어렵사리 산을 올라 그 "살뜰한 선물"을 건네면서, 둘 사이의 감정의 골은 깊어졌다. 시인은 쌀가마니를 보고 "저걸 다 어찌하나"라며 "매몰차게" 지우의 인정을 무시하였고, 그런 시인의 태도에 "문인수 선생"은 "댕강나무처럼 댕강 똑 부러"진 감정으로 두 번 다시 걸음을 옮기지 않았다. 얼마간의 시간이 흐르고 시인은 자책과 후회로 "죗값"을 치르겠노라고 다짐한다.

문제는 이 "죗값"에 있다. 시(詩)를 쓰며 궁벽한 살림살이에 고립된 생활을 하는 시인의 처사(處事)는 결국 지우(知友)의 진심조차 제대로 알아채지 못하면서 못난 시를 쓰는 '죗값'을 치러야 하는 상황을 초래하게 된다. 인간의

본성이 사회성과 육체성에 각인되어 밀접하게 작동하고 있다고 보는 철학의 관점에서는, 우정처럼 순수하다는 감정조차 어떤 '민감한 예절'을 담고 있기에 친구의 도움에 의지할 수 있어야 한다고 본다. 그리하여 박남준 시인의 행실은 비판받아 마땅하다.

한편 인간의 모든 감정이 본능과 관습의 결정론에서 벗어나, 어떤 나름의 정신성의 몫을 갖고 있다고 보는 철학의 관점에서는, '고귀한 감정'(아름다움, 선, 성스러움에 대한 감정)은 그 문화적 다양성에도 불구하고 어떤 이해관계나 사회적 관념으로 순응시킬 수 없는 것이 된다. 박남준 시인은 시(詩)를 쓰는 비경제적이지만 나름의 '고귀한 감정'을 발현하는 정신적 가치를 실현하고 있다. 그러하기에 시인은 어떠한 환원적 굴레에서도 탈피하여, 마음껏 시적 자족(自足)을 영위할 수 있어야 하기에 누구도 비판할 수 없다. 늘 양립불가능한 삶의 모순을 경험하는 사람들에게 시인은, 시를 쓰면서 발생한 '좆값'으로, "좆값"이라는 제목의 사죄 시를 씀으로써, 상처받은 지우(知友)에게 진심의 편지를 전하는 현답(賢答)의 지혜를 우리에게 아름답게 들려준다.

그리고 박남준 시인은 또 다른 서술적 서정시 「횡성사람 박상혁」을 통해, 아버지를 둘러싼 비극적인 가족사의 내력을 서정적으로 풀어내고 있다.

  지금도 잊히지 않네 어린이날 라디오를 사 오시던 소주 냄새 환한 얼굴이며 까까머리 입대하는 원주 중앙초등학교 앞 식당에서 처음으로 술잔 건네주시던 신기하게도 막내 누나와 똑 닮은 그 우습고 못생기고 이상한 엄지손가락이며 집 위의 밭을 마련해 콩을 심었는데 글쎄 콩밭에 비료를 잔뜩 뿌린바, 재크의 콩 나무처럼 키가 하늘로 솟게 하여 콩 몇 톨 거두지 못한 서툰 농부이기도 했지만
  언덕에 아카시아 나무를 베어 가지 하나하나 자로 재어 자르고 어머니가 불을 땔 때 가시에 다치지 말라고 낫 등으로 가시를 훑어내려 한단 한단 새끼줄을 꼬아 묶고

쌓아놓은 뒤뜰 창고를 기억하고 있어 그런데 말이야 어느새 아버지의 나이가 되어 아궁이에 땔 나무들 그렇게 잘라 처마 밑에 쌓고 있다는 거야 법성포에서는 아직도 나이 지긋한 이들이 물으면 친구들이 박의사네 아들이라고 하는데 그 이름을 더듬던 얼굴마다 공손한 미소를 짓는다니까

─「횡성사람 박상혁」 부분

강원도 횡성 출신의 "아버지"는 잘난 오촌 당숙에 속아 "머나먼 전라도 법성 땅"에서 제대로 된 교육도 받지 못하고 청소년 시기를 보낸다. "전쟁통"을 겪으면서 평범했던 가족은 "남파공작원" 남편을 둔 '반동분자(反動分子)'의 가족으로 전락했다. "중년의 남자"는 취기가 오르면 "울 밑에선 봉숭아야와 꽃 중의 꽃 무궁화"를 부르며, 지난 격동의 시기를 "굴욕과 수모" 속에서 보내다가 결국 폐암으로 생을 마감한다.

박남준 시인은 '아버지'라는 연원적(淵源的) 존재에게 감정적 동요를 보인다. "나는 하필 외탁을 해서 드문드문 염소수염도 안 되는지" 모르겠다는 아쉬움과 "신기하게도 막내 누나와 똑 닮은 그 우습고 못생기고 이상한 엄지손가락"에 대한 친근함을 서정적으로 형상화하려 애쓴다. 이는 '아버지'를 향한 애정적 동요와 근원적 지속성에 대한 집념을 보이는 것으로 "입고 갈 수의는 어머니가 아버지 옷 줄여서 만든 옷이니까 알아보기 쉬울 거"라는 시적 표현을 통해 가족애의 정점을 이룬다. 이처럼 시인은 안타까운 가족의 내력을 다룬 서술적 서정시를 통해, 개인을 둘러싼 세계와의 '상호침투'의 결과가, 생활 속 감정으로 오래도록 현현할 수 있다고 읊조린다.

베르그송에게 직관은 도약이자 빛이다. 그는 직관은 일종의 공감으로 이것을 통해야만 우리는 대상의 내부로 이동할 수 있고, 대상이 지니고 있는 유일하고 표현할 수 없는 그 실체와 하나가 될 수 있다고 말한다. 이때 직관은

창조적 감정의 형태, 즉 시인이 동시대인에게 보내는 정신적 메시지의 형태이자, 한 편의 시(詩)이다. 시인은 결코 경험해본 적이 없는 가치들을 동시대인에게 표현하여 제시해주는 시작(詩作) 과정에서, 그가 세계와 관계를 맺으며 살아가는 삶의 태도를 펼쳐 보이는 것이다. 그리하여 박남준 시인의 시편들 속에는 삶의 밑바닥에서도 꽃 피워 올리는 역설적인 생명의 의지를 담고 있고, 사람과 사람이 만나고 사랑하고 이별하는 보편적 생활과 감정들이 기억되는 방식에 대한 성찰을 제시하고 있다. 또 시인 자신의 연원(淵源)에 자리하는 생명의 시작과 종결에 맞닿아 있는 존재들의 서사를 박남준만의 심연의 울림으로 발현하고 있다.

시선(視線), 환상과 놀이, 시작(詩作)
―김재홍 론

　생물은 유기체다. 무수한 세포로 그 골격과 골격을 이어주며 이름 할 수 없는 에너지로 그 조직과 기관들을 율동하게 한다. 생물의 생동 그 자체가 시적인 발동이기에 시작(詩作)의 고뇌 그 자체가 곧 생명의 원천 에너지가 된다. 이에 시인이 하나의 생(生)의 기록을 써내려 가는 것과 그 인근의 생명 무리들의 활(活)을 응시하는 것, 그 모두가 기(氣) 순환계로 한 생명 에너지를 공유하는 필수적인 활동인 것이다. 시인 김재홍 또한 4권의 시집을 발간하면서 다음과 같이 다양한 생활(生活) 양상으로 세계와 에너지를 교환하는 삶을 기록하고 있다.

1. 시선(視線)

1) 마주보기와 탈주화

　거울은 인간 외면을 반영하는 도구다. 내면은 외면과 한 시도 떼어놓을 수 없기에, 우리의 외면은 곧 내면을 비추는 도구가 된다. 누구나 하루 한 번 정도는 거울 앞에 선다. 그러기에 사람들은 누구나 하루 한 번 정도는 성찰하는 일상의 순간을 탐미하게 된다. 라캉이 말하는 상상계로의 동일성이

든 상징계로의 비동일성이든, 우리는 결코 기표 속에서 닻을 내리지 못하고 부유한다. 그렇게 끊임없이 미끄러짐에도 불구하고 우리는 자아와 은유되거나 환유될 수 있는 타자를 갈구한다.

  청석탕에 가면
  지금도 욕탕 밖으로 뛰쳐나오는
  나를 본다
  큰 바가지 휘이 휘이 저으며
  물에 잠긴 목청으로 무심히 틀어놓는 콧노래
  이내 뜨거움으로 일어서
  벌겋게 익혀진 고함 내지르는 나를 본다
  마치 양수에서 유영하듯
  물장구 치며, 머언 기억의
  그 따스함 찾아 애쓰려 하지만
  예기치 못한 힘에
  미처 자라지 못한 힘만을 탓하며, 결국
  도망치고 마는 나를 본다

  지금도 청석탕에 가면
  붉은 수도꼭지 틀어가며
  유행가 한 자락 읊어대는
  나를 내쫓는 또 다른 나를 본다

            —「욕탕 속의 나」 전문

  이 시의 화자는 "청석탕"에 가서 "나를 내쫓는 또 다른 나를 본"다. 현재의 "나"는 "큰 바가지 휘이 휘이 저으"면서 "콧노래"도 부르고 "양수에서 유영하듯" 태곳적 근원에 대한 음미로 여유도 부린다. 그러나 이내 현실을 후리치는 욕탕의 "뜨거움"은 "벌겋게 익혀진 고함"으로 "나"를 반응하게 하고 이내

"나를 내쫓는 또 다른 나"와 직면하게 한다.

김재홍 시인이 말하는 "나"와의 마주보기는 쓸쓸함과 미감의 교차를 불러일으키기도 한다. 문득 어느 날 일상 속에서 "머리를 감다가" "젊음"이 헐거워진 머릿결과 함께 빗겨나가는 "욕망"과 대면하거나 부쩍 늘어난 "뱃살만을 쳐다보며" "세면기의 낡은 물"로 넘쳐나는 육체를 바라보게 될 때, 불현듯 정지되는 생(生) 앞의 공허함은 수면처럼 흔들거린다. 하루하루 소실되는 삶 앞에서 김재홍 시인은 "한줌의 희망"에 대한 "묵상"(「머리를 감다가」)을 통해 마주보기를 시도한다.

매일 넘나드는 "백두대간의 괄약근" 틈 사이로 운전대를 잡고 터널의 "방음" 속에서 사색에 잠긴다. "시대의 길들여진 잔해"인가. "한 집안의 장손", "국민교육헌장을 달달 외워야 했던 아이" 그리고 "최루 가스로 하얗게 눈 한번 뜨지 못한 청년"으로 살아온 삶의 여로 그리고 종국에는 "어린 피붙이들을 위해 제 목소리 한번 내지 못한 가장으로"의 귀결. 이 터널 "시원한 어둠의 제의祭儀" 속에서 시인은 일말의 탈주화를 시도한다. 비록 가장 안전한 속도 "60으로 고해" 중이지만 "매일같이" "나를 지우는/ 혁명"을 시도함으로써, "엔진소음마저 살라먹는"(「60으로 고해하기」) 터널 속에서의 환골탈태는 반복된다. 김재홍 시인은 소망한다. "인정사정없이 날아드는/ 팔매질을 막아내기 위해" "하루의 노동을 짙은 수액으로 교환하"면서 "미세한" 숨고르기의 일상이 이어지던 어느 날, "바로 그때/ 생의 한가운데로 큼지막한 백구 하나가/ 가장 치기 좋은 코스로 놓여"(「타석에 대한 예의 1-세상의 중심에서 스윙을 외치다」)지는 진정한 탈주의 희망이 오지 않겠느냐고.

2) 배회 시선과 틈새 욕망

시인은 고독자와 닮았다. 다만 홀로 떨어져 있는 듯이 매우 외롭고 쓸쓸한 상태의 고고함이 아니라 부재하는 욕망을 갈구하는 그 시선이 향하는 곳이 세상을 배회하는 타인들이다. 내적인 시선은 간혹 병적인 징후를 보이나 외적인 시선은 보다 세밀하고도 은밀한 응시로 나타나곤 한다. 김재홍 시인이 자주 그의 시 속에서 배회하는 타인들에게 집착에 가까운 응시를 보이는 까닭 또한 그들의 상실한 욕망을 읽으려는 작가의 눈높이가 낮은 곳으로 향해 있기 때문이다.

>임대가 나붙었다
>손님들이 말라가는 낡은 탁자 위로
>술잔의 거품들이 추억처럼 사라진다
>스피커를 장악한 육십 년대식 트로트가
>낯선 고요를 낳고 있다
>건너편 자리, 한 조끼의 호프를 품으려
>다낭에서 건너온 젊은 두 이방인의
>작업복이 슬퍼 보였다
>연신 주고받는 그들의 말줄임표, 순간
>부딪치는 컵의 손잡이로
>검지손가락의 빈자리가 유난하다
>두고 온 고향의 어촌 풍경이
>문득 그 사이로 눈물처럼
>생겼다 사라지곤 하였다
>창 밖 사거리로 울리는 요란한 경광등
>신호를 기다리는 작은 차를 대형차가
>공격했다는 소문이 월남에서 돌아온
>새까만 김 상사의 입을 통해 전해졌다
>시장 골목 모퉁이 이층 단골집
>막차를 알리는 벽시계의 침묵을 뒤로 하고
>임대 현수막은 여전히 나부끼고 있다
>—「굿모닝 베트남」 전문

이 시의 화자는 "막차를 알리는" 시간에 "시장 골목 모퉁이"의 단골집 "굿모닝 베트남"에서 술잔을 기울이는 "이방인"의 생(生)을 응시하고 있다. 입은 있으나 "말줄임표"로 "침묵"하고, 사라져 버린 "검지손가락"의 사연만큼이나 가게의 "임대 현수막"은 종(終)으로 나부끼고 있다. "요란한" 바깥세상과 별개로 어느 것 하나 온전한 것이 없는 그들에게 보내는 화자의 시선 또한 "고요"하고 고독하다. 이는 세상의 중심에서 배회하는 부재자들의 쓸쓸한 욕망에 대해 공감하려는 시인의 은밀한 응시와 닮아 있다.

　"검버섯 자욱한 눈언저리/ 새까만 안경 너머로 그들은/ 무엇을 꿈꾸고 있"(「육교 단상」)는지 "카드 빚만큼 무거운 이 세상 놓고 싶었던 것"인지 시인의 고독은 깊어가고 "붉은 동백만이 울음 흘리며"(「태종대, 자살바위 근처에서」) 시인의 눈동자를 충혈시킨다. "숨 쉬는 것조차 두려울 만치/ 조여드는 천 근 같은 무게에"(「한 노동자의 죽음을 보며」) "욕망만큼 세워둔 지상의 콘크리트 틈새로/ 배고픈 들쥐인 양 몰려다닐 뿐"(「더 이상 숨을 곳 없는, 지금」) 어느 한 자리 안온한 곳이 없는 욕망하는 사람들.

　면벽(面壁). "한 치의 양보도 없이" 마주한 거대한 세계의 실체 앞에 시인은 미세한 틈새를 본다. "내 몸의 구멍이란 구멍은 다 열어" "몇 방울의 짠한 눈물로" 틈을 벌린다. "그 틈을 향한 돌문은 좀체 열리지 않"겠으나 "생을 밝힐 비밀이 무수히 숨어 있"기에 시인은 그 틈에 대한 집착에 가까운 응시를 놓을 수 없다. 소외되고 가벼워서 "찰나 속으로" 쉽사리 "사라져 버"릴 지도 모를 그들에게 애정 어린 시선을 보내는 것이다. 시인은 그들에게 열어젖히고자 하는 자신의 "무수한 틈"이 "시장 후미진 좌판에 펼쳐진 할머니"의 "주름진 눈짓"과 마주해야함을 직감한다. 그 느리더라도 끈질긴 공생 의지가 "세상으로의 연주"로 조화될 수 있을 때에야 비로소, 그들의 "틈"에서도 생(生)의 "꽃"(「틈」)이 만발할 수 있다는 것이다.

2. 환상과 놀이

1) '환상'으로 바라보기

　라캉에 의하면 환상을 통하여 주체는 타자와 하나가 되는 착각을 지속시키고 자신의 균열을 외면하려고 노력한다. 타자의 욕망은 항상 주체를 넘어서거나 벗어나지만 그럼에도 불구하고 주체가 되찾아 자신을 지탱할 수 있는 어떤 것이 남겨진다. 그것이 바로 대상a이다. 하지만 대상a는 우리가 상실한 명확한 그 무엇이 아니라, 우리의 삶에서 부재하는 것들에 대한 욕망이 지속적으로 결여되어왔음을 상기시키는 결핍 요소라 할 수 있다.

　　　까칠한 눈밭으로
　　　천 년의 바위마저 푹 파묻힌
　　　산길을 오르다
　　　노(老)스님의 지팡이를 만났다
　　　탁탁, 뭐 하는 것이여 젊은이들이
　　　하고, 벌써 저만치 달아나시고는
　　　콧잔등의 땀이 기어 내리다
　　　털썩 고인 눈 위로
　　　한 점 구멍을 내고 우리들은
　　　주저앉아 버렸다
　　　수십 년 전에는
　　　이 곳에도 호랑이가 있었다며
　　　세숫대야 만한 푸른 불빛 내뿜으며
　　　후들거리는 다리로 맞닥뜨렸다 되쏘아보니
　　　슬그머니 사라져 버리더라고
　　　산중에 그런 영물(靈物)
　　　한 놈쯤은 있어야 할 터인데
　　　전설 같은 얘기 한줌 흘려놓으시고는

산신(山神)이 되어버린 그 호랑이 찾으려는 듯
스님은 한 고개를 접어 드셨다
대나무 숲 사이로 찬바람이
포효하듯 울리어 귓가를 때리고
마치 큰 그림자 별안간 튀어나올 것 같아
시대처럼 오금을 떨다가도
모두들 그 호랑이
한 번쯤은 보고 싶어했다

—「가야산 호랑이」 전문

  이 시는 "가야산 호랑이"에 대한 화자의 갈망이 묻어난다. "천 년의 바위"와 "털썩 고인 눈"과 "대나무 숲 사이의 찬바람"의 이미지가 만들어내는 신령스러움은 "호랑이"의 등장을 "푸른 불빛"으로 환유시킨다. 시인은 "노(老)스님"을 통해서 타자의 욕망을 보았고, 주체가 갈망하는 대상a로서 "가야산 호랑이"를 대체시킨다. 실제로 한 번도 본 적이 없는 "가야산 호랑이"에 대한 화자의 구체화된 진술은 김재홍 시인의 내적 결여에 대한 표상에서 발로한 것이다.

  시인은 시적 주체를 예속화하는 상징화된 현실 인식을 상정한 채, 환상적 이미지를 만들어낸다. 그리하여 부조리한 "시대"와 그에 대처하는 스스로에 대한 반감으로, "포효하듯 울리어 귓가를 때리"거나 "큰 그림자 별안간 튀어나"오는 강력한 "영물(靈物)"로서 "가야산 호랑이"를 욕망하는 것이다. 그 신묘함과 두려움의 양면성을 지닌 존재가 "오금" 떠는 "시대"의 표상들에게 발현해줄 쾌(快)는, 오늘날 상징화된 거대 질서의 압제로부터 우리들을 해방시켜줄 환상적인 쾌(快)인 것이다.

  시인의 무의식 속에 잠재하고 있던 환상은 시인의 일상생활을 구성하는 우연한 재료를 통해, 시적 언술로 문자화 되어 끊임없이 재가공되기도 한다.

과거의 고통스럽거나 불편한 기억과 감정을 격리시키는 데 유용한 방어기제가 시대 현실과 당면 사태에 대해 민감한 촉수를 드리우고 있는 이들에게는 무용지물이 되곤 한다. 김재홍 시인 또한 반복적으로 재현되는 작금의 역사적 문제 사태에 대한 현실 인식으로 인해, 과거의 무의식에서 벗어나온 환상적 이미지가 실제보다 더욱 세밀한 묘사로 형상화되고 있는 것이다.

    우우우 밤바람 결을 타고
    쑥국새 울음이
    마을 뒷산 기슭을 가르면
    꿈결에 놀라 일어난 아이들이
    맨발로 사라진다는 소문,
    햇살 튕겨지는 초등학교 담장을 타고
    그림자처럼 떠돌다가
    육이오 그 어느 난리 통에
    병원으로 쓰였다는 지하 체육관
    역사처럼 삐걱이는 마룻바닥 아래로
    억울한 죽음들이 파묻혔다는 전설,
    아이들의 입방아에 오르내리면서
    그 원혼들이
    쑥국새 되어 잡아들 간다고
    문풍지 몹시도 우는 날 밤이면
    어린 우리들은 오줌도 누러가지 못한 채
    일찍 잠자리에 들었다

                         —「쑥국새의 전설」 전문

    이 시는 어느 산골짜기 봄 쑥이 올라올 무렵 시어머니 무서워 쑥국도 제대로 못 먹어보고 굶어죽은 며느리의 이야기, 즉 쑥국새 전설을 모티프로 하고 있다. 그 공포와 비감의 모티프는 이 시 속에서 "육이오" 전쟁 때 "지하 체육관" 마룻바닥 아래의 "역사"적 공포와 비감으로 전환되고, 화자의 유년 기억 속의 "쑥국새" 울음으로 환기되어 있다.

이미 성인이 된 시인이 과거 "쑥국새"의 울음을 "마룻바닥"에서 끌어올리고 있다. 재현 불가능한 환상의 이미지를 시적 언술로 환기시킴으로써 비동일성의 시간을 동일성의 역사의식으로 재구성하고 있는 것이다. "삐걱이는" 작금의 서사들에 대한 무수한 고통들이 무의식에 잠재되어 있던 환상을 현재화 하고 있는 것이다. 시인은 방어기제를 떨쳐버리고 "쑥국새의 전설"을 통해 무엇을 말하고 싶은가. 단순히 공포와 비감의 기억을 환기하기보다는, 반복·재현되고 있는 불합리한 사회 질서 체계에 균열을 만드는 결핍 에너지의 충동들을 시적 언술로 양산하고 싶은 것은 아닐까.

2) 야구하는 호모 루덴스

오늘날 현대인들에게 '생각하는 것'이나 '만드는 것'에 비하여 상당히 인색한 것이 '놀이하는' 것이다. 호모 루덴스로서 '놀이'는 무언가를 활동적으로 즐기는 일이나 지적이고 능동적인 행위를 하는 것으로, 그 '놀이'의 영역에 경쟁, 운, 모의, 현기증이 있다고 한다. 야구는 기본적으로 승패를 원하는 경쟁으로 인간사의 모의 축소판이다. 그 판 위의 호모 루덴스들은 경쟁을 일삼으며 승패의 운을 점쳐 보는 것만으로도, 아찔한 현기증 속으로 매료당하기도 할 법하다.

  신통찮은 글러브질과 방망이의 확률을
  주어진 운으로 곱씹으며
  신문 귀퉁이 한 마리의 동물에게
  오늘 경기를 맡긴다

와인드 업한 투수가 공을 놓는 점에서
배트와 공이 최초로 만나는 점까지
정확히 놓치지 않고 점을 쳐야
행복은 곧 일어날
달콤한 진루로 이어질 수 있다

상대방 타자가 남긴 불규칙한
바운드를 잡아 내야 할 점과
송구한 공이 달려오는 발길보다
빨라야 할 점을 맞춰야
기쁨은 다음 일어날
멋진 아웃으로 이어질 수 있다

플레이는 점과 점과의 만남
진정으로 그 모든 점들을 향할 때
운은 소리없이
오늘 그라운드를 지배할 것이다.

―「점을 향하다」 전문

 우리네 인생은 얼마나 낮은 확률 속에 놓여 있나. 공 한번 쳐서 "달콤한 진루"를 할 확률만큼 아슬아슬한 생(生)의 "운"에 기대어 살고 있다. 우연한 타이밍의 점들의 만남이 있어야 성사되는 "운"은 그 근원적 불확실함으로 야구 놀이에 긴장감을 돌게 한다. 김재홍 시인의 야구뿐만이 아니라 우리 생(生) 또한 선택과 운의 조합으로 점철되어 있다. 선택의 과정에서 무수한 가능성을 고려함에도 불구하고 그 선택의 결과가 행운이 될지, 불운이 될지 얼마간의 확신마저도 무모해 보인다. 즉 놀이(야구)든 인생이든 "정확히 놓치지 않고", "진정으로 그 모든" 점의 "행복"한 조합을 위한 지향점으로 "방망이"를 휘두르는 삶, 그 자체에 대한 열정을 시인은 역설하고 있는 듯하다.

아쉽게 몰락한 달이, 불쑥
오늘 달의 날에 머리를 내밀었다
황색 점멸등이 깜박이는 교차로
지난 하루를 추억으로 수신하는
라디오 주파수에 꼬리를 문 차들이
이른 아침을 서두르지만, 여전히
어제 경기의 마지막 타석
마지막 공을 기억하지는 못할 것이다
이미 승패가 기울어진 7회 초
휑한 베이스를 바라보며, 투아웃
어렵게 얻어 낸 대타 자리엔
성급한 긴장들만 서성거렸다
깔깔한 유니폼에
채 길들여지지 않은 배팅 장갑의 감촉
상대 투수는 연거푸 두 개의
정직한 공을 건네 왔고
이제 그의 손가락 마디에 맡겨진
마지막 나의 생사여탈권
꽉 찬 바깥쪽 빠른 직구는 홈을 통해
결국 그날의 불면을 독촉했고
전광판에 들어오는 붉은 불빛처럼, 문득
앞선 차의 후미등에서 달려오는
죽음을 향해, 나는
급하게 브레이크를 밟아야 했다
—「출근길에 삼진을 생각하다—삼구 삼진 1」 부분

김재홍 시인에게 간혹 놀이는 놀이로 끝나지 않고 현재 삶에 위험한 영향력을 미치기도 한다. 아니 애당초 '야구'가 삶이었고, '삶'이 야구였을지도 모른다. "어제 경기의 마지막 타석"을 잊지 못하는 시인은 "성급한 긴장들"과 "삼진" 그리고 "그날의 불면"으로 아찔한 현기증에 놓여 있었다. 그 몰입과

심취의 정도만큼 '놀이'의 승패에 대한 집착은 현재 삶을 기하급수적으로 유폐시켰다. 우리네 삶이든 놀이든 정해진 러닝타임과 몰입타임이 있음에도 불구하고 욕망의 완급을 적절히 조절하지 못할 때, "죽음을 향해" 급브레이크를 밟아야 하는 아찔한 순간을 맞기도 하는 것이다. 김재홍 시인은 야구에 대한 시를 통해 '삶'이 하는 놀이와 '놀이'가 만드는 삶의 유사 미학을 적극적으로 형상화하는데 의미를 두고 있다.

3. 시작(詩作)

1) 부단한 시작(詩作) 성찰로

시인이 시를 쓴다는 것은 무엇을 의미할까? 내적 사유의 고민이 의미 있는 시어로 활자화되어 나오기까지 시인은 부단한 외출을 감행해야 할 존재이다. 근원적으로 타자와 자아를 분리하는 것에서 인간의 생각이 자라고, 분리된 타자를 보아가며 자아의 본의를 탐구하게 된다. 곧 타인을 보는 것이 나를 보는 대안이 되고, 한편으로 나를 고민하는 것이 세계를 보는 것이 되는 생(生)의 순환 고리로 엮여 있는 것이다. 그러기에 시인은 나를 벗어난 부단한 외출을 통해서 보다 많은 나를 발견할 수 있다. 그렇게 숱한 일상을 보내다 문득 낯선 나와 마주하게 되는 날이 있다.

> 그 구토물, 오늘도 제자릴 지키며
> 마른버짐처럼 온몸을 비워가고 있었다
>
> 몇 달 전 개운치 못한 기억들을 또렷이 움켜잡고는
> 으슥한 지하 주차장

하루에 지친 매연이 회칠한 벽을 헤집을 때도
더욱 뿌리를 내리며, 찬찬히
나를 뜯어보는 것이었다

흐느적거리는 서른 말미의 생이
불안에 떨며 알코올에 희석되어가던
내 그 속마음을 꼭 확인해보고 싶었던 어느 날
누군가는 그게 나이테 하나 둘 그어질 때마다
피어나는 공허라고도 하였지만,
아내에게도 들키고 싶지 않았던 몇 개의 부끄럼
꾹꾹 숨을 틀어막다 기어이 터져나오고야마는
연이어 나도 모를 더 깊은 슬픔들이
철퍼덕, 하며 그만 바닥을 치고 말았던 것이다

시큼한 그 시간들은 두말없이 흘러가버렸고
오늘에서야 몸조차 돌릴 수도 없을 만치, 급작스레
다시 맞닥뜨려버린 지금
얼마만큼 내 속마음도 변해버린 탓일까
어색한 그 마음을 결국 치우지는 못한 채
떫디떫은 그림자만 한 줌 남겨둔 채
슬그머니 그만 돌아서버리고 말았다

―「지하 주차장」 전문

 시인은 쏟아내야 한다. 쏟아내야만 하는, 그 "떫디떫은" 생을 살아야 하는 천형(天刑)의 숙명을 지닌 존재이다. 아무도 고민하지 않거나 그다지 고민스러워 하지 않음에도 그 예민한 촉수는 세상을 향해 무수히 뻗어 있는 것이다. 평범한 삶을 살아가는 누구라도 한 번씩 원인을 모르는 "불안에 떨며 알코올에 희석되어가"는 자신의 "그림자"를 만날 때가 있다. 그 위무될 수 없는 "깊은 슬픔들"은 마치 "지하 주차장"처럼 보다 낮은 삶의 밑바닥에 놓일 때,

"꾹꾹 숨을 틀어막다 기어이 터져나오고야마는" 삶의 "나이테"이자 생(生)의 "허무"인 것이다. 이때 김재홍 시인에게는 "몇 개의 부끄럼"도 "변해버린" 마음의 잔해물과 함께 쏟아져 나온다. 이는 시인으로서의 불완전한 시적(詩的) 양심이 "부끄러움"의 "구토물"로 환치된 결과다. 비록 "슬그머니" 돌아섰으나, 그 "시큼한 그 시간들"에 대한 집착은 촉수를 거둘 수 없는 세계에 대한 매서운 성찰의 응시가 아직 남아 있는 까닭이 아닐까.

언젠가 새벽녘까지 잠을 청하지 못하고
부끄럽게도 나의 시집을 꺼내든 적이 있다

나랏돈을 일부 타 내어, 적절히
생을 포장해 한 권의 책으로 탄생시켰지만
읽는 내내 지문에는
종이의 전생들이 묻어났다

따뜻한 햇살과 맑은 빗물이
튼튼한 고요를 만들고
더욱 뿌리를 내리는 만큼 늘어나는 나이테
짙은 그늘을 거느린 나무들의 이력이
결국 루비콘 강을 건너고 말았고, 새들은
나비들의 애절한 날갯짓에 만가를 불러야했다

환생한 시집은 간혹 지인들에게
세상을 또박 또박 읽어가는
마우스 패드가 되기도 하고,
뜨거운 냄비를 받쳐주는
한 끼의 든든한 식탁이 되기도 하고,
하루의 고단함을 털어내는 베갯잇도 되고,

제본된 나의 시는, 다행히
지금 보속補贖 중에 있다

—「시집에 대한 단상」 전문

   시인은 세상을 보는 눈으로 자신 또한 살필 줄 알아야 한다. 자신의 고통의 근원을 탐색하는 부단한 작업으로 인해, 비로소 그것이 타자에게서 발견되는 동일한 삭정이에 가닿아 있음을 확인할 수 있고, 그제야 진실한 동정(同情)에 공감할 수 있는 것이다. 이 시는 김재홍 시인의 시작(詩作)의 의미를 담고 있다. 표류하는 숱한 활자들이 범람하는 세파 속에서 시인은 시 한 편, 시어 하나에서 "종이의 전생들이 묻어"나는 것을 감지하게 된다. 나무는 "늘어나는 나이테"처럼 오랜 성장의 과정을 거쳤고 "루비콘 강"을 건너 대자연의 "새들"과 "나비들의 애절한 날갯짓"의 만가를 들으며 종국엔 시집의 낱장의 지면으로 "환생"했다. 그 "나무"의 주검으로 "환생한 시집" 한 권은 "세상을" 읽는 지혜나 "마우스 패드" 혹은 "냄비" 받이나 "베갯잇"이 되어 누군가의 생(生)을 떠받치는 낮은 지면(地面)의 "보속(補贖)"이 되고 있다. 김재홍 시인에게 시작(詩作)은 모든 생(生)에 대한 진정한 성찰이 유의미한 활자로 형상화되는 데 방점을 두고 있기에 그 스스로는 언제나 "부끄럽"다.

2) 죽음에서 삶으로

   죽음으로부터 만들어낸 삶의 이미지란 무엇인가. 죽음은 생명의 소멸을 뜻하는 하나의 이미지에 지나지 않는다. 그것은 사람들 사이에서 의식적으로 행해지는 제의(祭儀)를 통해 생명과 분리된 관념을 만들어내고 그 이미지를 사람들은 서로 공유한다. 그러나 이렇듯 삶이 만들어낸 죽음의 이미지는 주검의 흔적을 목격한 순간 오랜 시간 속으로 소멸해버리고, 눈앞에 펼쳐진 주검의 삶의 궤적을 다시금 상상하는 데로 나아가게 된다. 즉 김재홍 시인이 죽음에 관심을 갖는 것은 결국 삶에 대한 집착에서 전이된 것으로 볼 수 있다.

> 대성동 고분에서 한 여인이 발견되었다
> 반듯하게 누운 채로
> 태어나야 할 다음 세상을 위해
> 머리는 동쪽으로 향해 있었다
> 늘 부리던 오른손 부근엔
> 깨진 그릇 몇 조각이 흩어져 있었고
> 살아온 생만큼의 체구에 비해
> 도드라진 종아리 근육은
> 그녀의 신분을 말해주는 듯 하였다
> 골반을 진맥한 결과 두 명의 아이를
> 갓 낳은 새댁이었지만
> 그녀가 모셔야 할 분은 이미
> 토지신에게 덩이쇠를 지불한 상태였다
> 덧널 사이에 냇돌은
> 두고 온 이승에의 미련만큼이나 깔려
> 수천 년으로 발효되어 왔고
> 주인과의 지독한 연을 끊으며, 마침내
> 한 여인이 새로운 희망으로 출토되었다
> 85호 고공 크레인,
> 스스로 자기 생의 결정권을 움켜쥐며
> 만 309일 만에 당당히
> 무덤에서 걸어 나왔다
>
> ―「순장녀」 전문

이 시는 어느 고분에서 발견된 순장녀의 이미지를 형상화해 놓았다. 몇 개의 뼛조각으로 "도드라진 종아리 근육"과 "두 명의 아이를/ 갓 낳은 새댁"의 삶의 이미지를 연상해내고, 무덤의 공간에서 "이승에의 미련"을 읽어낼 수 있는 것은 오직 김재홍 시인의 상상력의 힘이다. 무엇보다 눈여겨 볼만한 것은 그 죽음의 이미지들을 삶의 이미지로 형상화한데서 한발 나아가 "수천 년" 과거의 죽음 이미지를 오늘날 "고공 크레인", "생의 결정권"의 삶의 이미지로 환치시켜 놓은 데 있다. 이는 인간답게 사는 삶의 본질을 시·공간을 관통하는 시력으로 읽어내고 있는 것이다.

"하늘 같은 마음으로 사람들을 사랑하려다" 죽음을 맞이한 "한 노동자"의 이야기에서도 이러한 김재홍 시인의 인식은 나타나는데, "듬직한 체구"와 잊히지 않는 노동자의 "목소리"는 "한 송이 국화"로만 남아 "크레인" 귀퉁이를 채우고 있다. 그러나 이 노동자의 죽음은 "천 근" 삶의 무게와 "꽃피우지 못"한 "아름다운 노동"의, 폭력성과 가냘픔의 대비가 만들어낸 죽음 이미지를 벗어나고 있다. 애잔한 죽음 이미지에서 나아가 "우리들 깊이 상처 난 마음" 속으로 "저녁 강의 햇살" 그리고 "저 환한 세상"(「한 노동자의 죽음을 보며」)을 위한 삶의 부활 이미지로 끊임없이 재생되고 있는 것이다.

몸의 시, 그 양가적 유혹과 미감(美感)
―문옥영 론

몸은 인간이 가진 가장 강력한 무기이다. 우리는 그것으로부터 영혼을 현현하여 삶의 미학적 가치를 양생하는 과정에서 거대한 인류의 영화로운 몸을 완성시켜 왔다. 이렇듯 인간에게 있어 몸은 결코 함부로 파손이나 전시(展示)의 대상물이 되는 것을 용납할 수 없는, 자명하고도 유의미한 재현의 실체인 것이다. 하지만 문옥영 시인은 다르다. 그는 몸을 절단하고 해체하여 미감(美感)의 등가물로 환치시키고 있다. 몸을 앞세운, 문옥영의 시(詩)에는 그 양가적 유혹이 항상 도사리고 있어서 강력한 무기 혹은 치명적인 매력이 되고 있다. 결국 그에게 시 쓰는 행위는 세계에 대한 몸의 사유를 투영하는 방식으로 예각화되어 있는 셈이다.

1. 절단하는 몸과 미감(美感)

절단은 자르거나 베어서 끊는 것이다. 온전한 것이나 무난한 것으로부터 조각을 만드는 이 작업은 불쾌하고 추악한 선입견을 불러들인다. 문옥영 시인은 이러한 안온하고 온전한 사고방식에 칼을 빼어든다. 여기 세상에서 가장 아름다운 칼이 하나 있다.

담벼락 위

뭉게구름 빠져나간 뒤

다 낡은 칼자루에서 빠져나온

흰 칼날

눈부시게 날아들어

안마당을 조각 낸다

마음 어둔 그늘을 조각 내고

깜박 조는 봄을 조각 낸다

—「목련」 전문

문옥영 시인은 "흰 칼날"같은 새하얀 목련을 보았다. 담벼락 위 "다 낡은 칼자루"같은 앙상한 가지에서 "눈부시게" 날아드는 목련은, 겨우내 얼었던 "안마당"에 "흰" 조각을 만들고, 화자의 "어둔" 마음에도 "흰" 조각을 또 하나 만들며, 결국에는 "깜박 조는" 봄날 생(生)의 낭비에도 백색의 아름다운 조각들로 넘쳐나게 한다. 시인은 조각나 떨어져 나오는 "칼날"같은 것('목련')에서 봄날의 아름다운 약동을 느끼는 것이다. 이러한 시인의 "칼"이 만드는 기존 인식의 절단은 "가위를 든 남자가/ 첫 웃음 짓는 아가 조심스레 받쳐 들고/ 탯줄을 자르고 있다"(「향기로운 출산」)와 같이 온전한 새 생명을 깃들게 하는 숭고한 의식으로까지 나아가며 기존의 인식 영역을 거스르고 있다.

도마 위에 새겨지는 통쾌한

웃음소리

수박을 자르려다 손가락을 잘랐다
푸른 줄무늬 아래서
내 손가락이 웃는다
나동그라진 수박도 따라 웃는다

칼은 웃기는 녀석이다
어제는 고등어를 온몸으로 웃게 하더니
오늘 아침엔 감자와 토마토를 웃게 만들었다
아마 내일은 통배추, 입 쩌억 벌어지게 만들 것이다

칼의 입장에서 보면 세상은 온통
배꼽 빠져 죽을 지경이다

내 마음이 칼을 꺼내어
당신의 웃음을 스윽 베어버렸다
철철 흐르는 웃음이 나를 뜨겁게 만든다

웃음이라는 상처가 삼중바닥에서
바글바글 끓는다

―「웃음이라는 상처」 전문

    화자는 "상처"가 가득한 알 수 없는 음식을 만들고 있다. 음식 만드는 중에 도마 위에서 "통쾌한 웃음소리"를 듣는다. "손가락을 자"르고, 그 절단된 "내 손가락"이 "나동그라진 수박"과 함께 "웃"고 있는 삶의 현장에 있다. "어제는 고등어", "오늘 아침엔 감자와 토마토", "아마 내일은 통배추"가 일상적으로 절단되며 웃을 것이기에, 어쩌면 화자의 몸엔 이미 상처가 운명처럼 예정되어 있는 셈이다.

"칼"과 "도마"가 만들어낸 만행들이다. 즉 칼과 도마가 만났을 때 형성되는 웃음소리들이다. 칼은 내려치고 도마가 후려 맞는 상당히 폭력적인 사태 속에서 맛있고 아름다운 음식들이 만들어지는 것은 아이러니한 일이다. 음식 재료들은 조각조각 절단되고 있다. "칼의 입장"에서 세상에 내던지는 웃음은 무엇을 의미할까. 최소한 이 칼이 만들어내는 웃음소리는 온전한 것들을 불확정의 상태나 미세한 분절 상태로 절단하면서 내는 난폭한 웃음이 된다. 화자가 주시하는 "칼"이 지니는 대상에 대한 폭력성은 화자에게로 쉽사리 전이되어, "당신의 웃음"을 베게 하고, 그 순간 "철철 흐르는 웃음"은 화자를 더욱 "뜨겁게 만든다". 마치 삼중바닥에서 난폭한 웃음이 만들어낸 상처들이 "바글바글 끓"어 오르듯이, 화자를 열렬하게 만드는 것이다.

이렇듯 주방에서 으레 행해지는 음식 준비 과정을 문옥영 시인은 기괴한 사태로 만들어버린다. 음식을 수여할 누군가를 위한 사랑의 요리 과정을 마치 참혹한 살육의 현장으로 바꾸어버린다. 여기에는 시인의 세계와 대상에 대한 존재 인식, 즉 비극적 미감(美感)이 잠재되어 있기 때문이다.

세계 속의 주체인 나와 타자(사물)의 만남이 양가성을 지닐 수 있다. 이때 표면적인 웃음은 누군가의 내면 깊숙한 상처를 뒤덮는 가식적이고 폭력적인 것이 되기도 한다. 위 시에서도 어느새 주체('나')마저도 사물화된 타자들이 만들어낸 폭력 세계에 자연스럽게 동화되고 있다. 결국 '웃음'='상처'가 되는 은유는 존재자들의 역설적 만남을 전제하고 있는 셈이다. 시인은 절단되는 폭력의 결과 파생된 "상처"라는 감각적 반응 사태를 인간 존재의 가장 원초적인 행복 반응 사태인 '웃음'과 결부시킨다. 즉 분리의 비감(悲感)을 청각적 미감(美感)으로 환치(換置)시킴으로써 무감각하게 일상적인 독자들에게 충격적인 방법으로 메시지를 던져준다.

2. 노출하는 몸과 섹슈얼리티

메를로 퐁티(1908~1961)는 몸철학의 권위자로서 인간주체는 몸이나 정신의 어느 한쪽으로 결코 환원될 수 없고, 몸과 정신이 인간주체의 실존과 분리되어 이야기될 수 없다는 주장을 했다. 이는 기존의 인식이나 사유에 비해 열등한 위치에 자리했던 몸의 위상을 회복시켜 몸이 생산하는 담론에 깊이 있는 관심을 촉발하게 하였다. 또 그는 몸이 만들어내는 생명성과 성적(性的) 가치에 대한 주체의 적극성을 당연한 것으로 보았다. 다음의 문옥영의 시편들도 세계를 바라보는 몸의 성애(性愛)적인 인식이 구체적 형상화를 통해 적나라하게 노출되고 있다.

신선한 우유 출렁출렁
자전걸 타고 오는 새벽

바지를
벗고 있니?
입고
있니?

조간신문 안고 달리는
오토바이
뜨거운 입김
안개 속치마 들추고 있니?
들여다보고
있니?

굵은 핏줄
옹이진 성기로

게으른 교회 들어
올리고 있니?
내려놓고
있니?

굴다리 너머 거리엔 몇 안 남은
버즘나무들

—「버즘나무들」 전문

표면적으로 성애적인 노출이 전경화(前景化)된 시이다. 몸의 노출이란 화자가 만들어낸 세계에 대한 인식을 가장 감각적으로 표출하고자 할 때 주요한 표현 방식이 된다. 위 시에서 시인이 형상화하고자 하는 것은 시인이 인식한 버즘나무들의 성애(性愛) 세계만은 아닐 것이다.

1연의 "자전걸 타고"오는 행위 주체는 "우유"와 연상된 여성적 이미지인데, 2연에서 그 화자는 시적 대상에 대한 노출 여부를 묻는 파격적 질문을 던진다. 그리고 뒤이어 3연의 "오토바이"가 만들어낸 "뜨거운 입김"은 추행과 관음의 질문으로 심화되고 있다. 4연에서는 앞서 진행되어오던 섹슈얼리티의 분위기가 버즘나무의 "옹이"에서 촉발된 생식기 연상 작용으로 인하여 극점에 도달한다. 종착점 5연에 도달하기까지 옷을 벗는 탈의와 관음, 그리고 생식적 움직임을 연상하게 하는 시인의 시적 인식은 무엇을 의미할까.

온통 세상을 에로틱한 섹슈얼리티의 시적 공간으로 변형시킨 후, "게으른 교회"와 버즘나무의 "옹이진 성기"에 대한 육감적 인식은 시인의 세상 바라보기가 드러나는 부분이다. 또한 여섯 번에 걸쳐 나타나는 "?"는 종교적인 성결의 대상은 물론 인간의 몸을 중심으로 한 세계 내 존재가 성적 욕망으로부터 과연 자유로울 수 있는가에 대한 물음이기도 하다. 문옥영 시인은 세상을 조금은 원초적 시선으로 바라보고 싶어 한다. 인간 존재의 양극단에 탄생

('삶')과 죽음을 배치하고, 두 경계 사이에 존재하는 주체의 실존적 삶에 대한 두 가지 인식을 제시한다. 하나는 살아가는 주체 행위들의 집합으로 보는 것이고 또 하나는 죽어가는 주체 행위들의 분열로 보는 것이다. 살아가는 행위의 원초에는 노출과 성애가 있다면 죽어가는 행위의 원초에는 절단과 분열이 있는 것이다.

다음 시는 노출하는 몸, 그 원초적 섹슈얼리티를 통해 시인이 무엇을 말하고 싶어하는지 넌지시 짐작케 하는 시이다.

  새벽 4시다
  붉은 확성기를 머리에 얹은 레그혼1은
  여러 아내를 거느리고 산다
  알전구를 사랑한 아내들은
  알전구 닮은 알을 낳는다
  안이 훤한 울타리집에 사는
  그들에게 사생활의 비밀이란 없다
  비밀이 없으므로 자유롭다
  싸움질도 자유롭고 성생활도 자유롭다
  단독주택 3층에 사는 나는
  사생활의 비밀이 보장된다
  비밀이 보장되므로 자유롭지 못하다
  성생활도 자유롭지 못하고 부부싸움도 자유롭지 못하다
  더 이상 알을 까지도 않는다
  기껏 저들의 목소리를 듣고 이불 속에서 날씨를 짐작한다
  저들은 나 들으라고 새벽부터 확성기를 켠다
  꺼끼요! 꺼끼요! 꺼어어! 거기요!
  왜요?
  크게 외치려다 참는다
  속으로 얼마나 벼르다가 내지르는지
  오늘따라 더 쉰 목소리가 몇 번 힘이 가다 끊긴다

강추위가 오려나보다

　　　　　　　　　　　—「레그혼의 일기예보」 전문

　레그혼이 "거기이요!"라고 간절히 외치는 이유는 무엇일까. 레그혼 가족들은 안이 훤히 내다보이는, 사생활의 비밀이 없는 생활을 하고 있다. 그들의 생활에 대한 화자의 인식은 역설적이게도 비밀이 없으므로 자유를 느낀다고 보고 있다. 반면 "단독주택"에 살고 있는 "나"는 사생활의 비밀이 보장되지만 오히려 자유롭지 못하다고 느낀다.

　두 비교 집단의 생존 방식에 대한 사유의 극단에는 "성생활"이 구심점이 되고 있다. 일반적인 상식으로는 사생활의 비밀이 보장되는 곳에 자유가 있어야 하고, 그 반대 상황, 즉 사생활의 비밀이 보장되지 않는 곳에 자유가 없어서 "성생활" 또한 제한적이어야 마땅하다. 그러나 전자의 상황에 놓인 화자임에도 불구하고, 화자는 "자유"를 누리지 못하고 "기껏 저들의" 간절한 목소리('레그혼 닭들의 울음소리')를 "날씨를 짐작"하는 방식으로만 받아들이고 있다. 결국 화자의 "성생활"은 위기를 맞게 되고, 이 위기는 결국 생존의 위기와 직결될 것이다.

　문옥영 시인은 "사생활의 비밀"이, "자유" 나아가 "성생활"의 중요한 결정점이 되지 못한다고 보고 있다. "레그혼"과 달리 우리 인간은 "사생활"이라는 명명(命名) 방식으로 "비밀"이 보장되어야만 마치 실존할 수 있을 것만 같은 착각, 그 무의식적이고 억압적인 질서체계에 고정되고 한정되어 살아가고 있다. 시인은 "비밀"이라는 은밀한 굴레 속에서 스스로 옥죄고 가두고 억압하는, 모순된 행위 주체자인 현대인들의 삶을 비판적 안목으로 제시하고 있다. 진정 '나'의 자유로운 생활은 '성생활'과 함께 숨겨져야만 하는가.

　노출하는 몸, 섹슈얼리티가 보여주는 시적 환유의 세계는 오래 묵은 은폐와 칩거만이 비밀스러운 "자유"인 것으로 여기는 태도에 대한 완전한 해방 선언이다. 인간 본연의 본능, 그 원초적 욕정이 충만한 상태가 될 때까지 두터운 외투를 완전히 벗어던지는 것에서부터, 자유를 위한 진정한 탈주가 시작됨을 문옥영 시인은 "거기이요!"하고 간절히 외치고 있는 것이다.

3. 시(詩)의 몸이 말하는 세계

문옥영 시인은 몸의 언어로 세상을 말하고자 한다. 이러한 인식의 근저에는 몸이 말하는 원초적이고 근원적인 욕망의 세계가 가장 순수한 인간의 본성에 닿아 있다는 시인만의 고유한 세계관이 투영되어 있다. 그러한 말하기 방식에 시가 가장 적격이고, 그러한 시에도 몸이 존재한다.

바람 속에

숨겨 논

뜨거운

혓바닥 위에

아직 이르지 못한

길이 있다

—「통행권」 전문

지역상이나 시간상으로 제한되어 있는 곳을 자유롭게 다닐 수 있도록 허가

하는 증서가 통행권이다. 결국 "통행권"의 존재는 어떤 제한된 곳이나 부자유스러운 상태를 전제하고 있는 것이다. "아직 이르지 못한/ 길"이 "혓바닥 위에" 존재한다는 것은 그 "길"이 물리적 공간이 아닌 심리적 공간임을 의미한다. 그리고 이는 곧 심적 부자유스러움에서 벗어나는 방법이 "혀"가 만들어 낼 수 있는 "숨겨 논" 시 세계임을 방증한다. 시인의 "혀"는 곧 시의 은유가 될 수가 있기에 시가 다다르고자 하는 "길"은 곧 진정한 자유 해방의 공간이 된다.

 "시"의 "혀"(몸)가 "바람 속"에 숨겨진 까닭은 본질을 술이부작(述而不作)하기에는 그 고통과 방해가 적지 않았기 때문임을 다음 시에서 짐작할 수 있다.

너는 내 것
침을 바른다

책장 모서리는 닳고 닳아
활자들 밖으로 기우뚱거린다
까칠한 시의 얼굴을 더듬자니
난해한 이론의 모서리가 눈을 찌른다

서성거리며 궁리하다 바닥에 엎드린다

팔꿈치로는 버틸 수 없는
몸과 마음이 가라앉기 시작한다

암초에 부딪힌 배처럼
서정시는 구멍 난 허파에 스며들고
논리정연 이론은 꼬르륵 거리며 뒤척인다

머리 위로 극세사 파도가 다시 덮쳐오고
　　기억이 기어이 기억이 끊긴다

　　내 안에선
　　햇살에
　　죄다 털어내고 말려낼 기억들
　　꾸겨진 기억들이
　　켜켜이 곰팡내를 풍긴다

―「꾸겨진 기억들」 전문

　　분명 "너"(시)는 "내 것"이지만 "활자"로 형상화되기까지 수많은 고통이 따른다. 까칠한 "시의 얼굴"에 "난해한 이론"이 "눈"을 찌르고, "팔꿈치로는" 도저히 버틸 수 없는 시의 무게감에 "몸과 마음"은 침잠한다. "서정시"는 상처 난 "허파"에 스며들어 허기짐만 부추기고 "머리" 위로는 예민한 파도가 다시 덮쳐와 "꾸겨진 기억들"은 다시 끊기고, "켜켜이 곰팡내"만을 풍긴다. 시인이 시 한 편의 몸을 제대로 형상화 해내기까지 시인의 몸에는 절단되고 분쇄되는 고통이 수반된다. 그 다음 그 자리에 비로소 온전히 육화(肉化)된 "시"가 "햇살" 속으로 모습을 드러낼 수 있는 것이다.

　　가끔 구름 속에서 하이힐 소리가 난다
　　물속에서 하이힐 한 짝이 나오기도 한다

　　은행나무 가지에 걸린 하이힐 한 짝
　　인적 뜸한 밤마다
　　차고 단단한 대리석 계단으로 내려
　　간다
　　간다

꾹꾹 눌러 쓴 주소처럼
온몸으로 또박또박 새기는 기호들
인도에서 지하도로
200자 원고지를 지나 하얀 A4 용지 위로
절뚝절뚝 피 흘리며
간다

방금 지나온 따뜻한 길에서 날개가 돋는다
등 뒤에서 날개 치는 소리 들린다
들리지 않는다
뭉크러진 발자국
날고 또 날아도 허공은 끝이 없다
그래도 간다
바닥을 찍어 누르는 하이힐의 힘으로

─「하이힐을 신고 간다」 전문

    누가 "하이힐"을 신을까. 화자는 "구름 속에서" 그리고 "은행나무 가지"에서 "하이힐"의 존재를 인식한다. 그리고 "차고 단단한 대리석 계단"으로 "인적 뜸한 밤마다" 그것이 움직이는 힘을 느낀다. 단순히 보면 그 "하이힐"의 정체는 마치 뾰족한 '펜촉'을 떠올리게 한다. 나아가 "하이힐"은 시인이 바라보는 외부 세계와의 만남을 매개하면서도, 그 작업에 필히 고통을 수반하는 운명의 그 무엇이다. 결국 "바닥을 찍어 누르는" 강력한 힘은 "200자 원고지를 지나 하얀 A4 용지 위로" "절뚝절뚝 피 흘리며" 걸어가야 하는 시 쓰는 시인의 고된 작업에 다름 아니다. 그것이 찍어 누르는 "기호들"은 시인이 세상과 소통하려는 언어의 기호들이 되기도 하지만, 등 위의 "따뜻한" 날개 치는 소리도 잠시, 금세 "뭉크러진 발자국"으로 짓이겨져 "끝"없는 허무함으로 사라져 버리기도 한다. 세상에 예리하게 맞댄 "하이힐"은 시인의 '인식과 재현'의 도구가 되어, 시인으로 하여금 그 고난의 길 위를 "그래도 가"게 하는 아름다운 원동력이 된다.

문옥영 시인이 세상을 읽는 중요한 수단은 몸이다. 시인은 몸의 감각이 세상의 미세한 것까지 인지하기를 원하고 그것이 시가 되기를 원한다. 문 시인의 시 쓰기는 은유나 환유된 몸을 온전히 굳은 사고방식의 틀에서 덜어내기 위해 몸을 절단하는 방식으로 이뤄지기도 하고, 부자유스러운 억압의 굴레로부터 몸의 원초적 노출을 갈망하는 방식으로 나타나기도 한다. 그가 고통을 수반하여 육화(肉化) 해낸 시들은 극단적인 미감(美感)과 탈주적인 섹슈얼리티의 양가적 유혹으로 우리를 선선하게 매료시킨다.

가난한 땅에서 맑은 슬픔이
―신휘 론

땅은 살아있다. 진흙뻘이든 자갈밭이든 깎아지르는 절벽이든 수차례 빗물과 바람을 맞으면서도, 땅속 깊은 곳에서부터 뽑아 올린 생명의 흐름을 유일하게 지속시키는 들꽃 하나를 보아서도 그러하다. 또 이런 땅에서 자란 아름다운 모든 것들에게 보호와 예찬의 노래를 늘 속삭이는 시인들이 있기에, 땅은 우리들의 가장 낮은 곳을 언제나 받쳐 들고 서 있다.

신휘 시인은 분꽃, 열무꽃, 무꽃, 맨드라미, 가시연꽃이 자라는 낮은 곳에서 사람들의 삶을 보고 읽고 쓰며, 소, 매미, 호랑거미, 자벌레, 잠자리를 닮은 존재들의 내면세계를 쓰다듬고 위무하며 함께 살아가는 습성의 대화를 시 속에 투영하고 있다. 흙먼지 날리는 세상살이를 관통하는 삶이란 언제나 가난과 슬픔이 맑게 우러나와 날마다 차오르는 우물처럼 깊어지고 있어서 시인의 눈길은 언제나 그 가깝고도 먼 땅의 세계를 바라보고 서 있다.

1. 맑은 슬픔의 기립(起立)

시(詩)는 속울림이다. 가슴 깊숙한 곳, 숙성되고 농익어 여물대로 여문 사연들, 세상사 보이는 대로 들리는 대로 자연스레 주워 담은 시인의 삶의 열매들이 시인의 일렁이는 우물 속에서 울음을 울고 있다가, 살갗 아래로 스며드는 그 오래된 것들, 지류(支流)가 되어 천 갈래 만 갈래 뻗쳐나가 "거꾸로 매달린 채 그렁그렁"(「등꽃」)이는 등꽃으로 불 밝히는 밤이 되면, 그제야 시인은 해맑은 아이의 목소리로 "슬픔의 본적"에 대해 묻는다. 그제야 시(詩)란 무엇인지 그 울림이 세상 속으로 출렁거린다.

    아빠, 그런데 슬픔이 뭐야. 슬픔은 우물 같은 거야. 오래 들여다보고 있으면 그 안이 훤히 비치는 우물. 사람은 누구나 몸 속 깊이 저만이 아는 물웅덩이 하나쯤 파놓고 사는 거란다. 그럼 아빠도 있겠네. 엄마도, 나도. 글쎄다. 네가 크면 네 안에도 거울처럼 투명한 우물이 하나 생겨나겠지. 너만이 가만히 오래 들여다 볼 수 있는, 하지만 무지 무서울 것 같은.
                                                                   —「낙타, 둘」 전문

슬픔은 바깥에 있지 아니하고 '내 안'의 우물 속에서 투명하다. 신휘 시인에게 내재(內在)하는 슬픔은 존재의 깊이를 대하는 두려움이며, "오래 들여다"볼 내 삶의 거울이기도 하다. 사는 날까지 끝없이 메마른, 바삭바삭한 모래 위를 하냥 걸어야 하는 낙타와 같은 일상 혹은 그보다 좀 더 무거워지는 날에 흐르는 생명수가 있다. 하염없이 흘러넘치는 무량의 슬픔은 참으로 애절하며, 따듯하며, 세상 가장 낮은 마음을 갖게 하는 부정성임을, 시인은 부인하지 못한다.

    빗자루를 들고 거미집을 걷었다

    끊어진 줄 끝에 매달린 거미
    쉽게 떨어질 생각 하지 않는다

    어디로 갈 것이냐

이젠 대체 뭘 먹고 살 것이냐

가진 거라곤 몸뚱이뿐
거미에게 집이란,

(…)

오우, 사는 일이 고작해야
누군가의 밥줄을 떼어다 제 명줄을 잇는 일이라니

이 모진 삶에의 왜곡한 줄타기라니

―「실직」 부분

「실직」에는 빗자루를 들고 거미집을 걷어내던 시인의 일상 속 사유의 깊이가 잘 배어 있다. 무심결의 행위가 초래한 "거미" 사태에는 세상의 혼탁한 단면이 비유적으로 제시되어 있다. 시인은 허공에 매달려 "가진 거라곤 몸뚱이"와 "거미집"만으로 위태롭게 살아가는 "거미"의 절박함과 "누군가의 밥줄을 떼어다 제 명줄"까지 이어야 하는 비통한 인간 삶의 역설 앞에 목이 메고 잠이 오지 않는다. 무수한 위인들은 장검을 뽑아들고 거칠게 베어낼 용기를 함성(喊聲)하겠지만, 신휘 시인은 관조하고 사유한다. 그리하여 함부로 할 수 없는 세상 섭리 앞에 불안한 존재들의 삶에 묵도하고, 그 슬픔들을 분유(分有)하는 선행(先行)을 시도한다.

영혼이 맑은 것들은 몸이 아니라 슬픔으로 눈을 자주 씻은 것들이라고 한다. 눈을 씻는 일은 눈물을 흘리는 일. 걸핏하면 나는 새처럼 앉아 우는 날 많은데 눈물이 아주 마른 날은 억지로라도 내 안에 꼬깃꼬깃 접어둔 타인의 아픔과 슬픔까지를 끄집어내 내 일마냥 한 타래로 엮어놓고 따라 줄줄이 우는 것이다.

그러면 내 꼬인 슬픔이나 남의 엮인 사연이나 매한가지로 그 맛이 짜고 뒷맛이 비린 것이 마치 소금에 절인 굴비의 그것처럼, 오래지 않아 내 몸 안에도 눈의 윤기가 촉촉이 젖어오는 것이 금세 맑아지는 것이다.
―「슬픔을 엮었다」 전문

흐르고 흘러가는 삶들을 "한 타래"로 묶은 시편이다. 신휘 시인에게 "눈물을 흘리는 일"은 지극히 개인적이거나 사소한 일에 그치지 않는다. 그것은 내 안에 담아둔 타자들과 절절한 "아픔"을 나누어 갖는 것이자, 함께 "슬픔"들을 방출·정화하는 연대의식의 단초(端初)이다. 그리하여 "굴비"처럼 엮인 것들이 무수히 쏟아져 내리는 날은 "내 안"의 타자들과 "아픔과 슬픔"으로 진정한 감응에 접속하는 날이다. 시인의 가슴 속 깊숙한 곳에는 '슬픔의 우물'이 있어, 아름답고 화려한 겉치장의 시간보다 존재자들의 내면을 서로 어루만져주는 정결(淨潔)의 시간을 엮어 두었다. 자박자박거리는 것들을 "촉촉이 젖어"드는 눈가의 물기로 배출하고 씻어내는 시인의 울음이야말로 참 '맑은 울음'을 양생하는 순간이다.

하루치의 어둠을 탕진한 뒤 서둘러 퇴근하다 그만, 슬픔에 발목이 삐었다. 그런 날은 어김없이 내 안에서 낙타가 운다. 꿈속까지 따라온 별들이 푸른 산정의 호수 위에 끝없이 자신을 내던지며 투신하는 밤을 지나 겨우 아침에 닿은 자의 몰골은 왜 이리 퉁퉁 부어 있는가.

졸린 눈을 흔들어 깨우며 앞으로 걸어갈 때마다 내 몸 어딘가에서 쇳소리가 난다. 몸과 마음이 부닥치며 내 안에서 별들이 쏟아진다. 무릇 갈 길이 먼 자는 눈이 아닌 무릎으로 서서 우는 것이다.
―「발목을 삐었다」 전문

깊은 슬픔은 그렇게 부지불식간에 "발목을 삐"듯이 갑작스럽게 찾아와,

"퉁퉁 부"은 몰골과 몸속의 "쉿소리"같은 후유증을 남긴 채 밤새 "어둠을 탕진한"다. 극한의 고통과 그토록 긴 시간의 아픔을 맞은 자들에게 시인은 당부한다. 주저앉지 말고 "눈이 아닌 무릎으로" 기립하라. 생(生)의 첫걸음이 그러했듯이, 눈에 보이는 현물과 먼 하늘을 따라 길이 놓이는 것이 아니라, 다만 내 발 앞에 살아가야 할 길이 있기에 보다 힘찬 "무릎"으로 우뚝 설 수 있는 것이다.

2. 내 안의 세계

고개 들어 머나먼 땅을 보라. 어디든 발 닿는 곳에는 땅의 호흡이 있고, 생명이 움트고 시인의 노래가 들리나니 봄이 그제야 제 꽃잎을 바람결에 띄우네. 신휘 시인은 만물조화(萬物造化)의 기운을 "내 눈의 최대한도"로 감지하여 아름다운 봄날의 공동체를 상상한다.

> 이 봄에는 울타리를 칠 거야. 너무 높게는 말고 작은 키의 참새들이 단번에 톡톡 뛰어오를 수 있을 만큼의 높이, 이 지구의 중력이 새에게 미칠 원활함의 최대치만큼의 높이로 담장을 두를 거야. 그러면, 그 안에서, 나의 시계가 허용하는 내 눈의 최대한도의 편안함 안에서 새도, 나도 다 같이 마당을 갖게 될 거야.
>
> 오는 봄이 걸려 넘어지지 않고, 가는 겨울이 걸려 자빠지지 않도록 이 봄엔 너와 나, 나와 우리 사이에 튀어나온 벽을 허물고 높고 낮은 각의 편견도 없는 울타리를 두를 거야.
>
> 예쁜 나비들이 폴폴 날아오를 수 있는 최대한도의 편안함 안에서, 바람이 제 허리를 꺾지 않고도 넘을 수 있는 최소치의 높이 안에서 담장을 칠 거야. 그러면, 그 안에서, 서로가 서로를 넘어다 볼 수 있는 그 담장 안에서, 이 봄엔 너도 나도 다 같이 저마다의

정원을 새로 하나씩 갖게 될 거야.

—「봄의 담장」 전문

「봄의 담장」에는 중력을 초월하는 담장이 있다. 그 담장은 "참새"와 "나비"도 가뿐히 넘을 높이의 벽, 시야를 가로막고 외부의 숨결과 소리마저 차단하는 현대인의 이기(利己)와 문명의 벽이 아닌, "높고 낮은 각의 편견도 없는 울타리"이다. 모든 대자연들이 한바탕 어우러지는 봄의 "정원"에는 땅 위에 발 딛고 살아가야 하는 우리들이 갖춰야 할 성품(性品)이 편안한 높이로 세계를 감싸고 있다. 이렇듯 봄날의 돌담을 시어로 쌓아 올리고 있는 시인의 집에서는 '도래하는 아토피아'를 꿈꾸게 하는 춘몽(春夢)의 목소리가 들리는 듯하다.

무게를 내려놓은 사람에게는 월담의 자유와 미색(味色)의 취향이 있다. 엄숙한 질서와 계량화된 현대인들의 경계의 문턱을 자유로이 넘나드는 "바람"처럼, 아무러이 피어난 꽃을 찾아 "풍경"을 담으러 "주인 없는 빈 객방"에 속절없이 앉은 "사내 하나"가 여기 있다. 마치 자본의 폭풍을 빗겨간 듯한 그이는 주인도 알 듯 모를 듯한 "꽃"의 아름다움을 훔치러 "매운 연기만/저만치 자욱한" 식당에 들었다.

 그 집 마당에 앉아
 그 꽃들 눈에 담느라 여념이 없다

 그러니,
 살아가는 일은 어쩌면 주인 없는 빈 객방에
 홀로 든 식객처럼

 저승에 가서나 펼쳐볼 풍경 몇 점

남몰래 눈에 담아 가는 일 아닌가

어인 일인지,
바람 한줌 들지 않는 이승의 빈 뜨락

아무리 기다려도 오지 않을
손들 기다리듯,

식당 안 빈 객점엔 매운 연기만
저만치 자욱한데

더는 쥐고 갈 꽃가지 한 점 없이
세상에서 가장 먼 길 돌아갈 사내 하나

혼자 앉아 눈에 넣어도 아프지 않을
가난한 꽃씨 한 점

―「꽃을 훔쳤다」 부분

  시인은 「꽃을 훔쳤다」에서 세상보기의 가난한 욕망을 드러낸다. 『말테의 수기』에서 릴케는 '본다는 것'을 내 자아의 미지의 영역 속으로 침범하도록 온전히 '내버려둔다는 것'으로 설명한다. 시인에게 경험이 없는 '풍경'을 시적으로 그려내기란, 참으로 어려운 일인 동시에 일면 진실의 길에서 미끄러지는 일이 될 수 있다. 그래서 어떤 무의식적 경험도 고통도 상처도 문학 속으로 가만히 스며들게 두고 보아야 할, 사유와 숙성의 시간이 반드시 필요하다. 신휘 시인의 시선 속에는 파편처럼 날아드는 질퍽한 삶의 경험도 온전히 받아들이고 있지만, 한편으로 아름다운 삶에 대한 욕망도 놓치지 않고 있다. 현존의 고통 속에서 "아무리 기다려도 오지 않을" 물질적 충만함을 갈망하기보다는, 어느 날엔가 "펼쳐볼 풍경 몇 점"에 대한 가난한 욕망을 그의 눈은 살뜰하게 훔쳐내고 있다. 아무리 그럼에도 여전히 "대궐처럼 환"한 꽃들은 그 풍경 속에 그대로 아름답게 잔존하고, 시인의 마음은 "꽃씨 한 점"의 이종(移種)으로도 가난할지언정 이미 충만하여 있다.

3. 둠, 여전히 지속되는

발터 벤야민은 "내면화된 현존의 모든 힘"이 기억에서 생겨난다고 말한다. 인간의 삶이란 누군가의 기억 속에서 존재하기에 결국 지나온 과거에 많이 기대고 있는 셈이다. 다만 돌이켜 떠올린 체험의 기억이 현재까지 소중하게 지속된다는 느낌을 받을 때에서야, 우리는 무한한 아름다움과 눈물과 그리움과 오늘의 행복함을 다시 한 번 되새길 수 있다. 그리하여 현재 진행 중인 삶의 내러티브의 허무함을 떨쳐낼 수 있고 삶에 대한 애착으로 무수히 반복되는 단 한번의 '관계 맺기'에 집중할 수 있는 것이다. 시(詩)의 은유가 없었다면 파편적인 세계의 무질서는 어떻게 정돈될 수 있을 것이며, 그이에 대한 소중한 기억을 어떻게 지속할 수 있었겠는가. 신휘 시인은 고요한 시간을 되돌리는 방법을 알고 있다.

기일이다
그녀가 떠난 뒤 아버지는 형님 댁으로
거처를 옮겼다

집은 이내 비워지나 싶더니
온기를 잃었다

어머니가 살던 집

십 분이면 닿을 수 있던 그 집이
나는 서울처럼 멀고 낯설게 느껴졌다

이따금 명절이면 들르던,
그 집 마당엔 잡풀이 돋고

폐허만 벌레처럼 남아 들끓었다

때가 되면 각각의 날개 달고
어디론가 날아갈 파리들 생각하며

나는 그곳에 남아 있을,
식구들의 먼 자취들을 떠올렸다

아직은 떠나지 않는 생각들

하지만,
언젠가 한번은 되돌아가 살고 싶은

그 집엔 어쩌면,
우리가 두고 온 것들보다 많은 것들이 남아

오지 않는 주인 기다리고 있을지 모른다

―「기일」 부분

어둠 속에서 불빛을 따라 집어등(集魚燈) 아래 모여드는 것이 고등어·오징어·전갱이 같은 생물들만이 아니라, 텅 빈 하늘 아래 무거운 마음 쉬이 내려놓지 못하는 모든 살아있는 것들은 위안과 안온한 빛을 찾아 본능적으로 불러들여지는 것이다. "어머니가 살던 집"은 집어등이다. 시인은 세계를 시화(詩化)하여 디지털로 객관화된 세계에 위무를 주는 존재이다. 신휘 시인의

가난한 땅에서 맑은 슬픔이 73

가족사 속으로 몰입하여 모여들 수 있는 것은 단순히 동일성의 미성(美城)을 구축하고 있음이 아니다. 「기일」에는 무심결로 툭툭 던져진 듯한 은유의 세계와 함께 묵직한, 현존재로 여전히 이어져 닿고 있는 "두고 온 것들"에 대한 시선, 그 너머의 정념의 세계로 초대장이 붙박여 있다. 민간에서 가족의 번창을 돕고 액운으로부터 보호를 위해 부뚜막에 올려놓는 조왕중발 같은 "그녀"는 남겨진 자의 가슴 위에 "먼 자취"로 여전히 그리고 선명히 머무르고 있는 것이다.

아버지가 돌아가신 뒤
그 집 마당에 버려진 숫돌을 수습해
내 방 구석에 옮겨놓았다

밤마다 숫돌은 검게 울었다

세상에 내가, 뭉툭해질 때마다
검은 먹물 토하며 울더니

급기야 그 안에 움푹 팬 우물이
새로 생겼다

날을 간다는 건 무언가

잠든 나를 일으켜
꽃처럼 다시 세우는 일 아닌가

—「숫돌」 부분

사랑하는 가족의 부재는 시간의 고요를 만들고, 생(生)의 정지를 초래한다. 신휘 시인에게 「숫돌」은 아버지의 부재 시간을 극복하는 머무르기이다.

타자가 영원성을 갖기 위해서는 사물성을 갖는 방식으로 우회할 수 있거니와, 이 일에 가장 능숙한 이가 시인이다. 부재하는 타자를 현존의 울음으로 현현케 하는 동력은 타자(他者)의 구원이자 미(美)의 구원이며 시(詩)의 구원이다. 존재의 고정된 시간성을 거부하고 '영원한 현재'로 남아 세상에 뭉툭해진 무언가의 "날"을 갈아 일으켜 세우는 "숫돌"이라는 물성은, 세상 속에서 무뎌지고 버려진 내 삶의 의미를 "꽃처럼 다시 세우는" "아버지"로 내 방 안에서 오래도록 머무를 것이다.

4. 가난하고 앙상한 시의 고백

가난은 시인의 오래된 습성인가. 옛 시인 백석에 따르면, 시인은 "이 세상에서 가난하고 외롭고 높고 쓸쓸하니 살아가도록 태어났다"(백석, 「흰 바람벽이 있어」)고 한다. 하지만 그토록 어렵고도 어려운 간난(艱難)의 무게라 할지라도, 신휘 시인의 사유의 바다를 거치면 한결 가벼운 해학과 견고한 내적 의지로 탈바꿈된다. 결코 쉽게 물러서거나 무너지지 않는 시인의 내력은 "내 안"의 삶이 부대끼는 어느 날 "거대한 고래"와의 접속으로 형상화되어 있다.

꼬르륵 꼬르륵 며칠 동안 희망과 절망을 오고 가며 배앓이를 하다 보면 눈에 뵈던 헛것이 걷히고 세상 물빛이 달라 보이는 건, 내 안에 거대한 고래가 한 마리 살고 있기 때문.

그런 날이면 꼭 사달이 났다.

―보일 듯 말 듯 그럼에도, 하늘과 바다를 경계로 교묘히 헤엄쳐 살아온 고래의 생활난은 웬만해선 파도 앞에 자신의 배를 뒤집어 물 밑 풍경을 보여주지 않는다는 것.

이따금 수면 위로 핍진한 가계의 밥 짓는 궁기만 피워 올릴 뿐. 다시 먼 바다로 나아간 고래는 한동안 쉽게 모습 드러내 보이지 않는 것이다.
―「고래의 생활난」 부분

「고래의 생활난」에 나타나는 시인의 작업은 오늘날 시(詩)의 위기이다. "희망과 절망" 사이를 헤집고 다니는 "고래"의 정체는 시인의 숙명적인 '시 쓰기' 행위이자, 시인의 자존심인데, 오늘날 사용가치와 소비가치는 "고래의 배" 밑바닥까지 들출 듯이 덤벼든다. 그렇다손 치더라도 신휘 시인의 단호한 예술적 욕망은 "밥 짓는 궁기" 정도 피워낼 뿐 결코 세상과 타협하거나 세상살이에 굴복하지 않는다.

이력도, 내력도 아닌 것들이
까맣게 들러붙어

대가리를 툭툭 치면
금세라도 쏟아질 눈물 한 됫박

할머니 살아생전
그 중 몇 점 곱게 골라
햇살 실한 자리에 묻어두고 가신 것을

어떡할 거냐

나는 이제 가난 한 점 들지 않는
저 밭머리로 가자

—「파씨」 부분

　　"할머니 살아생전"까지 거슬러 올라가는 시인의 가난은 그 이전 어느 조상 때부터 불필요한 유산이 되어 현재의 삶까지 종착하였는지도 알지 못한다. 그리고 할머니의 "가난 한 점 들지 않는/밭머리"에는 여전히 "눈물"과 "설움"이 범람하고 있지만, 시인은 호기롭게 "파씨"의 "대가리를 툭툭"치며 망설임이 없다. 그는 세계와 자아 사이에 존재하는 존재자들 속에서 "존재의 시적 이름"을 명명하거나 세계의 현상들을 담아내는 것에 진실한 존재의 이유를 찾고 있다.

　　앙상한 몸으로, 모진 세월 받아 넘기며 죽어서도 벗지 못할 면류관 하나 쓰고 있는 중이다. 죄가 있다면, 퍼렇게 가시 돋친 몸으로 너를 들쑤시듯 나를 들쑤신 죄. 푸른 하늘 남몰래 훔쳐본 죄. 가끔은 모략처럼 하얀 꽃 몇 송이 송송 피워 올렸던 죄. 아무도 넘보지 못할 배면의 세상 멋대로 구분 지으며 살아온 죄. 목구멍 깊이 감춰둔 설움 밀서처럼 토하며 이따금 하늘에 그 진실 푸르게 이실직고 고변한 죄.

　　그리하여, 나보다 언제나 널 먼저 사랑하고, 미워했던 죄.
—「탱자나무」 전문

　　신휘 시인은 하늘로 솟구친 "가시 돋친 몸"으로 "하얀 꽃"도 피워 내고 "목구멍 깊이 감춰둔 설움 밀서"도 푸르게 만들어낸다. 탱자나무에 탱자 열매가 매달리는 날까지 시인의 '시 쓰기'는 무수한 죄목으로 못 박아 모진 세월을 견뎌야 할지 모른다. 그러나 그 "앙상한 몸"에 덧씌워지는 "면류관"은 시인에게 주어진, 그의 내적 의지이자 종교이자 사랑이기에, 설령 고통과 시련이 앞설지라도 신휘 시인은 "진실로 푸르게" 감내할 것을 고백하고 있다.

신휘 시인에게 시(詩)란 짙은 슬픔과 화해하는 일이며, 가난하고 외롭고 쓸쓸한 존재들을 내 안의 마당으로 불러들이는 일이다. 그리고 오래 지속되어 온, 잊힐 수 없는 이야기를 계속해나가는 일이며, 앙상한 탱자나무로 호기(豪氣)롭게 사랑하는 일이다. 그리하여 "지는 해"를 바라보고 섰다가 "내 생의 뻘밭"(「뻘밭」)에 발목 잡힌 시인이여, 부디 그 가난한 시인(詩人)의 땅 위에 오래도록 맑은 시(詩)를 뿌리며 진실로 일궈나가기를 바란다.

기억의 생명술사가 만드는 시침(詩鍼)
―강재훈 론

세상을 살아가는 것은 어쩌면 감정의 생산과 소비의 연속 과정이라 볼 수 있다. 우리는 하루 한 시도 감정에 휘둘리지 않는 궤도 밖에 위치할 수가 없다. 따라서 감정의 무중력을 경험한다는 것은 허상에 지나지 않는 일이거나 착각의 인식 과정이 지속되는 일일지도 모른다. 그러하기에 내부의 감정을 만드는 주체가 자신이면서도, 어디에선가로부터 불러들여 온 감정을 소비하는 대상 또한 자신이 되는 것이다.

스피노자에 따르면, 감정이란 신체의 활동능력을 증대시키거나 감소시키며, 촉진하거나 억제하는 신체의 변용인 동시에 그러한 변용의 관념이라고 한다. 이것은 감정이 물리적 실체인 신체와 밀접한 연관성을 지니면서, 그 길항 관계 속에서 신체에 닿은 감각으로 기쁨과 슬픔이 배태되거나, 혹은 역으로 무수한 감정들에 의해서 우리의 신체가 예민하게 작동한다는 신비의 메커니즘에 대한 이야기로 읽힌다.

강재훈 시인은 인간 신비의 메커니즘을 시(詩)로 풀어내고 있다. 이것은 무의지적 세계를 불러들이는 기억을 다루면서도, 숨골의 생명이 꿈틀거리는 현실의 끈을 이으려는 시도로 형상화되고 있다. 그리고 이러한 시도가 감정과 신체가 분리될 수 없는 그 결집의 지점에 막혔던 숨골을 틔우듯이, 인정스런 시침(詩鍼)으로 우리에게 다가온다.

1. 황강의 전설

사색을 불러들이는 가을이 오면 누구나 익숙했던 세상을 멈칫 관조하며 바라보게 된다. 강 시인에게 가을은 무수한 이미지로 파편화되어 나타난다. 그러나 가을이 불러들인 무의지적 기억의 세계 속에는 시인의 심연에 남겨져 있던 감정들이 "빈 항아리"에서 촉발했음을 보여주는 듯하다.

> 가을이 오면
> 말없이 물러서는 여름의 축 처진 뒷모습을
> 바라보아야 한다.
> 계곡에서의 유쾌함과 바닷가 아이들의 함박웃음으로
> 을숙도의 갈대 쓰다듬으며
>
> 가을이 오면
> 빈 가슴에서 콸콸 쏟아지는 핏물로
> 다대포의 저녁을 노 저으리라
> 살을 파고드는 절절함으로
> 몰운대 불사르며
>
> 가을이 오면
> 아이들 손을 잡고
> 어릴 적 황강의 전설 들려주고 싶다
> 은어 훔치다 은어에게 쫓기던
> 지금도 낯 붉어지는
> 외할머니 댁 곳간 속 빈 항아리.
>
> 이윽고 가을이 오면
> 떠나간 이들 위하여
> 참회의 기도 할 것이다

그런 후 함께하는 이들에게
잔잔한 호수를 펴주고
그 호수에 빠져 연꽃이 되리라.

―「가을이 오면」 전문

 1연의 언어들은 '은어'처럼 헤엄을 친다. "축 처진" 여름의 뒷모습은 어디에선가 들려오는 "아이들의 함박웃음"으로 위로받으며, 을숙도의 갈대 이미지로 형상화 된다. 2연의 "빈 가슴"에는 어디에서 샘솟는지 알 길 없는 "핏물"이 콸콸 쏟아지며, 그 가을날의 배경인 몰운대는 붉게 물들고 있다.
 이렇게 강재훈 시인은 현재 오늘을 산다. 삶의 진실한 모순을 몸소 체감하고, 그 삶의 무게를 시어라는 "절절한" 언어로 감싸 길어 올리고 있는 것이다. 어디다 그 무게를 풍덩 담그고 싶을까. 그 해답은 3연에 있다. 바로 3연의 "외할머니 댁 곳간 속 빈 항아리" 속이다. 이 모든 미세한 감각을 불러일으키는 "가을이 오면", 시인은 주체할 수 없는 그 근원에 대한 갈망에 휩싸이게 되고, 그 곳간 속 빈 항아리 속으로 빠져들고 만다. 화자가 그리워하는 "외할머니"에 의해 마련된 그 일체의 마법 같은 세계 속으로. 하염없이 쏟아져 나오는 "황강의 전설"을, 화자는 "외할머니"의 세계가 그러했듯이, 다시금 "아이들"에게 간절하게 전이하고 싶다. 아무리 비워내도 다시금 차오르는 그 위안의 어느 가을날, 위로받지 못하고 먼저 "떠나간 이들"에게 때론 "참회"의 '붉은 편지'를 쓰기도 한다. 그리고 나서야 시인은 가을을 꼭 빼닮은 "연꽃"이 되어, "잔잔한 호수"에서 "황강의 전설"을 울려주는 맑은 영혼이 되고자 한다.

2. 마술사와 기상청

마술사(魔術師)는 사람의 마음을 현혹하는 술법을 지닌 존재이다. 불가사의하게 여겨지는 일을 해내기에 그에게로 이끌림은 마치 자성(磁性)처럼 자연스럽고 강력하다. 사람의 마음을 움직이는 마술은 타자와의 교감의 정도에 따라 계측불가의 영역으로까지 확대·증폭되어 나타나기도 하는데, 강 시인의 시편에서는 그 배면(背面)에 사람의 온기(溫氣)를 담고 있어 인정스럽다.

뜯겨져 나간 '효인 소아과' 간판
창에는 댕그라니 '임대'라고 붙어 있다.
이마부터 정수리까지 징집당한 머리칼
뽀얀 피부에 듬뿍, 사랑 머금은 맑은 눈동자
청색의 나비넥타이에 흰색의 가운
벚꽃, 함박눈으로 떨어지는 날
시간은 바람으로 흩어지며
대신동 벚꽃터널을 핸들 잡은 채 지나고 있다.

폭우로 서대신동 수원지 둑 터지던 날
구덕체육관 큰길가와 보수천까지 떠내려온
소와 돼지가 엄청 많았고, 사람까지도…
5학년이었던 난 갑자기 배가 아파
학교에서 기다시피하여 '효인 소아과'로 갔었다.
심한 통증과 주사 공포로 얼어붙은 나를
찢어지고 부러져서 온 많은 환자 제쳐두고
응급 상황이라며 간호원을 다그쳤다.
"하나도 아프지 않단다. 빨리 시술하자.
빨리하지 않으면 장 중첩증으로 큰 병원 가서
수술해야 해" 미소 지으시며 안아주고
다독이다 능숙한 솜씨로 금방 시술을

끝내니,
난 곧 응가를 했고,
순간 씻은 듯 나았다.
선생님은 마술사!

찬물 탕, 흰 북극곰이 첨벙대며 물놀이하고
다이빙, 잠수까지
자세히 보니 나를 치료해주신 마술사
실컷 찬물 탕서 개구쟁이처럼 풍덩거렸고
우린 인사 꾸벅한 후 빨리 나가시길 기다리며,
서로 때 밀어 주는 척하며
눈 빠지도록 기다리고 있었다.
그 시절 냉탕은 아이들의 천국
이윽고 목욕탕을 나설 때에도 뽀오얀 얼굴에
청색 나비넥타이가 눈에 쏘옥 들어왔다.
　　　　　　　―「청색 나비넥타이의 소아과 선생님」 전문

　살면서 우연히 과거 경험과 직면하는 날이 있다. 그때까지도 잘 흘러가던 시간은 순식간에 "바람으로 흩어"져 버리고, 마치 "벚꽃터널"을 지나는 것처럼 아련하고도 선명한 그 이미지의 세계로 들어가게 된다. 강재훈 시인은 "뜯겨져 나간 효인 소아과 간판"에서 눈을 떼지 못한다. 폭우가 쏟아져서 "소와 돼지"마저도 떠내려가는 그 무섭고 무질서한 세계의 기억 속에서, 화자 자신도 배가 아파 공포스러웠던, 5학년 어린 아이의 기억을 끄집어낸다. 좀 더 분명하게 말하면, 화자는 단지 그 간판이 가지고 있던 무의지적 기억 속으로 빨려 들어간 것이다.

　"폭우로 서대신동 수원지 둑 터지던 날"이, 시인에게는 세상에 대한 공포와 혼란 그리고 생명의 위기를 동시에 체감한 날이 되었을 것이다. 그런 날 "뽀얀 피부"와 "징집당한 머리칼"을 가진 "맑은 눈동자"의 "나비넥타이"의

사 선생님은 신기한 존재이다. 하지만 더욱 놀라운 것은 그토록 지독한 고통을 "순간 씻은 듯"이 낳게 만드는 마술(魔術)의 경험이다. 마술사를 닮은 그 존재를 다시 만난 곳은, 아이들의 천국인 "냉탕"이었다. "개구쟁이처럼 풍덩거리"며 놀던 그 천국의 세계 속에는 더 이상의 공포도 혼란도 없었기에, 마술사는 더 이상 마법스러운 존재가 될 수 없다. 하지만 시인의 눈에는 "장중첩증"을 순식간에 치료하던 순간의, 그 다정한 미소와 "청색 나비넥타이"의 선명한 이미지가 오래된 마법처럼 각인되었다.

어제와 별 차이 없어 보이는 숱한 날들이 계속되어도, 우리가 부여잡은 '삶의 핸들'이, 떨어지는 벚꽃 아래, 무의지적 기억의 "터널"을 지나는 상상을 해보자. 언젠가 강재훈 시인처럼 부지불식간에 엄습해오는 전율같이, 그 마술의 시간과 세계가 우리의 "눈에 쏘옥 들어"와 펼쳐질 것이다.

일상적인 우리의 삶은 부정확한 수치나 일방적으로 전환될 수 없는 것들로 넘쳐난다. 그럼에도 불구하고 그 비루한 과학의 세계는 신비한 인성(人性)을 단순히 통계적이고 물량(物量)적인 잣대로 예속하려 한다. 과학에 지나치게 기댄 진보의 역사는, 모든 지상의 존재들을 원자론적인 질료(質料)와 형상(形相)의 단순 합계로 추정하여, 잠재태의 날갯짓마저도 꺾어버렸다. 그리하여 천년이야기의 '달나라'는 화산재의 크레이터(crater, 구덩이)로 분쇄되었고, 더 이상의 생명의 신비도, 상상하는 사람도 없어져 버렸다. 그토록 오래된 인간의 상상이 과학을 낳았는데도 불구하고 말이다. 다음 시편은 그런 오래된 마술사가 우리가 살고 있는 온 세상에 고루고루 존재하고 있음을 보여주는 이야기이다.

"어이구 오늘부터 엉덩짝이 영 빠질 거 같이 아푸고 무겁네 정갱이도 묵직하니 빠개질 거 같고"

"하모 하모 난도 어깨 팔 다리가 뻐근한 기 몸도 영 까라지고 장마가 오는 기 맞는갑다"
베드 위 팔순의 기상예보관들
여기는 기상청!
여기저기서 신음과 웃음이 건배를 들고 있다

창 너머의 우산들 이리로 저리로 무리지져 종종걸음
빗물을 걷으며 남이 되어 뭉치고
까아만 세상 벗겨내는
장마가 시작되려나
벌써 노트가 젖어든다
잉크가 번지기 전에 몇몇 곳 물난리 터지면
신문들 벌겋게 달아오른다

―「날궂이」 전문

사람들이 어우러져 살아가는 유대(紐帶) 공동체에서는 어디서나 한번쯤은 들어봤을 대화 장면이다. "팔순의 기상예보관들"이라 불리는 노인들은 어떠한 고가(高價)의 과학계측기도 없다. 그럼에도 그들은 자신의 몸이 아픈 곳을 짐작하고, 내일의 날씨를 정직하게 예측한다. 결코 좌표화되거나 수치화될 수 없는 그들의 표현 방식인, "엉덩짝이 영 빠질 거 같이 아푸고 무겁네 정강이도 묵직하니 빠개질 거 같"다는 능숙한 사투리는 오늘내일 상간의 '장마'를 예보하고 있다. 간혹 의사들이 환자를 치료하는 과정에, 얼마큼 아프다고 과학적으로 설명하지 못하고, "팔순의 기상예보관들"이 발설하는 언어로 쉽게 표현해줄 때, 우리는 알 수 없는 온기(溫氣)를 느끼게 된다. 그 온기는 사람과 사람을 이어주고 믿게 만들어서, 인내하기 어려운 고(高) 수치의 고통도 이겨내게 만드는 고효율의 에너지로 전환된다.

강재훈 시인은 '따뜻한 말 한 마디'가 가진 힘을 아는 사람이다. 그가 묵시

(默視)하는 시선 속에는 "신음과 웃음"이 공존하는 세상의 양면이 있고, 그 세상 사람들에게 들려줄 시(詩)가 낮은 자세로 "젖어"들고 있다. "까아만 세상"의 "날궂이"에 천착하는 시인의 귀청은 인정스럽다. 이것은 허리를 구부리고 진심으로 사람과 세상에 가까이 다가가, 메마른 진맥(診脈)을 잡아보려는 '사람일기예보관', 즉 시(詩)의 참모습인 것이다.

3. 꿈과 벗

현실과 꿈은 동전의 양면처럼 영원히 서로 등을 맞대고 있는 것처럼 보인다. 하지만 현실이 바탕이 되지 않는 꿈이 허상으로 증발해 버리듯이, 꿈이 그려지지 않는 현실이란 "막걸리" 한 잔보다도 못한 생(生)의 지속으로 자멸하고 만다. 그 두 요소가 균형을 잡고 등을 붙이고 있을 때 진실한 가치를 생성하듯이, 강 시인에게 '잘 삶'과 '못 삶'을 끊임없이 환기시키는 '벗'의 존재는 '자기절제'와 '자기진화'의 중요한 동인(動因)이 된다.

> 봄을 부르는 겨울비
> 인터넷에 농부와 러브샷 하는
> 노통의 사진 한 컷
> 굵은 주름과 막걸리의 미소
> 가슴이 더워지며
> 차가운 겨울비 한 방울
> 얼굴을 타고 내린다.
> 역사도 꿈이 없다면
> 박제剝製다.

봄을 부르는 겨울비
굵은 주름 위로
끝없이 흐르고 있다.
아직도

—「겨울비 Ⅲ」 전문

　역사는 사실적 실체를 가진 것처럼 오래돼 보인다. 그 오랜 시간이 축적되면 축적될수록 신빙성을 갖게 되고, 마치 정당한 기록처럼 뿌리를 내려서 현존재의 삶의 궤적에 빛과 그늘을 드리운다. 그러나 역사라 일컬어지는 것들은 시·공간과 사건의 기록을 넘어선 '사람다운 사람'의 이야기일 때에야, 비로소 실재(實在)가 되는 것은 아닐까.
　시인은 기형적으로 예민한 촉수를 가지고 있다. 그 내재한 교감의 능력은 "차가운 겨울비"를 맞으면서도 "가슴이 더워지"는 초월적인 신경계의 화학작용을 촉발하여, 역사와 꿈의 위계를 전도(顚倒)시키기도 한다. 시인이 꿈을 "굵은 주름과 막걸리의 미소" 속에서 찾는 순간, 고고(高高)한 역사는 "박제"가 되고, "봄을 부르는 겨울비"는 "노퉁"에서 시인에게로 전염되어 확산된다. 그러하기에 참된 '사람을 찾는 자'만이 역사 속에서 '사람'을 구원할 수 있고, 그러한 사람의 "주름"이 비로소 "겨울비"가 모여드는 역사의 개울이 된다. 이처럼 시인이 사랑하는 존재란 고유한 아토포스로, '어떤 것으로도 분류될 수 없는 유일한 것'으로 남아, "아직도" 매해 겨울비처럼 흐르고 있다.
　블랑쇼는 "모든 것이 사라졌을 때, 그 사라진 것이 드러난다"고 말했다. 일면 모순된 듯 보이는 말이지만, 낮이 사라지고 나면 밤이 나타나고, 그제서야 낮이란 존재의 의미를 분명히 알 수 있다는 것은 이미 상식이 되었다. 그리고 사라진다는 것은 망각된다는 것과 닿아있지만, "망각은 잊어버림 속에서도 잊어버려지지 않는 것을 드러내 보인다"는 블랑쇼의 생각을 빌려보면, 유일했던 존재에 대한 망각은 사실상 불가능해 보인다. 도리어 그런 존재는 망각된 시간이 오래될수록, 더욱 밝게 빛나는 밤의 '낮'과 같이, 계속된 재생으로 남게 되는 것이다. 강재훈 시인에게 이러한 불가능한 망각의 존재가 하나 있다. 현실적으로는 사라졌으나 결코 지워질 수 없는 벗, 그 벗이 영원한 "멘토"로 남아, 시인이 시(詩)를 계속해서 쓰게 하는 원동력이 되고 있다.

> 친구, 흙바람 부는 그곳의 겨울나기는 어떠하오
> 십 년이면 강산도 변한다 했건만
> 그대는 아직도 산자들의 부조리한 길바닥에 독설을 뱉어내고 있소?
> 적당히 대충 슬슬거리며
> 남 보란 듯 버젓이
> 오늘도 팔다리 쭉 뻗고 배 두드리며 편히들…
> 2세들까지도
>
> 자넨 무얼 그리 잘나서
> 오늘도 우리네 가슴을 사정없이 후리는가
> 살고 죽는 것 반. 반.
> 잘 살고 못 사는 것 반. 반.
> 어차피 삶의 길 위엔
> '절대'란 존재하지 않는 것
> 적당히 편히 살고픈데
> 자넨, 왜 자꾸 우릴 질타하는가
> 그리운 벗이여
> 목련의 고고함이 서러운 날이면
> 그대, 흙바람 부는 그곳의 겨울나기를 생각하리다.
> ―「나의 친구 나의 멘토 Ⅱ-그리운 벗이여」 전문

이 시는 화자가 그리운 이에게 그리고 복수의 타자에게 호소하는 시편처럼 보인다. 어차피 "'절대'란 존재하지 않는" 세상살이 속에서 적당히 타협하고 순응하는 '삶과 죽음', '잘 삶과 못 삶'의 반반(半半)살이가 아니었던가. 시인은 그런 적당한 삶을 살지 못한 친구를 몹시도 그리워하고 있다. 부조리한 길 위에 "독설"을 쏟아내며 고된 걸음을 걷던 친구는 멀리 떠나가 버렸지만, 여전히 여기 겨울바람은 차갑고 '산자'들과 그 후손들은 "편히들" 산다. 그러나 "흙바람 부는" 곳에 벗의 영혼은 "아직도" 살아있다 역설하면서, 그 벗은 매년 "목련의 고고함"으로 겨울나기를 데모하고 있다고 말한다. 그리하여 시인은 '산자들'에게 그 변함없는 질타의 목소리를 간절히 들려주어, 그의 현현을 직시하게 한다. 육체 잃은 정신은 단지 사라지는 것이 아니라, 현존재를 따라 끝없이 이어지고 부활해서 지금의 서러움이, 종국에는 "고고함"으로 아름답게 꽃 필 날을 갈망하는 것이다.

4. 침(鍼)과 숨골

오래 갈고 닦은 직업은 천명(天命)이 될 수 있다. 제각각 명(命)줄을 부여잡고 세월의 무위(無爲)를 유위(有爲)로 돌려놓는 부단한 작업이, 타자에게 선(善)한 생명의 기운을 불러일으키는 것이라면, 넉넉히 천명이라고 불러도 탓할 사람은 그리 많지 않을 것이다. 강재훈 시인에게는 침(鍼) 한 방으로 숨골을 여닫는 소중한 일이 얼핏 해학적으로 재미있게 묘사된 작품이 하나 있다.

주름 잡힌 팔순 노인의 엉덩이를 문지르며

침을 놓는다.
골이 패이고, 깊어져 강물이 흐르고
막힌 강물의 물꼬를 틔우면 바다와 만난다.
'윽' 하며 파도가 치더니
이내 고요해지며
바다는 코 골기 시작하고
내 가슴, 밀물이 몰려든다.

—「침 시술을 하다가」 전문

 「침 시술을 하다가」는 강재훈 시인의 직업적 삶의 이야기를 담고 있다. 사람의 숨이 지나는 자리에 골이 생기고, 그 숨골이 차단되거나 곪게 되면 숨결은 가빠진다. 그 "물꼬"의 자리에는 훼절된 생명의 기운이 결집하여, 상처에 상처가 덧입혀지는 상흔의 생성 공간이 된다.
 화자는 노인의 "엉덩이를 문지르며" 상처받은 생명을 다스리고, 그곳에 "침을 놓"아 "물꼬"를 틔운다. 숨골을 여는 그 소중한 시술이 "강물"을 흐르게 하고 "바다"를 만나게 하는 것이다. 시인은 침술의 순간 "윽" 하는 파동의 소리에 긴장하지만, 비로소 숨골이 트인 생명체가 안정을 찾아 바다 바람소리로 "내 가슴" 속을 관류할 때, 희열이 "밀물"처럼 벅차오름을 느낀다.
 사람과 사람이 만나는 일도 이러하다. 고립되고 차단됐던 생명과 생명이, 제 길로 흘러서 각자의 막혔던 "가슴"을 열어젖히는 순간, 하나의 동질감을 공유하는 소중한 의미가 시작되는 것이다. 숨골이 막힌 자리에서 소외되고 고통 받는 현대인들에게, 강재훈 시인은 가슴으로 빚어낸 시어(詩語), 침(鍼) 한 방으로, 약동하는 생명의 "물꼬"를 활짝 열어주는 창작에 더욱 매진해야 할 것이다.

5. 여명(黎明), 역사의 새살

벤야민에 따르면, 유물론적 역사서술은 긴장으로 충만된 사실의 배열 속에서 갑자기 정지하는 바로 그 순간에 그 사실의 배열에 충격을 가하게 되고 또 이를 통해서 사고는 하나의 단자(單子, Monade)로서 결정화(結晶化)된다고 보았다. 이 단자는 '힘(vis)'을 속성으로 한 실체이며, 하나에서 여럿의 통일의 활동이기도 한, 분할 불가능한 실체이다. 어쩌면 그것을 직관적으로 감지하는 촉수는 시인에게 있고, 그리하여 한 작품 속에 필생의 업적이, 필생의 업적 속에는 한 시대가 보존되고 지양될 수 있도록 '현재시간'을 인식하는 것도 시인에게 부여된 천명인지 모른다.

분단을 무너뜨렸고
미국과 일본에서 완전히 벗어나
힘센 청년의 대한민국이 되었다
친일파를 처단했고
게걸스런 수구골통… 트럼프들
아프리카의 어느 무인도로 내보내며
하아얀 밤과 녹두전 그리고 친구들을 막걸리에 담궜다

갈라진 조국의 진통이 어금니에까지 달려든다
부어오른 잇몸을 절개하여 썩은 고름들 빼낼까
한약으로 주저앉혀 버려
위스키와 뻬갈이 용쓰며 씩씩거리니
자꾸 잇몸은 붓고 이웃까지도 아프다
내 잇몸을 언놈들이 갖고 논단 말인가
단기 4280년, 내 허리를 허락도 안 받고 댕강 잘랐지
뼈와 힘줄 인대와 혈관 신경이 잘려나간 자리엔 염증과 고름 흘러넘쳤고
작금엔 듣도 보도 못한 미국의 고철古鐵 사드를 들이대는가

막걸리도 내 맘대로 마실 수 없음을 통탄해 마지않는다.
―「풍치를 앓으며」 전문

강재훈 시인은 역사적 오늘을 직감하고 있다. 조국의 안팎으로 진통을 유발하는 것으로 "미국, 일본, 친일파, 게걸스런 수구골통… 트럼프들"을 상정하고, "산자들의 부조리한 길바닥에 독설을 뱉어내"(「나의 친구 나의 멘토 Ⅱ-그리운 벗이여」의 부분)던 옛 친구가 꿈꾸던 삶의 연장선에 위치하려 하고 있다. 부어오른 조국의 "잇몸"을 절개하거나 "한약으로 주저앉혀 버"리려는 것은, "언놈들"에 의해 "염증과 고름"으로 팽배한 이 나라의 상처를 더 이상 좌시할 수 없는 시인의 의지이다. 이는 "참을 수 없어/ 거리를 배회하"(「분노」의 부분)는 욕동의 오래된 분노에 기반하고 있다. 1983년 11월 8일, '민족의 생존과 번영을 위한 민주화 투쟁'에 나섰던 23살의 젊은 피, 황정하 열사는 서울대 중앙도서관 6층 난간에서 시위를 하다가 꽃처럼 지고 말았다. 그는 강재훈 시인의 친구였다. 시인은 매년 그날이 되면 암울한 시대 불의에 맞섰던 그의 삶의 멘토, 황정하 열사를 추모하고, 그 순수한 뜻을 이어받는 삶에 대한 철혈의 고민을 계속하고 있다.

쿵쾅거리는 가슴
모두 절여진 배춧잎 되어
어둠에 녹아들 때에
가슴에 칼 한 자루
모조리 쓸어 모았던가
화랑의 기세가 동녘에서 터져 나온다.
아― 모든 것들 살아오누나
하늘을 뚫으니 생명의 봇물 쏟아지고
저 너머 까아만 슬픔마저 씻어 내누나
달려오는 널 마주하면

고조선의 프셰발스키 철철 넘쳐 흐른다네

—「여명(黎明)」 전문

강재훈 시인에게 '현재시간'을 헤쳐 나가는 돌출구는 '역사의식'이다. 외세의 억압적 폭력 앞에 조국과 민족이 주체적 자리에 서지 못하는 현실은 "내 잇몸"(「풍치를 앓으며」의 부분)이 아파오는 체감으로 형상화되고 있다. "쿵쾅거리는 가슴"은 "칼 한 자루 모조리 쓸어 모"은 듯한, 동녘의 분기(奮起)하는 "화랑의 기세"로 승화되고, 그 기운은 고조선의 광활한 들판을 활개치며 내달리는 야생말의 약동하는 '힘(vis)'의 실체로 현실 속에 "쏟아"져 나오기를 갈구한다.

가을비 살포시 내린다
아물지 않은 역사의 흉터에
새살 돋아나게

—「가을비 살포시 내린다」 부분

봄으로 겨울비 내리면
숨었던 서리 기지개를 켠다.
바위를 뚫어내는 방울방울
대지에 꽂히면
싹을 틔우고
역사를 적시면
개벽의 씨앗 발아하리라.

—「봄으로 겨울비 내리면」 부분

그리하여 강재훈 시인은 "역사의 흉터에/ 새 살 돋아나게" 하는, "개벽의 씨앗"을 발아하게 하는 "비"가 되려한다. 역사의 바람 앞에 미미한 주체로 소멸하지 않는 "가을비"가, 황량한 대지에 싹을 틔워내는 단초(端初)로서 "겨울비"가 되려 하는 것이다. 이것이 "악날하게 국가공동체의/ 대들보를 미친 듯 갉아먹는"(「새해는」 부분) 기생충 같은 세력들에게, 불사불멸(不死不滅)하는 "무덤도 없는 독립군들의 넋"(「첫눈 오는 날에 Ⅱ」 부분)의 부활을 즉각 확인시켜 주고자 하는 강재훈 시인의 남은 소명이자, 강직한 의지이며, 오롯한 시(詩)의 여명(黎明)인 것이다.

귀기울이는 음성과 시의(詩衣)의 재단사
—이윤정 론

 길을 걷다 보면 문득 익숙한 소리가 들리는 곳으로 잠들었던 감각이 깨어난다. 미세한 떨림의 청각을 제 몸에 담아둔다는 것이 모든 파장에 관대하여 관심이 깃드는 애정 있음을 뜻하는 것은 아니다. 어찌 보면 세상이란 무고(無故)한 소리들로 가득 들어차 있고, 그 속에는 아무렇게나 익을 대로 익은 것들과 편안히 받아들일 것들에 제 몸이 적극적으로 반응하는 지속의 시간들로 채워져 있다. 그리하여 산다는 건 고요한 '나'의 시간을 발굴하는 작업이고, 중첩된 것들 속에서 '나'의 하루를 음미하며 서적(書籍)화하는 과정이다.
 그 누구보다 시(詩)를 담는 사람들은 직관적으로, 고요함이 쌓아놓은 감각의 흐름을 받아들이는 고적한 사유를 위해 평범하지 않은, 보다 큰 귀를 필요로 한다. 보이는 것만으로 존재의 숨결을 온전히 그려낼 수 없기에 숱한 소리들 속에서 하나의 음성만이 제 몸 안에 깃드는 순간이 필요하다. 그 순간에서야, 우리는 진실로 사람을 만나고 음성의 주인을 추억할 수 있다. 뇌리의 깊은 구덩이 속으로 음성이라는 고운 염료를 뿌려주어 희미한 존재에게 색깔을 부여하는 유고(有故)한 삶은, 그 행위 과정 자체만으로 삶의 길 속에 시공간을 담아두는 일이요, 허위적한 존재들에게 활기를 불어넣는 귀기울이는 삶의 실천인 것이다.
 여기 자작자작한 것들의 움직임과 불기원(不祈願)의 음성들 그리고 생(生)

의 연원이 뿌리내리는 법과 이산(離散)의 이름으로 명징화하는 것에 귀기울이는 탐지자가 있다. 이윤정 시인은 어쩌면 세상 온 소리와 음성들에게 시의(詩衣)를 입혀, 눈으로 보게 하고 목청으로 울리게 하는 조용한 작업을 지속 중이다.

1. 눈을 닮은 자작자작한 귀

아랍어로 어리석음은 귀 기울이지 못함을 뜻한다. 이 어원에 기대 보면, 눈이 멀거나 팔이 없거나 코가 없는 사람은 세계를 이해할 수 있지만, 청력을 잃은 사람은 중요한 끈이 끊어진 것과 마찬가지여서 삶의 흐름을 감지할 수 없으며, 일상적인 세계와의 교류는 차단된다. 이윤정 시인은 눈을 닮은 귀를 가지고 하루를 경험한다.

  자갈치 곰장어 골목을 지나다
  연탄불 연기 속으로
  시나브로 빨려 들어갔다

  온갖 소리 어지러이 몰려온다
  자기들끼리 껍질 벗기는 소리
  뒤따라 토막치는 소리
  곰장어가 곰장어를 씹는 소리

  소주를 마시며 모두는
  곰장어가 되어갔다
  육질이 뜯기고 삼켜지며
  곰장어는 흐물흐물 뱃속으로 사라졌다

> 푸른 바다를 떠나와
> 사각의 수족관에 갇혀버린 날부터
> 지치고 풀죽어간 곰장어들은 안다
> 씹을수록 더 허기진다는 것을
>
> 자유로운 바다로
> 돌아갈 수 없는 곰장어들은
> 질기다느니 비리다는 불평들로
> 서로를 안주 삼아 시들어간다
>
> ─「곰장어」 전문

물성(物性)의 "곰장어"가 시인의 시의(詩衣)를 입었다. 곰장어는 푸르고 "자유로운 바다"를 잃어버렸기에, 삶의 공간은 사라졌다. 그들은 길들어져야 할 세계에 마지막 발악을 하고 있다. 가끔씩 매캐한 "연탄불 연기"가 자욱한 골목을 지나는 사람이 되어, 습관처럼 하루를 정리하는 순간일지라도 "온갖 소리"가 들리는 날이 있다. 그런 날은 귀가 눈이 되어, 눈이 귀가 되어 예사롭지 않은 삶을 생각하게 된다. 이 시의 이야기가 본격적으로 시작되는 부분 "소주를 마시며 모두는/ 곰장어가 되어갔다"는 시인의 목소리가, 크게 들리는 부분이다. 태곳적 해양의 세계를 떠나와 거듭되는 진화와 함께 육지로 이동했다고 여기던 현생 인류는, 이제 더 이상 맘 편히 밟을 땅도 무진(無盡)한 먹거리의 유토피아도 없이 "사각의 수족관"에 갇혀 있다. 인간이 "곰장어"가 되는 순간이다. 소주 한 잔을 들이키고서야 치열하게 경쟁하고 서로 물어뜯었던 하루를 되새기며, 삶이 참 "질기다느니 비리다는 불평들로/ 서로를 안주를 삼아" 또 하루를 버텨낸다. 섣불리 희망을 말하지 않는 것으로, 탐욕이 범람하는 세상에 시인은 귀기울이고 있다. "지치고 풀죽어"가는 잘 들리지 않는 소리에 한편의 시의(詩衣)를 덮어주는 것으로, 나지막하지만 묵직한 그의 음성을 이미 들은 듯하다.

    호프, 카페 네온사인에
    자리 내어준 지 오래
    학생 때 마시던 술
    그리워 찾아왔다

    사람 좋은 주인장
    깍두기 인심 여전해
    공사판 막노동
    아픈 어깨가 노곤하게 녹고

    가난한 고학생의 현실 비판도
    왁자지껄 피어오르는
    어스름한 저녁
    참새 방앗간

                                  —「참새 방앗간」 부분

「참새 방앗간」에도 시인이 바라보는 세상의 굴곡이 미묘한 시공간의 혼융으로 형상화되어 나타난다. "호프, 카페 네온사인에/ 자리 내어준 지 오래"된 공간인 "뒷골목 선술집"에는 주머니 가볍던 과거 시간의 흔적이 배어 있다. 근대 문명의 중심축을 이루어 온 과학은, 해가 뜨고 해가 지는 자연의 섭리를 수치화하고 정렬하여 인류를 선조적(線條的)인 삶의 형식 속으로 거두어들였다. 하지만 어느덧 사람들은 명렬(明列)한 문명의 구조와 이기(利器)로 정제된 삶에서 조금은 비켜선다. 화려하고 눈부신 것들 대신, 여전히 "사람 좋은 주인장"이 내놓은 "깍두기"에서 사람의 냄새를 맡으면서 "왁자지껄"한 혼융의 시공간을 경험하게 된다. 제각기 삶의 상흔들이 녹아들면 이곳은,

"막노동"과 "고학"을 견디는 참새와 같이 '낡의 생(生)'이 잠깐 쉬어가는 휴식처가 되고, 곡식을 쟁여놓는 방앗간이 된다. 시인 또한 "왁자지껄"한 그들의 음성에 귀기울이며 "어스름한 저녁"의 무거운 공기(空氣)를 덜어내기도, 노곤하게 받아들이기도 하며 삶의 흐름을 감지하고 있다. 일상적 세계와 교류하는 현명한 귀는 이처럼 섬세한 눈을 닮아가는 것이다.

2. 불기원(不祈願)의 음성들

삶의 이면(裏面)에서 분명한 '없음'을 밝히는 것이 죽음이다. 존재를 순식간에 비존재로 바꾸어버리는 그 직시 앞에 사람은 한없이 나약해진다. 남겨진 자에게 불기원(不祈願)의 음성으로 한없이 읊조리게 하는 그 무위(無爲)의 메아리는 감정의 증폭과 소멸을 동시에 온전하게 하는 축원(祝願)과 닮아있다. 이처럼 기원할 수 없거나 기원하지 못하는 것에 대한 불기원의 욕망만이, 때때로 현존재에게 삶의 의미를 재사유하게 하는 중요한 지점이 된다.

  수척해진 얼굴로
  무수히 보냈을 고독한 몸짓
  해독해내지 못한
  눈망울이 못내 서러워라

  스산하게 바람 불던 날
  한세상 영영 결별하며
  꽃이 지네
  여리고 착한 꽃이 지네

너 떠난 가을날
해마다 돌아오면
통증처럼 피어난다
눈물 젖은 소금꽃

—「소금꽃」 부분

시 「소금꽃」은 혈육과의 사별을 고백적 음성으로 읊조리는 시이다. 제명(命)을 다하지 못하고 "스산하게 바람 불던 날" 저버리는 꽃은 존재자를 오래도록 망설이게 한다. 그 "해독"하지 못하는 "고독한 몸짓"을 지켜봐야 했던 시간들은, 남겨진 자에게 너무나도 가혹한 "통증"으로 무시로 재귀(再歸)한다. 부재자란 부재의 방식으로 현존하는 것임을 망각할 수 없는 까닭이다. 그러하기에 시인이 선택한 존재와의 "결별" 방식은 영원한 불기원의 노래이다. 이것은 적당한 햇볕과 끊임없는 바람으로 굳고 정(精)한 "소금꽃"이 결정(結晶)되듯, 자기정화의 음성으로 오래도록 읊조리며 애절한 시의(詩衣)로 기워내는 작업이다.

소녀의 간절한 기도
엄마 병 낫게 해주세요
온몸을 쥐어짜는 고통에서
엄마를 구해주세요

진달래 연분홍 꽃잎
파르르 떨리던 어느 봄날
기도는 이루어졌다
어미는 새가 되어
훨훨 날아갔다

—「소녀의 기도」 부분

「소녀의 기도」는 비싼 병원비 대신 천지신명을 선택한, "가난한 아비"와 "작고 깡마른 소녀"의 기도가 간절한 독백으로 형상화된 시이다. 살을 에는 "삭풍"과 좁고 어두운 "골목"은 삶과 죽음 사이에 놓인 비정한 운명의 시공간이다. "온몸을 쥐어짜는" 어미의 고통 앞에 곡진한 "소녀"의 음성은 훨훨 날아오르는 "새"라는 환상적 이미지로 자기응답을 받아들인다.

오르고 내리며
비우고 또 비워
처음 마음으로 돌아갔을
대나무 숲길을 지나
불일암에 오릅니다

인연이 닿지 않아
친견한 적 없는 법정스님
스님 잠들어 계신
후박나무 앞에 서서
합장 인사를 드립니다

암자 모퉁이에 놓여있는
스님의 작은 나무의자에는
설핏 바람이 앉았다 간 듯도 합니다

공연히 텅 빈 마당을 서성이는데
가슴을 후려치는 법문 말씀
그대 여긴 왜 왔는가
후박나무 밑에
나는 없소

―「후박나무 밑에 나는 없소」 전문

이윤정 시인의 또 다른 시편 「후박나무 밑에 나는 없소」에서도 존재와 비존재 사이에 "공연히 텅 빈 마당"이라는 각성의 공간이 존재한다. "오르고 내리며/ 비우고 또 비워/ 처음 마음으로 돌아갔을" 불일암에 오르는 인고의 과정은, 물질적 가치로 환산불가능한 적실(赤實)한 음성을 듣고자 기도하는 삶의 걸음이다. "그대 여긴 왜 왔는가/ 후박나무 밑에/ 나는 없소"라는 구절에는 "후박나무"라는 실물의 세계만으로 현현할 수 없는 본질의 세계를 알려주는 응답이 있다. 정작 발걸음의 시작도 고뇌의 끝도 "그대"에게 있음을 깨닫게 하는 질문은 "설핏 바람이 앉았다"가는 가벼운 선문답(禪問答)의 음성처럼 들린다. 이곳이 어쩌면 시(詩)가 있어야 할 자리이다. 시는 극한의 현실적 고통을 감내하는 것만큼이나 자기 내면의 초월적 각성 과정이 필요하다. 삶의 언어를 깎고 다듬기를 숱하게 반복하는 인고와 성숙의 과정이 절실할 때, "향냄새 유난"한 기도처에는 시인의 불기원(不祈願)의 음성만이 고요 속에 남게 된다.

3. 생(生)의 연원이 뿌리내리는 법

벤야민의 말을 빌려 보면, "인간은 스스로 아름다운 것이 아니라 사랑하는 사람에게 아름다운 것"이어서, 내 속에 깃든 아름다움은 사실 외부의 그 무엇으로부터 발원한 것이다. 그리고 세계 내 존재자는 "그의 육신이 아름다움의 질서보다 더 높은 질서 속에서" 나타나기에, "진리 그 자체가 아름답다기보다 그것을 추구하는 자에게"서 그 아름다움은 빛을 발하게 되는 것이다. 따라서 사람이 사람에게 나서, 아름다운 한 사람으로 살아간다는 것은 윤리의 축복이며, 생(生)의 재현이 만들어낸 지속의 유일한 의미이기도 하다.

이윤정 시인은 예술가가 구상해야 하는 작은 이미지의 구성을, 생(生)의 연원(淵源)에 천착하여 성실히 수행하는 모습을 보인다. 예부터 천륜(天倫)이라 명명한 거창한 의미 사이에 섬세하고 인정 어린 얼굴을 담아두는 것, 그 삶의 참맛을 되새기게 하는 시(詩)를 섭렵하는 과정이 생활 사물 속에서 정갈하게 드러난다.

> 가죽나무 새순이 시골 장터에 나오자
> 어머니는 김치를 담아놓겠다 하셨다
> 간이 잘 맞던 어머니 손맛은
> 팔순을 넘기며 표나게 기울었다
>
> 작년 봄, 짜디짠 가죽김치를
> 큰 밥술에 얹어 맛있는 듯 먹으며
> 슬픔에 목 메이던 기억
>
> 가죽순은 어디에나 흔하니
> 수고하실 필요없다 목구멍까지 올라온 말
> 뭐라도 해주고 싶은 모정에 눌려
> 이번엔 심심하게 담아 달라 당부한다
>
> 관절수술하고도 절뚝이는 걸음걸이로
> 몇 번은 족히 쉬어가며 장터에 다녀올 어머니
> 온종일 다듬고 버무린 고향집 가죽김치는
> 자식 얼굴 볼 날 손꼽으며
> 맛깔난 제 맛을 부풀릴 것이다
>
> ―「가죽김치」 전문

시 「가죽김치」에는 사실과 진실 사이에 "가죽김치"라는 음식이 놓여 있다. 어머니 손맛이 팔순을 넘기면서 "표나게 기울어진" 짠맛이 되었다. 자식은 염장(鹽醬)에 절인 세월만큼 "슬픔에 목"이 메지만 "가죽김치"에 함께 담가진 어머니의 아름다움 앞에 할 말을 잃게 된다. 그 '맛'의 향연 속에는 흐르는 시간만큼 닳아갔던 어머니의 절뚝거리는 관절의 소리들이 살아있고, 매년 "새순"처럼 돋아나는 자식에 대한 그리운 "얼굴"들이 맛깔나게 담가져 있다. 그 아름다움이 지속되는 축복의 시간은 점점 짧아지고, 점점 짜게 "제 맛을 부풀려" 갈 것을 알기에, 시인은 긴 사설 없이 "큰 밥술"에 아름다움 한 쪽을 얹는다.

두메산골 구순九旬 노모
하얀 머릿수건 두르고
호미질하다
아련한 눈빛으로
신작로를 내다본다

열자식보다 영감 하나가 낫다는
동네 아낙 핀잔 주고
영감보다 아들이 좋제
암만, 아들이 젤로 좋제

구부러진 허리
흙투성이 발이 되어도
아들네 보낼 생각에
뙤약볕 아래 텃밭을 일군다

실한 것은 아들 주고
상한 것은 내 묵고
까만 봉지 속 참깨며 콩이
올망졸망 눈동자 굴리며
도시 아들네 갈 이삿짐 꾸린다

―「엇노래」 부분

  이윤정 시인의 시 「엇노래」에도 보편적 어머니의 심신(心身)의 노래가 불려지고 있다. 두메산골 노모(老母)의 "구부러진 허리"와 "흙투성이 발"에서 뿌리내린 "참깨"며 "콩"이며 하는 것들은, 마치 사라져가는 한 생(生)이 피어나는 다른 한 생(生)에게 생명을 나누어주는 연원(淵源)의 영양이 깃들어 있는 것처럼 보인다. 타령조의 "영감보다 아들이 좋제/ 암만, 아들이 젤로 좋제"라는 노모의 목소리에 귀기울이는 시인은 안다. 그 어떤 거창한 천륜보다 '오래고 고유한' 세계의 질서에 시의(詩衣)를 입히며 발화하는 순간에 또 하나의 아름다움이 뿌리내렸다는 것을.

4. 이산(離散)의 이름으로

  벤야민은 소리의 형태로 회상의 순간들을 떠올린다고 말한다. 간혹 어떤 소리는 기억 주체의 의식적인 노력 너머, 심연의 부름으로 그때 그 순간들을 소환하기도 한다. 예나 지금이나 세월을 살아가는 사람들은 결코 경험의 모든 것을 의식 속에 붙잡아둘 수 없음에도 불구하고, 의식에만 기댄 정렬(整列)된 기억에 지나치게 의존하며 살아간다. 그 재인되는 기억이 전부가 아니었음에도 그것이 전부인 양 여기며, 갈무리되어 잊힌 것들에게 '망각'이라 명명(命名)하며 세월 속으로 흘려보낸다. 하지만 경험의 흔적이 있는 장소에 가 본 사람들은 안다. 그 쓸쓸히 사라져 갔던 것들이 '나'를 불러들이는 소리를. 무수한 이미지들이 '나'를 다시 '그때 그곳'으로 데려가 버린다는 것을. 그리고 간혹 그 시공간을 초월한 몰입은 '내'가 존재하지 않았던 아주 오래전 역사적 경험의 공간으로까지 '나'를 불러들인다는 것을.

　　　딸네 집 오는 길
　　　버스 자리 양보 받는 날이면
　　　세월이 유수 같다며
　　　두 눈에 일렁이는 그리움을
　　　못 본 건 아니었어요

　　　이산가족찾기 방송하는 날
　　　두고 온 고향 생각과
　　　뿌리없이 살아온 슬픔이
　　　봇물처럼 가슴 적시는 걸
　　　모르는 건 아니었지요

　　　혈혈단신 서러운 생애를
　　　먼지 털 듯 툭툭 털고
　　　당신께서 먼 길
　　　떠나고 나서야 알았습니다

　　　미리 찍어둔 영정 사진 뒤
　　　꼭꼭 눌러쓴 황해도 고향집 주소며
　　　삼촌, 고모 이름들이
　　　아버지 마지막 유언이었다는 것을요

　　　이북에는 밥도 못 먹는다는데
　　　삼시세끼 챙기는 게 민망하다며
　　　아껴 모아둔 장롱 속 통장이
　　　가족 찾으면 쓰라는
　　　유산이었다는 것도요

　　　　　　　　　　　　　—「눈물 통장」 전문

이윤정 시인의 시편 「눈물 통장」에서 "황해도"라는 이산(離散)의 명명이 바로 그것이다. 그 오래 묵은 흔적의 소리 "황해도"를 발설하는 순간, "아버지"와 "아버지의 고향집 주소"와 "삼촌, 고모 이름들", 그리고 부모를 둘러쌓던 무수한 역사적인 존재들이 시인을 '그때 그곳'으로 불러들이고 있다. 고향을 떠나온 지 수십 년, "유수" 같은 세월 속에 아버지의 기억으로 남은 것은 얼마 되지 않는다. 그러나 "영정 사진" 뒤에 "꼭꼭 눌러쓴" 그 명명의 흔적들을 소리내거나, 그 음성에 귀기울이는 순간, 시인은 '오래전 그들' 속에 있게 되고, 시인의 목소리를 빌려 눈으로 듣게 되는 독자들도 심연에서 전해오는 애절함에 쉽게 감염된다. 왠지 '그때 그곳'이 낯설지 않은 까닭은 바로 그 소리 속에 그 모든 인정 어린 것들이 녹아있기 때문이다. 그리고 '그들의 목소리'를 '그들의 목소리' 그대로 전이시켜준, 시인의 귀기울이는 태도와 정관(靜觀)이 상응하였기 때문이다.

    48번 국도 북쪽 끝
    교동도 대룡시장을 가보라
    고향 황해도를 지척에 두고
    피난민들 모여 차린 점포들
    반세기 전 옛날 풍경에 머물러 있다

    해성 식당
    연안 정육점
    고향 지명을 상호로 걸어놓고
    실향의 아픔 나누며
    터전을 일군 지 반백년이 훌쩍 넘었다

    내일모레 통일되면
    귀향할 줄 알았건만

아들이 잇고 손주가 잇고
원주민이 다 되어 가업을 이어가고 있다

—「망향대」 부분

　또 다른 이산(離散) 시편으로 「망향대」가 있다. 고향으로 가지 못하고 남겨진 피난민들이, 그의 자손들이 대를 잇고 있는 "교동도 대룡시장"은 지리적인 좌표 공간을 넘어선 장소성을 확보하고 있다. 이곳은 이념을 달리한 남과 북이 근거리에 있는 지리적·이데올로기적 구획 공간으로 수치화할 수 없는, 과거와 현재의 시간이 혼융된 장소이다. 북녘이 그리워서 아픔으로 사라져 갔던 사람들과, 그들의 아픔과 그리움을 대대로 잇고 있는 사람들, 그리고 그럼에도 불구하고 낯선 남녘에서 또다시 뿌리내려야 하는 사람들이 "해성식당", "연안 정육점"으로 명명하는 곳, 얼마나 많은 사람들이 그들의 고향을 간절히 그리워하며 불렀을 고향의 이름일까. "반세기 전 옛날 풍경"이 그대로 멈춰 버린 곳에, 여전히 이산(離散)의 경험치가 누적되고 있다고, 시인은 "망향대"에 올라서서 직시하며 말한다.

　세상 만물들은 아무렇게나 지나치는 메마른 눈길들의 끝자락에 간당간당 머무르다 사라진다. 하지만 '그때 그곳 사람들'에게서 그들의 목소리에 귀기울여 주고, 그들의 고유한 이름을 불러줄 때면, 그곳은 더이상 척박하고 보잘것없는 공간이 아니라, "골고루 내린 단비"(「텃밭」)에 발아하며 생명력이 넘치는 "내 영토"가 되는 것이다. 이윤정 시인에게 세상의 음성에 섬세하게 반응하며, 조심스레 시의(詩衣)를 입혀나가는, 아름다운 재단사로서의 소임을 오래도록 잊지 않기를 바라본다.

스며듦의 미학
―양선빈 론

　스며든다는 것은 존재의 질적 변화를 초래하는 것이자, 존재에게 보내는 시적 주체의 부드러운 속삭임이다. 물리적 변화를 안고 넘어서는 양선빈 시인의 감정은 가을날 노을처럼 스며들 듯이 젖어들고 있다. 온전히 자신의 모든 생(生)의 의미를 머나먼 시공간으로 밀어내는 감정의 파고(波高)는 이미 오래전 견고하게 직조된 존재의 건축을 그 너머 경계로의 출렁거리는 밀침으로 희미하게 허물어내고 있는 것이다. 빈약한 삶의 의미는 투척된 바늘처럼 깊은 물길을 따라 심연으로 가라앉는 중이며, 동시에 칠흑 같은 화폭 속으로 밀도를 높이면서 그대라는 존재에 나를 중첩하는 중이다. 양선빈 시인에게 '존재한다'라는 것은 존재와 존재 사이를, 사물과 정신 사이를 희미하게 스며들어가는 것이다. 그러한 직관적 발견을 익숙한 풍경처럼 담아내는 것이 그의 시 세계관이다.
　풍경이 되어버린 존재에게서 시인은 슬픔과 그리움을 훑어낸다. 그 순간에서야 이미 증폭되어 버린 감정의 흐름을 따라 일상의 모든 것들에게 말을 걸 수 있는 관계 혹은 깊숙이 스며들 수 있는 거리를 상상할 수 있게 된다. 양선빈 시인에게 풍경 속 '그대'는 쇼펜하우어가 말하는 물적 자아를 넘어선 참된 자아의 시적 투영에 가까우며, 그의 시편 속에서 존재의 그늘이 반복적으로 만들어내는 생의 허무는 주체와 존재 사이의 거리를 좁히려는 시인의 무위(無爲)의 채움으로 이해해 볼 여지가 있어 보인다.

1. 풍경의 그늘과 채움

하이데거는 『존재와 시간』에서 세계 곁에 거하는 일에 대해 언급하면서 "현존재의 현사실성은 '세계-내-존재'가 늘 '안에-있음'의 한정된 방식으로 분산되거나 심지어는 갈기갈기 찢겨져온 형국"이라고 말한다. 현존재 즉, 주체로서의 시인은 세상 속에 기거하는 방식이 온전한 상태가 아닌 어지럽혀지거나 산산조각 나서 내쫓긴 형국으로, 그 퇴락한 세계 내 양태들 속으로 끌려 들어가서 매일 매일의 세상사에 깊숙이 연루되어 있는 것이다.

    그대 끝없는 추락을 꿈꾼다
    가끔은 갯가에 내려앉기도 하고
    발치에 머물기도 한다
    철새 무리지어 날아간 하늘 끝에
    활짝 날개를 펼친다
    길섶 털머위꽃 군락으로 한창이고
    상수리나무 휘어진 가지
    퇴행성관절염을 앓는다
    마디마다 툭툭 불거져 나오는 상처
    겨울을 준비하는 작은 허공이 된다
    일몰을 서두르는 저녁나절
    교회당 첨탑 위로 상현달 환하게 걸리면
    먼 바다 위를 달빛 하나 건너간다

                            —「가을 산책 1」 전문

보편적인 일상 시간으로서 "가을"은 현실을 살아가는 범인들에게 조락(凋落)의 만연함을 시각적으로 직시하게 하는 계절을 의미한다. 그러한 존재의 "추락"을 가까이에서 바라보게 하는 "가을 산책"은 시인에게 예민한 상념(傷念)의 깊이를 떠올리게 한다. 무명의 존재에게서 발견했던 "퇴행성관절염"의 기억은 가을 행로의 길목에서 타자의 "상처"로 변형되어 상기된다.「가을 산책 1」에서 양선빈 시인의 발걸음은 정적(靜寂)으로 멈추어 선 듯하고, 외현으로 스쳐 지나가는 무수한 존재들은 모두 그 자연의 흐름대로 동적(動的)인 이동을 보인다. 이런 구도적 장치는 시인으로 하여금 타자들을 주체에게서 떠나가는 존재들로 받아들이게 한다. 화자가 느리게 다가설수록 존재들은 "추락"을 시도하며 가속의 페달을 밟는 셈이 된다.

저녁 어스름에 골목길을 지나간다
마른 가지 위에 내려앉는 눈발
붉은 눈시울 적시며
일그러진 꽃잎 짓누른다
잿빛 거리를 누비며
비바람 휘몰아치고
편서풍에 밀려
바닥을 쓸고 다니는 마른 잎
허공을 헤맨다
황사 바람 날려 보내고
안개 내리는 어둠이
검은 망토를 휘날린다
빗나간 일기 예보는 언제나
TV 화면 속의 하얀 눈꽃으로 갇히고
빗물 되어 흐르는 그대의 한밤은
얼음꽃으로 눈부시게 반짝인다

—「겨울의 그늘」전문

「겨울의 그늘」의 세상 속에서도 시적 주체의 존재는 미미하다. "저녁 어스름에 골목길을 지나"가다가 마주한 겨울의 풍경을 상상 이미지로 치환하고 있다. "눈발"은 "붉은 눈시울"을 하고 어그러진 세상을 내보이고, 겨울날의 "어둠"은 "검은 망토"처럼 휘날리며 언제나 "빗나간 일기 예보"를 예감하게 하여 그 시적 공간 속으로 빛나는 "그대의 한밤"을 소환한다. 겨울날의 저녁과 어스름의 골목길에는 어제도 오늘도 아무도 없다. 그리고 아무렇게나 휘몰아치고 아무렇게나 소멸하는 모든 것들로 들어차서 늘 화자가 섣불리 다가설 수 없는 깊은 "그늘"을 드리우고 있다. 하지만 그 아무도 없는 빈 겨울 도화지이기에 화자가 꿈꾸는 모든 것들이 가득 들어찰 수가 있고 간절한 "그대"도 얼음꽃으로 빛날 수가 있다. 물론 그 이전에 어느 어스름한 겨울 골목길에 서서 하염없이 드리우는 시인의 깊은 시선이 오래도록 머물 때, 풍경은 우리에게 말을 걸어올 것이다.

2. 추락하는 시선과 그리움

데카르트의 제자 말브랑슈는 『형이상학적 대화』에서 "관념의 빛과 감정의 어둠 사이에는 얼마나 큰 차이가 있는가"라고 말하면서 '감정'이 개인적이고 비합리적인 것일 뿐 결코 관념처럼 '밝음'의 지각을 주지는 않는다고 말하였다. 라이프니츠 또한 "모든 감정은 진리에 대한 막연한 지각"이라며 무한한 지성에 비해 '감정'을 즉각적이지만 막연한 것으로 치부하고 있다. 하지만 파스칼이 『팡세』에서 언급한 것과 같이 우리의 '직관'으로서의 '감정'은, 부차적이고 인위적인 이성에 비해, 얼마나 본능적이며 자연스러운 순리를 내포하고 있는 정신적 행위인가.

> 나는 출구를 찾아 따라간다
> 이정표 없는 길들이 펼쳐지고
> 텅 빈 대합실에서
> 막차를 기다리는 떠돌이
> 밤의 출구를 찾아 헤맨다
> 눈썹달 실눈을 뜨고 길을 밝히면
> 먼 그리움 밀려드는 잠깐의 몽상은
> 그대 곁을 서성거린다
> 돌아서지 못하는 4번 출구
> 꽃들은 절벽을 뛰어내린다
> 가시면류관을 두른
> 핏물 적시는 꽃잎은 또 봄을 기다린다
> 기약할 수 없는 약속 저버리고
> 나는 먼 지평을 향하여
> 안타까운 출구를 그리워한다
>
> ―「4번 출구」 전문

「4번 출구」에서 양선빈 시인은 '그리움'의 감정에 대해 깊이 천착한다. 이 시의 시적 세계에서는 근대적 인식 행위인 인과율을 발견할 수 없다. 즉 이성과 과학적 지식으로 세상을 재단하는 근대 문명의 에피스테메는 견고하고 안정적으로 현실 체계를 존속시키고 기호학의 좌표평면 위로 세상의 모든 장을 마련하기에, 막연하고 비현실적인 시적(詩的) 인식 행위는 배제의 대상이 된다. 하지만 양선빈의 시에서는 이러한 문명이 이룩한 세상의 허상을 파고든다. "출구"는 애시당초 마련되지 않은 듯한 막막한 세계. 시인은 "이정표 없는" 세상의 궤적을 따라 발걸음을 옮기다 "텅 빈 대합실" 세상 가장자리로 떠밀려 나온 "떠돌이들"을 직시하고, 절망의 나락으로 추락하거나 "기약할 수 없는 약속"만을 하염없이 기다리는 그 '출구 없는' 존재들에게 "그대"라는 애틋한 이름을 부여한다.

황토밭 사이로 삽다리(?) 휘청거린다

　　놀란 늪들이 뛰쳐나가고
　　갯버들 나른한 한나절 내려놓는다

　　그대 힘없이 푸른 주름 잡는 동안
　　펼쳐놓은 연못 위로
　　멀리 백로 한 마리 그리움을 자아올린다
　　육신을 슬픔의 가시로 무장하고
　　가슴 깊숙이 파고든다
　　휘몰아치는 비바람 허허벌판으로 맞으며
　　오뉴월 보랏빛 햇살
　　튼튼한 이파리에 눈부시다
　　소리 없는 영혼의 메아리가 허공에 맴돌고
　　길 위의 또 다른 길을 따라간다
　　백년의 기다림 뒤로
　　코발트빛 강물에 젖는다

―「가시연꽃」 전문

　　시 「가시연꽃」에 "힘없이 푸른 주름"을 잡는 "그대"는 모진 세파를 견뎌내고 바늘 같은 "가시"와 "튼튼한 이파리"의 눈부신 가시연꽃을 의인화한 것으로 표상된다. 시적 화자는 "그대"라는 호명 방식으로 시야에 들어찬 존재들에 대해 깊은 애착을 드러내고, 그것들의 삶의 궤적을 그려 나가며 "백년의" 시간 속에 "기다림"이라는 하나의 감정으로 집약시키고 있다. 황량한 벌판에서 생의 척박함과 고달픔은 끊이지 않는 지속성과 눈부신 환희로 재탄생하게 된다. 이때 "그대"는 단순히 시적 주체와 마주선 시적 대상으로서 "가시연꽃"만을 의미하지는 않는다.

　　양선빈 시인은 "시인의 말"에서 시적 삶의 양태를 "인고의 능선을 넘어/

몽환의 늪을 헤매"는 과정으로 보고 "나"는 늘 "그대"를 서성이는 존재로 설계하고 있는 것으로 보아, 시인에게 "그대"라는 존재는 화자 이면의 '그늘'과 같이 존재의 음지에서 무시로 부정적이고 참담하며, 가여운 존재를 환기하고 호명하는 '부름'의 대명사가 된다.

3. 투영하는 그대와 심연의 감정

양선빈 시인은 이번 시집의 거의 모든 시편들 속에서 "그대"를 등장시킨다. 일반적인 여느 시편에서는 연정의 대상으로서의 "그대"라는 협소한 의미 축을 형성하는 데 비해, 이 시집에서는 한층 확장된 사유의 촉발점이자 내밀성의 원천으로 "그대"라는 존재를 설정함으로써, 시 속의 메시지를 보다 다층적인 차원에서 감상하도록 유도하고 있다.

너는 존재감이 없는
왼손의 중지로 그냥 그렇게 있었어
정형외과 병동
주름진 손가락 끝으로
생인손들이 줄을 섰어
그대는 나의 꿈결이 되어
아른거리는 그림자
나는 그대의
회오리바람으로 펄럭이면
허공의 먹구름 일렁이어
작은 별빛 틈으로 지나갔어
너는 옹이진 마음자락 다독였어

—「생인손」 전문

생인손은 손가락 끝에 종기가 나서 곪는 병을 뜻하는 단어이다. 그러하기에 이 시 속에서 "생인손"의 흔적은 지나가 버린 시인의 삶이 축적된 "주름진" 나이테이자, "아른거리는 그림자"처럼 지난 시간 속에서 항상 "존재감이 없는/ 왼손의 중지"와 같은 "그대"를 의미하고 있다. 즉 의인화된 삶의 상처일 뿐만 아니라 오히려 "옹이진 마음자락 다독"여 주던 위무의 존재가 되는 것이다. 결코 "존재감이 없는" 그 무엇으로 남아 있는 것이 아니라, "나의 꿈결"까지 되어 주고 있는 존재인 '운명'적 대상물로 확장된 의미를 갖게 된다.

겨울 뜨락을 서성이던 나의 기억은
모진 찬바람에 젖어든다
등 돌리며 서 있는
아스파라거스 아픈 빈 가지
방향감각 잃고 사념에 젖는다

지난여름 그리움의 밤은
부질없이 무너져 내리고
한 가닥 피어오르는 불면의 빛줄기
그대 심장의 심연에서 부풀어 오른다

작은 별빛 하나 길어 올린
야행성 역마살에 떨고 있는 나무들이
길 떠날 채비로 들썩이고
푸른빛들이 촉수를 높이며
뒤척이던 밤새들의 연둣빛 꿈을 키운다

―「기로에 서서」 전문

시 「기로에 서서」는 여러 갈래의 시공간의 축들이 펼쳐져 있는 우리네 삶의 단면을 그리고 있다. 1연의 "모진 찬바람" 부는 겨울의 풍경은 화자로

하여금 "사념에" 젖게 만든다. 2연의 화자는 "지난여름 그리움의 밤"을 회상하면서 더욱 깊숙한 "불면"의 시간으로 진입하게 된다. 3연에는 "야행성 역마살에 떨고 있는 나무들"과 그로 인해 "뒤척이던 밤새들"의 방황의 순간이 있다. 그리고 촉발되는 불안과 공포의 부정적 감정들이 인식의 전환에 의해 순식간에 긍정적 기대감으로 변질된다. 시 「기로에 서서」에서 "한 가닥 피어오르는 그대 심장의 심연에서 부풀어 오른다"라는 부분은 시적 상황을 역전시킨 시인의 심연이 드러나지 않으면 사실상 상상하기 어려운 지점이다. 그래서 시적 주체의 투영된 내면이 외부적 존재인 "그대"의 외현으로 형상화되었다는 것을 인지하게 되면, 시적 대상인 "그대"는 결국 시적 화자의 심연을 드러내는 존재, 즉 화자 자신이 된다. 그리고 이 시는 자아의 내면을 재확인하고 반추할 수 있는 매개물로 내적 자아를 설정하고, 그 분열된 내적 자아를 통해 표면적 자아가 심연의 감정을 충분히 살피기 위한 시적 설계로 이루어져 있다.

4. 바이올렛 영혼들의 이미지

무수한 기호들의 집합체로 이루어진 세상의 사물들은, 소쉬르의 언어관에 따르면 기표와 기의의 '시니피앙-시니피에' 의미망을 가진 채 일관되거나 단일한 접속의 방식으로 기호화되어 사유 속으로 표상된다. 이러한 언어의 내적 질서는 다양한 불협화음 속에서 더 이상 유효하지 않은 시대로 되어가고 있다.

　　르네 마그리트의 동리로 간다

빨간 지붕 위에서 저무는 오후
굵은 빗방울은 떨어져서 소리를 낸다
그대를 에워싸는 창백한 영혼들
눈부신 빛을 삼키고
어두운 그림자는 조용히 눕는다
노각나무 푸른 잎 사이로
좁은 오솔길이 열리고
삶과 꿈이 섞여 흐르는
강줄기는 시간을 실어 나른다
황금빛 석류꽃 피는 한나절
새하얀 그리움들이 젖어 오르고
가랑비를 맞으며
보랏빛 블라우스를 걸친 여자
뒷모습이 보인다
안개 속에 갇힌 그대
산등성이를 넘는다
투영된 그대
앳된 얼굴이 흔들린다

—「바이올렛 이미지 1」 전문

　「바이올렛 이미지 1」에서는 다양한 이미지의 중첩이 나타난다. 우선 벨기에의 초현실주의 화가인 "르네 마그리트"를 시어로 사용하여 시 전체의 분위기를 이국적으로 연출하고 있다. 그리고 실제 구체적인 표현에서도 "빨간 지붕"과 "푸른 잎", "황금빛 석류꽃", "보랏빛 블라우스"와 같은 원색적인 색채이미지가 다양하게 나타나고, "창백한 영혼들"과 "어두운 그림자", "좁은 오솔길"과 "새하얀 그리움", "앳된 얼굴"과 같은 이질적인 이미지들의 혼융 그리고 "창백한 영혼들"과 "안개 속에 갇힌 그대"와 같은 비현실적인 이미지들의 삽입과 충돌 등이 나타나는데, 이것은 단일한 언어기호관의 고정

관념에 휩싸인 독자들에게 독해 과정에서 신선한 충격을 던진다.

이미 앞 절에서 제시한 바와 같이 양선빈 시인은 이러한 연작시 속에서도 여전히 "그리움"이라는 정서에 집요하게 매달리고, "그대"라는 복수의 의미체를 도입하면서도 "보랏빛 블라우스를 걸친 여자/ 뒷모습"을 상상할 수 있는 개연성 있는 배치를 또다시 철거함으로써, 본질적으로 잔상 속에 살아남아 있는 심연의 이미지를 깊이 사유하도록 유도하고 있다.

> 자유 속으로 걸어가는
> 그대 달려오는 길
> 젖은 발걸음이다
> 밤새 아득한 꿈을 꾸며
> 어릿광대 하나
> 그대 뜨락에서 춤을 춘다
> 팔을 들어 올리다가
> 허리를 굽혀 먼 하늘을 우러러 본다
> 잿빛 가득 사라진
> 별빛들을 찾아서 엎드린다
> 흔들거리는 등 뒤로 작은 바람이 일면
> 어느 별에서 잠들었을 불빛들
> 기울어져 가는 시간을 감아올린다
> 융프라우 언덕 위로 눈사태가 나고
> 스키어들의 튼튼한 허벅지가 눈부시다
> ―「바이올렛 이미지 2」 전문

> 몽블랑이 숨을 쉬는
> 알프스 골짜기
> 발길 뜸한 외딴 산등성이
> 적막 속에서 무인도로 앉아있다
> 돌아앉은 등 뒤로

푸른 하늘 가득히 서려있고
허공에 외친 메아리가 돌아온다
어둠이 스며드는 봉우리가 우람하고
외로운 발자취 우수에 젖어있다
먼빛으로 몽블랑 정상의 불빛은
위엄을 드러낸다
달빛은 연못 속으로 잦아들고
나무 그림자 길게 팔을 뻗어
산중 나그네 쉼터를 이룬다
물소리 우렁찬 모롱이
마음속 등불 하나 내건다

—「바이올렛 이미지 3」 전문

「바이올렛 이미지 2」와 「바이올렛 이미지 3」에는 "바이올렛 이미지"를 의미하는 구체적인 시어는 등장하지 않는다. 그리하여 '제비꽃'이거나 '보라색'이거나 어느 것의 의미이더라도 "바이올렛 이미지"라는 기표는 다양한 이미지와의 접속으로 재현될 수 있다. 즉 "자유 속으로 걸어가는/ 그대 달려오는 길/ 젖은 발걸음"처럼 자유의 이미지를 상상할 수도 있고, "몽블랑이 숨을 쉬는/ 알프스 골짜기/ 발길 뜸한 외딴 산등성이/ 적막 속에서 무인도로 앉아있"는 "적막"이나 "외로운 발자취"와 "마음속 등불 하나"와 같이 "그대"의 현현 이미지로 이해할 수도 있다. 원관념을 분명히 하고 있지 않은 "바이올렛"의 이미지는 화자의 의식을 투영하고 있는 대상인 "그대"와 그 배경이 만들어내는 특별한 이미지로 구성된 것인데, 이는 시인의 직관적 인식에 노출되는 방식으로 형상화되어 나타난다.

5. 스며드는 것과 생성 이미지

    양선빈 시인에게 존재에게로 '다가섬'은 무엇을 의미하는 것인가. 시인이 바라본 세계를 향한 시선 속에는 익숙하지 않은 존재자들이 같은 세계 내 자장 속에서 복잡다단한 형식으로 드러난다. 시인은 다양한 사물들이 낯설지 않은 관계로 새로운 접속을 시도하듯이 시편 속에서 그것들의 시적 조합을 만들어내고 있다. 오래전 아리스토텔레스는 "존재는 여러 가지로 말해진다."라고 하면서 존재가 하나의 이름으로 말해지지만, 그것이 결코 하나로 용해시킬 수 없는 다의성을 그 내부에 감추고 있음을 시사했다. 따라서 양선빈 시인은 다의적인 "그대"에게 '다가섬'의 방식으로 관계를 맺는다. 다양체로 존재하는 존재자들 사이에 부드러운 탈주체적 태도는 보다 나은 관계 형성의 적실한 접근법이 될 수 있다.

    불빛들은 광풍에도 흔들리지 않는다
    반쯤 찢겨진 깃발이
    혼자서 펄럭이고
    검은 바다 위로 날아오른다
    어둠 속으로 질주하는
    길이 끝나는 막다른 세상
    어느새 별빛은 꺼져 있다
    밤새 펄럭이던 파도는
    모든 소리의 안으로 감겨들고
    적막을 밀어 올리며 날개를 흩뿌린다
    희미한 기억의 파편들은
    그대 마음속 깊이 스며들고
    깊은 상처의 흔적으로 잦아든다
    하얀 도시의 유령들이

잿빛 풍경화를 그리고
나는 르네 마그리트의 심장에서
피어나는 밤을 끌어낸다

—「잿빛 풍경화」 전문

어두운 골목길
꽃비가 휩쓸며 날아오른다
벽을 타고 내리는 빗물은
눈물 되어 옷자락에 스며든다
침묵은 잿빛 허공을 가르고
나는 먼 환상의 날개를 젓는다
몰운대를 클릭하고
그대의 하늘은 달빛을 기웃거린다

—「에덴 부근」 부분

「잿빛 풍경화」에는 절멸하는 세상에 대한 시인의 비극적 인식이 형상화되어 있다. "깃발"은 찢겨져 있고 "별빛은 꺼져 있"다. "모든 소리"는 적막 속에서 산산조각 나 있다. 이 비생명성의 공간에서 화자의 "희미한 기억의 파편들"은 "그대 마음속" 깊숙하게 스며든다. '스며든다는 것'이 비폭력적이면서도 부드럽게 존재자들에게 접근하고자 그리고 깊이 다가서고자 노력하는 시인만의 세상 접근법인 것이다. 깊이 스며듦으로써 "깊은 상처"의 흔적에서 더께의 무게를 진정으로 덜어낼 수 있고 "잿빛" 도시의 밤의 "적막"에서 희미하게나마 생의 율동을 상기시킬 수 있는 것이다. 시 「에덴 부근」에서도 사물 "빗물"이 화자의 "옷자락"에 스며듦으로써, "침묵"은 "허공"을 가르고 화자는 "환상의 날개"를 젓는 동력을 갖게 된다. 이때 여느 때처럼 "하염없이" 지나가 버리고 말았을 시간들이 "테트라포드"가 있는 바닷가 숲들의 출렁이는 이미지로 새롭게 생성·부활하는 것이다. 바로 이 순간이 시인이 꿈꾸는 "에덴"에 가까워지는 시간이 된다.

  양선빈 시인의 이번 시집에는 '그대에 대한 그리움'이 중요한 테마를 이루고 있다. 그대는 단순한 연정의 대상을 넘어선 다층적 차원의 포괄적 존재로 배치되어 화자와 오래도록 마주하도록 요청된다. 시인은 세상 속에서 '그대'를 발견하는 순간 폐부 깊숙이 반기며 그리워하고, 시인의 눈 안으로 담겨져 들어오는 모든 존재들의 이미지에 대해 부드럽게 스며들어 간다. 그리하여 양선빈 시인이 만들어내는 시적 세계는 어느 것 하나 거칠고 부담스러운 것이 없다. 그리하여 존재의 경계를 넘나드는 모래사장의 물결같이 잔잔히 물러나지만, 깊숙한 그리움은 오래 남는다.

2부

먼 곳의 일회적 유령과 시(詩)

1. 유령으로 존재하는 것

유령이란 무엇일까? 우리말에서 유령은 '죽은 자의 혼령이 생전의 모습으로 나타나는 것'을 의미한다. 어쩌면 그것은 삶과 죽음의 경계를 넘나드는 환영의 존재이거나, 죽은 자가 산 자의 세계로 회귀하여 산 자의 의식 세계를 반복적으로 의심하게 하는, 그러면서도 존재하지 않는 존재일 것이다.

존재한다는 것의 의미를 의심케 하는 이 엉뚱한 사태에 대한 관심은 제법 역사적인 선례를 지속시켜 왔다. 집요하게 그것에 매달리는 모습은 흡사 중세 신(神)의 언어, 그 압제 아래 불어 닥친 교부들의 악령에까지 닿아 있다. 그 정오의 악령은 일상적이던 수도사의 공간에 대한 거부감을 불러일으키거나 독방에 대한 불편함을 상기시키고 나태를 낳아, 선악(善惡) 자체에 대한 모호하고 멈출 수 없는 애증과 적개심, 선을 권고하는 사람들에 대한 악의적인 저항과 소심함과 같은 것들로 존재하면서 지극히 안정적이고 정제되었던 일상을 뒤흔들어 놓았다.[1) 신(神)의 질서에 대한 의구심은 근대의 이성 중심의 음성언어와 거대 담론 그리고 욕망으로 전회되는 동력이 된다. 무대의 중심에 둔 진리값의 상징성이 달라졌을 뿐 여전히 세상을 움직이는 내적

---

1) 조르조 아감벤 지음, 윤병언 옮김, 『행간』, 자음과모음, 2015, 27-30쪽.

질서의 견고함은 유일한 동일성에 대한 부합 여부를 중요한 기준으로 두었다. 이 시기의 유령은 현실을 변형시키는 주체의 욕망에 의해 상상적인 이야기로 등장하는 현실의 변형으로서 존재한다. 세상에 존재하는 상징의 강압적이고 구조화된 힘의 논리 속에서 욕망은 무의지적인 유령을 수단으로 발현되고, 그러한 환상은 욕망의 재현 불가능을 가능하게 하는 방식이 된다.[2]

20세기 중반 이후 세계를 휩쓴 포스트모더니즘은 세상 속에서 일어나는 현상을 보편화되고 매끈한 구조의 틀 안에서 설명하려던 기존의 논의를 상징적인 폭력으로 보았다. 이러한 흐름은 개인의 다양성과 차이로서의 가치를 양산해내면서, 유일무이한 동일성의 논리를 다원화된 비동일화의 논리로 혼융시켜 놓았는데, 그 본질의 중심에 자본의 씨앗을 심었다. 그리하여 '존재하는' 것이란 오직 상품화할 수 있는 것이거나 교환가치로 환산될 수 있는 것이어야만 했기에, 비로소 '유령'은 결코 유령이 존재할 수 없는 도시에서 영원한 타자로 존재하게 되었다.[3] 이러한 유령이 문학 속에는 어떤 방식으로 존재할까. 발터 벤야민은 『발터 벤야민의 문예이론』에서 에세이 「산딸기 오믈레트」으로 음식과 요리에 관련하여 중요한 이야기를 들려준다.[4] 옛날에 지구상의 모든 권력과 금은보화를 가지고도 명랑해지기는커녕 해가 갈수록 점점 더 침울해져가는 한 왕이 있었다. 그 왕은 자기의 궁중요리사를 불러 50여년 전의 요리를 주문하는데, 그때 그는 한창 나이였고, 나쁜 이웃 왕과의 전쟁에서 패해 도망치던 중 숲속 한 노파의 오두막집을 발견하게 된다. 그 노파는 뛰어나와 그 왕을 반겼고, 잠시 후 한 요리를 내어 왔는데, 그것은 왕이 입에 넣자마자 기적처럼 힘이 되살아나게 하여 새로운 희망이 샘솟는

---

[2] 임진수, 『환상의 정신분석-프로이트·라캉에서의 욕망과 환상론』, 현대문학, 2005, 236쪽.
[3] 백상현, 『라캉 미술관의 유령들』, 책세상, 2014, 16-20쪽.
[4] 발터 벤야민 지음, 반성완 옮김, 『발터 벤야민의 문예이론』, 민음사, 2005, 24-25쪽.

기분을 느끼게 해준 '산딸기 오믈레트'였다. 왕은 궁중요리사에게 그 맛을 다시 느끼게 해주면 소원을 들어줄 것이고, 만족시켜 주지 못하면 죽이겠다고 제안한다. 궁중요리사가 그 당시 왕이 먹었던 모든 식료(食料)를 마련할 수 없다고 대답한다. 그 식료는 전쟁의 위험, 쫓기는 자의 주의력, 부엌의 따뜻한 온기, 뛰어 나오면서 반겨주는 온정, 어찌 될지도 모르는 현재의 시간과 어두운 미래였다.

이 이야기에서 벤야민은 '아우라' 개념을 들려주고 있다. '아우라'의 경험은 인간 사회에서 흔히 볼 수 있는 반응 형식을 무생물이나 자연이 인간과 맺는 관계로 전이시키는 것에 기초한다. 시선을 받은 사람이나 시선을 받았다고 생각하는 사람은 시선을 열게 된다. 이러한 형식의 인간과 그 대상물들과의 조응이나 교감의 접근 불가능성 이야기는 무의지적 기억의 자료들을 일회적, 제의적 성격으로 들려주는 환상적 경험인 것이다.[5]

2. 유령으로 시를 쓰는 것

조르조 아감벤은 『행간』에서 1853년 4월 17일자의 《몽드 리테레르》지에 실린 「장난감이 주는 교훈」이라는 보들레르의 글을 언급하면서, 보들레르가 어렸을 때 팽쿠크라는 부인의 집에서 경험했던 이야기를 통해 비현실적인 영혼의 강력한 힘에 대해 말한다.[6] 보들레르는 팽쿠크 부인의 꽃처럼 피어오른 장난감들로 꽉 들어차 있던 방을 보고 난 이후, 비로드 옷과 모피를 걸친 부인을 상상하지 않고서는, 그에게 장난감 요정처럼 나타났던 그 부인을 떠

---

[5] 발터 벤야민 지음, 김영옥·황현산 옮김, 『발터 벤야민 선집 4-보들레르의 작품에 나타난 제2정 기의 파리/보들레르의 몇 가지 모티프에 관하여 외』, 길, 2015, 240-241쪽.
[6] 조르조 아감벤 지음, 윤병언 옮김, 앞의 책, 119-120쪽.

올리지 않고서는 가게에 전시된 그 어떤 장난감들도 쳐다보지 못하는 지경이 되고 말았다고 말한다.

보들레르가 의자를 역마차로 탈바꿈시키는 아이들의 영혼의 교감에 주목하는 것은 그 형언할 수 없는 기쁨과 어쩔 줄 모르며 받아들이는 관계, 인간과 사물과의 그 모든 종류의 원초적 유대 관계가 작가가 예술을 창조하는 기반과 닮아있다고 본 데 있다.

작가가 글을 쓴다는 것, 시인이 시를 쓴다는 것은 흡사 마법과 같은 일이다. 그래서 시인은 바라보는 자의 부재가 깊으면 깊을수록, 그만큼 더 마력적으로 신비적으로 마주하게 되는 그 시선의 유령과 접신함으로써, 그들의 말들이 뿜어내는 그들의 가장 유일한 리얼리티를 들려주는 마법사가 되는 것이다.

1930년대 한국 문단은 일본 군국주의 확대의 속박 속에서 새로운 시 정신을 모색하던 시기였다. 만주 사변에서부터 태평양 전쟁에 이르기까지 외부 상황의 악화 일로는 일본의 조선 경제 수탈과 강제 인적 동원을 유발하였고, 한국 문학을 국가와 민족, 계급 담론에서 개인의 내적 서정 탐구로의 이행 및 혼용의 시대로 몰아넣었다. 근대 담론의 실체를 인식하는 과정에서 당대 시인들의 감각과 정서에서 유령의 흔적을 발견할 수 있다.[7]

여기에서는 최근까지도 근대 시문학 연구에서 큰 관심의 대상이 되고 있는 백석 시 몇 편을 유령의 흔적, 즉 '아우라'의 개념과 관련하여 살펴보고자 한다.

백석의 시에서 볼 수 있는 시적 공간은 대체로 고향이라는 토속적인 세계로 채워져 있다. 이것은 고향에 대한 체험이 그만큼 시인의 의식 속에 강렬함을 뜻하므로, 근대화의 과정에 대해 가지는 시인의 반근대적인 정서가 어린

---

7) 권영민, 『한국현대문학사1』, 민음사, 2010, 547쪽.

시절의 체험을 기억하면서 과거 지향적 양상으로 혹은 회상 형식 그 자체가 현실 속에서 절실한 삶을 추구하는 의미로 이해되고 있다. 그러한 회상의 맥락에서 다음의 시 「목구木具」[8]의 경우에도 시인이 고향의 제사 풍속을 회상 서술하면서 가난 속에서 차리는 풍성한 제수를 유도하는 것으로, 그리하여 그 의식 속에 담긴 인정과 풍습을 형상화하고 있다고 알려져 있다.[9]

오대五代나 나린다는 크나큰 집 다 찌그러진 들지고방 어득시근한 구석에서 쌀독과 말쿠지와 숫돌과 신뚝과 그리고 넷적과 또 열두 데석님과 친하니 살으면서

한 해에 몇 번 매연지난 먼 조상들의 최방등 제사에는 컴컴한 고방 구석을 나와서 대멀머리에 외얏맹건을 지르터 맨 늙은 제관의 손에 정갈히 몸을 씻고 교우 우에 모신 신주 앞에 환한 촛불 밑에 피나무 소담한 제상 위에 떡 보탕 식혜 산적 나물지짐 반봉 과일 들을 공손하니 받들고 먼 후손들의 공경스러운 절과 잔을 굽어보고 애끓는 통곡과 축을 귀에하고 그리고 합문 뒤에는 흠향 오는 구신들과 호호히 접하는 것

구신과 사람과 넋과 목숨과 있는 것과 없는 것과 한줌 흙과 한점 살과 먼 넷조상과 먼 훗자손의 거룩한 아득한 슬픔을 담는 것

내 손자의 손자와 손자와 나와 할아버지와 할아버지의 할아버지와 할아버지의 할아버지와……수원백씨水原白氏 정주백촌定州白村의 힘세고 꿋꿋하나 어질고 정 많은 호랑이 같은 곰 같은 소 같은 피의 비 같은 밤 달 같은 슬픔을 담는 것 아 슬픔을 담는 것

―「목구木具」(『문장』, 1940.2)

하지만 정작 백석의 시에서는 고향에 대한 시만큼이나 타지 공간에 대한 시도 많고, 그 속에서 고향의 인정과 옛 조상의 풍습을 떠올린다고 말하기에

---

8) 이동순·김문주·최동호 엮음, 『백석 문학전집 1-시』, 서정시학, 2012, 150-151쪽.
9) 권영민, 앞의 책, 573쪽.

는 「조당澡塘에서」10)와 같은 시가 해석의 난제로 작용한다. 이 시는 고향이 아닌 '지나支那 나라 사람들과 목욕을 한'다는 것, 즉 '대대로 조상도 서로 모르고 말도 제가끔 틀리고 먹고 입는 것도 모두 다른' 이방인인 사람들이 한데 합수하여 동일한 시·공간의 조당澡塘에서 이질적이고 비균질한 장면을 전제하고 있다. 화자는 '발가들 벗고 한물에 몸을 씻는 것'을 보며 '쓸쓸'해 하고 '길줏한 다리에 모두 민숭민숭하니 다리털이 없는' 것을 관찰하고 '자꼬 슬퍼'진다고 말한다. 화자는 타자들을 감각적으로 받아들이면서 어떤 사람에 게서는 '도연명陶淵明'을, 또 어떤 사람에게서는 제자백가의 한 사람인 '양자楊 子'를 떠올리고, '마음이 한가하고 게'을러지면서 중국 요리의 하나로 제비집 을 끓여 만든 '연소탕燕巢湯'을 생각하게 된다. '글세 어린 아이들도 아닌데 쪽 발가벗고 있는 것은 어쩐지 조금' 우습다고 서술되고 있는 부분들은 선행 연구와 아주 다른 맥락으로 읽힌다.

이에 위 시에서 제의적 소재인 '목구木具'를 유령의 흔적으로 이해할 수 있다. 시인의 시선은 우연히 '목구木具'라는 사물에 머무르고, 이 시선은 시인 과 사물 사이의 만물조응(萬物照應, correspondances)하는 상호 대면의 상 황을 초래하게 된다. 이는 곧 시인의 무의지적 기억을 촉발하는 능동적인 사물로 '목구木具'의 주체적인 서술의 양상을 띠게 된다. 즉 시인은 사물이 기억하고 있는 흔적들에 대해 말하는 것을 가만히 듣고 있는, 수동적 청자 위치에 놓이게 된다. 과거 체험의 기억들과 '내 손자의 손자와 손자와 나와 할아버지와 할아버지'에 이르기까지 까마득한 선조들의 삶들은 현재에서 실 제로 접근 불가능한 것들이다. 그런데 '소담한' 제상 위에 담겨져 나오는 '떡 보탕 식혜 산적 나물지짐 반봉 과일'들과 같이, 벤야민이 말하는 무의지적 기억의 피난처로서의 '냄새(향기)' 음식들로 인해 시간의 흐름에 대한 의식은

---
10) 이동순·김문주·최동호 엮음, 앞의 책, 169-170쪽.

마비되고 아주 먼 세월의 간극은 순식간에 사라지게 된다.

시인이 조응한 '목구木具' 위에는 그 옛날의 토속적 공간인 '들지고방'과 집안의 모든 것을 주관하는 유령 '데석님' 그리고 제의 행위를 통해 '구신과 사람과 넋과 목숨과 있는 것과 없는 것'들이 '호호히' 접속하는 영적(靈的) 연상들이 '아득한 슬픔'으로 담겨져 나오는 것이다. 시인은 그 유령과의 감각적인 조응을 통해 온전하고 총체적 아우라의 말들에 대해 경청하고 시의 언어로 온전히 옮겨놓은 것이다.

들뢰즈는 벤야민의 '아우라'와 유사한 개념으로 '형상(figure)'을 말한다. 그의 저서 『프루스트와 기호들』[11])에서 그는 동방에서 온 현자가 '형상'과 더불어 사유를 한다고 보았고, 프루스트를 예로 들면서 그 '형상' 개념을 자세히 설명하고 있다.

프루스트는 '포크의 달그락거리는 소리나 마들렌의 맛 같은 것 속에 감싸여 있는 무의식적으로 나타나는 기억들 혹은 내가 머리 속에서 그 의미를 찾아내려고 애쓰던 형상(figure)들의 도움으로 씌어진 진리들이 그 형상들에 의해 머리 속에서 복잡하게 잔뜩 엉킨 판독할 수 없는 글씨로 조판(組版)되고 있었다'고 말하면서, '우리 지성에 의해 씌어진 문자가 아니라 사물의 형상이라는 문자로 된 책이 우리의 유일한 책'이라고 강조하고 있다.

들뢰즈는 형상을 통해 사유하는 자를 곧 기호를 통해 사유하는 자로 보고 있다. '그는 사물의 형상으로 씌어진 기호들을 해독하는 자이다. 우연히 맞닥뜨린 기호는 그 안에 숨겨진 바를 우리더러 해석하라고 강요한다. 그리하여 우리는 진리를 인식하고자 하는 우리의 자발적인 의지에 의해서가 아니라, 기호의 강요에 의해 수동적으로 기호 안에 숨겨진 진리를 해독하기 시작한다.' 다시 말해 들뢰즈는 진리를 인식하고자 하는 우리의 사유는 기호가 우리

---

11) 질 들뢰즈, 서동욱·이충민 옮김, 『프루스트와 기호들』, 민음사, 2004, 9-10쪽.

의 심성을 자극하는 순간, 그 자극에 의해서 바로 그 기호에 대해 발생하는 우연적이고 필연적인 방식으로 가능한 것이다.

조판(組版)의 주체로서 '형상' 개념은 벤야민의 '말(言)'의 아우라와 밀접한 관련이 있어 보인다. 들뢰즈는 '그렇게 일깨워진 자연의 시선은 꿈을 꾸고, 그리고 시인으로 하여금 그 꿈을 쫓아오도록 끌어당긴다. 말들도 아우라를 지닐 수 있다'고 본다. 그리고 카를 크라우스가 '낱말'의 아우라를 이렇게 인용하고 있다. '한 낱말을 가까이 응시하면 할수록, 그 낱말은 그만큼 더 멀리서 뒤돌아본다'라고. 무의지적 기억의 자료들이 그에 상응함으로써 무의지적 기억의 자료들은 '먼 곳의 일회적 나타남'을 내포하는 아우라 개념을 뒷받침한다.[12]

> 오늘 저녁 이 좁다란 방의 흰 바람벽에
> 어쩐지 쓸쓸한 것만이 오고 간다
> 이 흰 바람벽에
> 희미한 십오촉+五燭 전등이 지치운 불빛을 내어던지고
> 때글은 다 낡은 무명샤쯔가 어두운 그림자를 쉬이고
> 그리고 또 달디단 따끈한 감주나 한잔 먹고 싶다고 생각하는 내 가지가지 외로운 생각이 헤매인다
> 그런데 이것은 또 어인 일인가
> 이 흰 바람벽에
> 내 가난한 늙은 어머니가 있다
> 내 가난한 늙은 어머니가
> 이렇게 시퍼러둥둥하니 추운 날인데 차디찬 물에 손은 담그고 무이며 배추를 씻고 있다
> 또 내 사랑하는 사람이 있다
> 내 사랑하는 어여쁜 사람이
> 어늬 먼 앞대 조용한 개포가의 나지막한 집에서

---

12) 발터 벤야민 지음, 김영옥·황현산 옮김, 앞의 책, 240-241쪽.

그의 지아비와 마조 앉어 대구국을 끓여놓고 저녁을 먹는다
　　벌써 어린것도 생겨서 옆에 끼고 저녁을 먹는다
　　그런데 또 이즈막하야 어늬 사이엔가
　　이 흰 바람벽엔
　　내 쓸쓸한 얼골을 쳐다보며
　　이러한 글자들이 지나간다
　　— 나는 이 세상에서 가난하고 외롭고 높고 쓸쓸하니 살어가도록 태어났다
　　그리고 이 세상을 살어가는데
　　내 가슴은 너무도 많이 뜨거운 것으로 호젓한 것으로 사랑으로 슬픔으로 가득찬다
　　그리고 이번에는 나를 위로하는 듯이 나를 울력하는 듯이
　　눈질을 하며 주먹질을 하며 이런 글자들이 지나간다
　　— 하눌이 이 세상을 내일 적에 그가 가장 귀해하고 사랑하는 것들은 모두
　　가난하고 외롭고 높고 쓸쓸하니 그리고 언제나 넘치는 사랑과 슬픔 속에 살도록 만드신 것이다
　　초생달과 바구지꽃과 짝새와 당나귀가 그러하듯이
　　그리고 또 '프랑시쓰 쨈'과 도연명陶淵明과 '라이넬 마리아 릴케'가 그러하듯이
　　　　　　　　　　　　　　—「흰 바람벽이 있어」(『문장』, 1941.4)

　시「흰 바람벽이 있어」13)는 흔히 시인이 가족과 멀리 떨어져 혼자 기거하면서 떠오른 여러 상념들을 진술하는 방식으로 이해된다. '흰 바람벽'으로 좁고 쓸쓸한 이미지가 감각적으로 드러나고, 고독 속에 놓인 시인이 그 '흰 바람벽'을 통해 '어머니'의 영상을 시작으로 애틋한 것들의 영상을 바라보는 내적 구조로 설명된다. 종국에는 차분히 자신의 생을 응시하는 내면적 독백의 시인이 스크린 자막처럼 객관화되어 나타나고, 자연물과 인물들의 나열을 통해 더욱 맑고 투명한 언어로 진실한 감동을 준다고 한다.14)
　하지만 시인의 시선은 애시당초 '흰 바람벽'의 '글자'를 바라보면서 그 사물

---

13) 이동순·김문주·최동호 엮음, 앞의 책, 165-166쪽.
14) 고형진, 『백석 시 바로읽기』, 현대문학, 2018, 376쪽.

의 이야기에 대해 경청하는 수동적인 태도를 취하고 있다. 일반의 시가 확고한 주체로서 화자를 설정하고, 시 세계 전반을 그 주체적 화자의 주관화로 내적 질서를 진술해나가는 구조로 이해되지만, 백석의 시에서는 화자가 주관적 감정인 '외로운 생각'마저도 '헤매이'는 비주체적인 위치에 두고 있다는 것은 주목할 만한 부분이다. 이는 백석의 사유가 들뢰즈가 말하는 '형상과 더불어 사유하는' 방식에 근접하고 있고, '흰 바람벽'의 유령 속에서 그러한 형상이 복잡하게 엉킨 글자들을 자발적으로 조판(組版)하고 있는 것으로 보인다. 이 시에 대한 여타의 일반적인 진술과는 달리, 시인은 마치 스크린을 닮은 '흰 바람벽'과 우연히 그리고 필연적으로 조응함으로써, 무의지적 기억으로 재현된 '초생달과 바구지꽃과 짝새와 당나귀가 그러하듯이/ 그리고 또 프랑시쓰 쨈과 도연명陶淵明과 라이넬 마리아 릴케'가 그러하듯이, 현재의 '가난하고 외롭고 높고 쓸쓸'한 현실 속 자신을, '하눌' 존재로부터 '가장 귀해하고 사랑'받는 존재로 형상화함으로써 진실한 위안을 받는 것이다.

3. 유령으로 사유하는 것

글읽기의 즐거움과 묘미를 주는 비평의 대표적인 전형은 김현의 비평이다. 김현의 비평의 강점은 다른 데 있는 게 아니라, 비평도 즐거운 글읽기의 한 방식이라는 인식을 자신의 비평적 글쓰기 자체를 통하여 심어준 데 있다고 한다.[15]

문학 비평에서 글읽기의 즐거움과 묘미를 줄 만한 것은 어떤 것일까. 이 글에서 다룬 유령이라는 존재 불가능한 것에 대한 오래된 관심은 그간 수많은

---

15) 고현철, 『비평의 줏대와 잣대』, 새미, 2001, 102쪽.

작가와 독자, 그리고 비평가들의 필수적인 요식거리였음을 말해준다. 유령을 기괴하고 요상한 현상이나 인식의 대상으로 단순하게 개념 짓기보다는 어떤 지배적인 질서의 시대에서든 구조화되고 균질화되어 있는 강력한 힘의 논리체계를 균열시키고 비동일화 하는 개념으로 활용하여 왔음을 앞서 살펴보았다.

근대의 유령의 의미를 고민하면서 벤야민의 '아우라' 개념과 유사한 의미로 '교감', '만물조응(萬物照應)', '흔적', '형상' 등을 접목하여 살피려 노력했지만, 지면의 한계로 명확한 논의에 이르지 못한 한계가 있었음을 부정할 수 없다. 다만 1930년대 한국 시문학에서 백석의 시를 이러한 관점에서 적용, 해설하려는 노력은 차후 다른 지면을 통해서 보다 구체화 시켜 나갈 것이다.

오늘날 현대 사회는 지배적인 질서와 균열의 움직임이 혼재되어 있는 시대이다. 현대인들은 소외와 슬픔을 쉽사리 말하며 주체의 소멸에 대한 우려를 일상적인 현상으로 무뎌지게 받아들이고 있다. 자본주의 시대에서 자본의 논리와 결탁되어 있는 수많은 부당한 강압적인 체계나 구조, 그리고 타자가 여전히 완강한 폭력으로 현실을 굴절시키고 있다. 유령은 사회문화 속에서 이러한 시대 의식을 의심하고 제대로 응시할 수 있는 방편으로 읽힐 수 있으며, 또한 문학 속에서 반복적으로 재현되고 있는 개념으로 작용하여 현실과 이상, 인간과 자연, 주체와 객체의 관계 의미를 보다 여실히 보여줄 수 있는, 영원히 존재하지 않는 존재로서 위치하고 있다.

백석 시(詩)의 '바깥'에서 '밝음'으로

1. 모리스 블랑쇼의 바깥과 시

모리스 블랑쇼는 1907년 프랑스 켕에서 출생하여 2003년 이블린에서 사망하였는데, 그의 삶은 대부분 은둔의 삶으로 조명할 수 있다. 알려진 바로 젊은 시절 몇 년간 저널리스트로 활동한 것 이외에는 평생 모든 공식 활동을 금한 채로 글쓰기에만 전념하였다. 그는 작가이자 사상가로서 철학·문학비평·소설의 영역에서 많은 글을 썼으며, 특히 전위적인 문학의 흐름에 대한 독창적인 성찰과 존재의 한계·부재에 대한 급진적 사유를 여러 사상가들에게 설파하였다.

블랑쇼에게 있어 시인은 추방된 존재이다. 시인은 도시에서, 규칙적이고 제한적인 것들로부터, 인식적인 현실과 능력으로부터 추방되었다. 그가 읊조리는 목소리는 경계의 바깥에서, 혹은 자신의 근원적 고향 바깥에서 머물거나 이방인으로 무한한 공간을 배회하면서 숨김이 지배하는 곳에서 존립하게 되면서 추방을 맛보게 된다.

블랑쇼는 르네 샤르가 "위험이 너의 밝음이라면"이라고 적을 때나, 조르주 바타유가 "시의 부재는 운(運)의 부재이다"라고 말할 때, 횔덜린의 목소리를 빌려 시(詩)의 '밝음'을 말한다. 이곳저곳을, 장소가 없이 떠도는 시인들이 방황의 불행을 하는 동안 그들의 시는 풍요로운 이주를 만들고 무언가를 매개하는 움직임이 되어, 공허의 시간과 공허의 공간을 재구축한다. 그리고 시인은 아무것도 긍정되지 않는 단지 불안정한 위치에 불과한 외현을 작품으로 매개한다. 어둠으로부터 빛을 끄집어내는 시는 무엇보다 관계를 허용하지 않는 것과의 관계를, 진리가 결핍되어 있는 그 극단의 지점에서의 만남을 이끈다. 그리고 그 심연에 가닿는 경험은 시가 가지는 근원적 경험일 수 있으나, 그 바깥에서 우리는 결코 죽지 않는다. 다만 시가 들려주는 대로 우리는 "그 누구가 죽고", 그 누구로서 언제나 자신과 다른 사람으로, 중성의 차원에서, 영원한 비인칭의 죽음으로 바깥을 대면하게 된다. 그리하여 시는 과거의 공허와 미래의 공허가 진정한 현전이 되는 순수한 말이고, 밝아 오는 낮의 의문을 품은 고독의 궁핍함이며, 언제나 시작을 예고하는 예언적 고립으로, 그 속에 질문을 열어 놓는 그 무엇으로 전복을 꿈꾼다.

절망의 제국 하늘 아래 백석이 맞이하는 세상은 어떤 것이었을까? 블랑쇼가 사유한 시인이라는 존재와 그 목소리로 들려주는 시가, 백석이 북방으로 방황하는 행보 끝에 생성해낸 것들과 닮아 있을 거라는 생각으로, 이 글에서 고찰해보고자 한다.

> 높은 시름이 잇고 놉흔 슬픔이 있는 혼은 복된 것이 아니겟습니까. 진실로 인생을 사랑하고 생명을 아끼는 마음이라면 어서케 슬프고 시름차지 아니하겟습니까. 시인은 슬픈 사람입니다. 세상의 온갓 슬프지 안흔 것에 슬퍼할 줄 아는 혼입니다. "외로운 것을 즐기는" 마음도, 세상 더러운 속중俗衆을 보고 "친구여"하고 불으는 것도, "태양을 둥진 거리를 다 떨어진 병정 구두를 끌고 휘파람을 불며 지나가는" 마음도 다 슬픈 정신입니다. 이러케 진실로 슬픈 정신에게야 속된 세상에 그득찬 근심과 수고가 그 무엇이겟습니까. <u>시인은 진실로 슬프고 근심스럽고 괴로운 탓에 이 가운데서 즐거움이 그 마음을 왕래하는 것입니다.</u>
> ―「슬픔과 진실-여수 박팔양 씨 시초 독후감」의 일부. 밑줄은 인용자의 것.

백석이 여수 박팔양의 시집 『麗水詩抄』를 ≪만선일보≫(1940.5.9.~10.)에 소개하면서 쓴 글이다. 이곳에서 백석은 박팔양의 시를 해설하면서 어느 정도 자신의 시관을 서술하고 있기에, 백석 시들 중 이 무렵의 시를 해석하는 데 중요한 단초가 된다.

당시 백석은 1939년부터 우리나라를 떠나 신찡(新京, 현재 지명 長春)에 거주하면서 만주국 국무원 경제부에서 잠시 근무한 바 있는데, 윗글 또한 경제부 근무 시절에 쓴 글이다. 따라서 이 글에서 관심을 갖고자 하는 백석의 시편들은 대략 1939년부터 우리나라의 '바깥'으로 나가 쓴 '북방北方에서-정현웅鄭玄雄에게'(『문장』, 1940.7.)와 '조당澡堂에서'(『인문평론』, 1941.4.)처럼 소위 '북방정서'류로 일컬어지는 작품 두 편으로 소략하게나마 그 단초를 구체화해보고자 한다.

일단 윗글에서 두 가지 정도 백석의 시관을 추출할 수 있겠는데, 첫째, 시인은 세상의 슬픔에 예민하게 반응하는 혼이다. 둘째, 시인은 슬픔과 즐거움을 왕래하는 존재이다. 이러한 시인이 구토해내는 시에는 거대 서사의 세계 질서에 반목하면서도, 바깥의 경계로 소외된 존재들에 대한 관계와 불안정한 위치가 시의 언어로 담겨지게 된다. 그 어느 시기보다 "그득한 근심과 수고"의 세상 속에서, 시인 백석은 "이 가운데서 즐거움이 그 마음을 왕래하는 것"으로 자신만의 시 세계를 구축하였다.

2. 백석 시와 '밝음'

백석의 시에 대해 상당수 연구자들은 '슬픔'을 지배적 정서로 이야기한다.

백석 시의 정서 노출에 대한 이러한 이해는 해금 이후 본격화된 논의에서 한결같이 확인된다. 이숭원은 『시슴』에서 "정서의 내용은 흐뭇함이라든가 흥겨움 등의 긍정적인 것도 있으나 대부분은 쓸쓸함, 슬픔, 두려움 등"임을 지적하고, 백석 시의 기본정조를 고향 상실로 파악한 바 있다. 김영민 역시 백석 시의 기본이 되는 정서 혹은 정조를 '외로움'으로 보고, 이것이 이내 "슬픔과 서러움으로 이어진다"고 언급하였으며, 김재홍은 백석 시의 특징으로 "한국적인 비극적 세계관 또는 체념과 달관의 미학을 보여준다"는 점을 짚어내었다.
　　―김영범, 「백석 시에 나타난 '슬픔'의 의미」, 『한국문학이론과 비평』 제40집(12권 3호), 한국문학이론과 비평학회, 2008, 252쪽 인용.

　인용글 이외에도 백석 시에 사용된 감정 형용사들 중에서 '외롭다'와 '쓸쓸하다'를 묶고, '슬프다'와 '서럽다'를 비슷한 의미 관계로, 표면적이고 편의적인 분류로 처리하여 백석 시에 '슬픔'을 덧보태는 연구가 주류를 이루고 있다. 이 글에서는 백석의 '슬픔'을 다른 방식으로 살펴보려 한다.

　　그 동안 돌비는 깨어지고 많은 은금보화는 땅에 묻히고 가마귀도 긴 족보를 <u>이루었는데</u>
　　이리하여 또 한 아득한 새 넷날이 비롯하는 때
　　이제는 참으로 이기지 못할 슬픔과 시름에 쫓겨
　　나는 나의 넷 한울로 땅으로―나의 태반胎盤으로 <u>돌아왔으나</u>

　　이미 해는 늙고 달은 파리하고 바람은 미치고 보래구름만 혼자 넋 없이 <u>떠도는데</u>

　　아, 나의 조상은 형제는 일가친척은 정다운 이웃은 그리운 것은 사랑하는 것은 우러르는 것은 나의 자랑은 나의 힘은 없다 바람과 물과 세월과 같이 지나가고 없다
　　　　―「북방北方에서―정현웅鄭玄雄에게」의 일부. 밑줄은 인용자의 것.

　　이리하야 어쩐지 내 마음은 갑자기 반가워지나
　　그러나 나는 조금 무서웁고 외로워진다
　　<u>그런데 참으로 그 은殷이며 상商이며 월越이며 위衛며 진晉이며 하는 나라 사람들의</u>

이 후손들은
얼마나 마음이 한가하고 게으른가
더운물에 몸을 불키거나 때를 밀거나 하는 것도 잊어버리고
제 배꼽을 들여다보거나 남이 낯을 쳐다보거나 하는 것인데
이러면서 그 무슨 제비의 춤이라는 연소탕燕巢湯이 맛도 있는 것과
또 어늬바루 새악시가 곱기도 한 것 같은 것을 생각하는 것일 것인데
나는 이렇게 한가하고 게으르고 그러면서 목숨이라든가 인생이라든가 하는 것을 정말 사랑할 줄 아는
그 오래고 깊은 마음들이 참으로 좋고 우러러진다
―「조당澡堂에서」의 일부. 밑줄은 인용자의 것.

첫 번째 시, 「북방北方에서―정현웅鄭玄雄에게」는 시적 주체가 '북방'이라는 역사적·시원적 공간을 떠나갔다가 회귀한 후, '없음'의 주관식 인식에 도달하기까지의 여정을 그리고 있다. 1연부터 3연까지 시적 주체는 "나는 떠났다", "나는 (…) 기억한다", "나는 나의 부끄러움을 알지 못했다"와 같은 통사구조의 반복적 사용으로 '나'는 명확한 인식의 주체로 자리매김하고 있다. 그러나 인용문과 같이 4연와 5연에 걸쳐 "이루었는데", "돌아왔으나", "떠도는데"와 같이 인식의 단절과 머뭇거림으로 인해 비극적 상황의 인식이 지연·지속되는 효과가 생겨나고 있다. 따라서 표면적으로 제시되어 있는 "슬픔과 시름"의 깊이는 더욱 심화되고 시적 주체는 마지막 6연에서 그에 대한 반작용처럼 "나의 조상, 형제, 일가친척, 정다운 이웃, 그리운 것, 사랑하는 것, 우러르는 것, 나의 자랑, 나의 힘"과 같은 '밝음'의 이미지들을 연이어 떠올려내고 있는 것이다. 비록 그러한 '밝음'의 이미지가 '없음'을 현시하고 있으나, 역설적이게도 기억 저 너머로부터 소환될 수 있는 모든 것들은 재현 가능한 것이 된다. '재생 가능한' 다만 지금은 '불확정적인' 것일 뿐 그 '없음'의 대상들을 간절하게 인식하고 있는 구절로 보아, "이 가운데서 즐거움이 그

마음을 왕래하는 것"으로 바라볼 여지도 있겠다.

그리고 두 번째 시, 「조당澡堂에서」는 시적 주체가 "한 물통 안에"서 만난 서로 나라가 다른 사람들에 대한 관찰과 사색의 심연을 담아내고 있다. 이질적인 외현을 읊조리면서 촉발된 "쓸쓸한" 그리고 "슬퍼지는" 감정들이 "한가하고 게으른" 동질적인 마음으로 귀결되는 양상으로 끝맺으면서, 한결 여유로운 "우스"움을 만들어낸다. 시적 주체의 "지나支那나라 사람들"에 대한 인식은 불유쾌한 외모의 부분적인 묘사를 벗어나서, "도연명陶淵明"이나 "양자陽子"와 같은 인격체로서의 "지나支那나라 사람들"을 떠올리는데 이르러 반가움까지 형성하기에 만든다. 그리고 후반부에서는 인용 부분의 밑줄처럼 시적 대상에 대한 내면까지 시적 주체가 마음대로 상상하여 '웅얼거림'으로써, "참으로 좋"은 마음이 촉발된다. 블랑쇼에 따르면, 그 '웅얼거림'으로 언어가 열리고, 이미지가 되고, 말하는 깊이가 되고, 공허라는 어둑한 충만이 역설적으로 형성된다고 한다. 백석은 우리나라를 벗어난 이역의 공간에서 마주한 이방인과 목욕을 하면서, 침묵하는 '나' 안에서 중단되지 않은 '긍정'을 만들어가는 '나'를 발견하게 된다. 규정할 수 없고 정제되지 않은 대상들에 대한 사고와 쉴 새 없이 중얼거리는 내면의 무수한 '동요'는 결국 북방의 백석에게 있어 가장 공허한 공간의, 가장 공허한 사람들 틈에서 "오래고 깊은 마음"의 '밝음'이 되는 것이다.

미메시스 그물망 속의 서정시

1. 미메시스와 시작(詩作)

　철학적 미학 전통에서 플라톤이 언급한 '미메시스'는 보통 '모방'의 의미로 제한되어 창작의 반대편에서 호도되는 경우를 자주 접할 수 있다. 하지만 언어사학자들의 연구에 따르면 5세기에는 미메시스가 오늘날과 달리 미학외적인 의미와 보다 밀접한 관련이 있는 것으로 설명된다.

　콜러(H. Koller)에 따르면, '미메시스'라는 용어는 문헌상 본래 무용의 맥락에서 사용되었고, 디오니소스 제전에 기원을 두고 있었기에, '소리와 제스처를 통한 재현이나 표현'의 의미로 사용되었다고 한다. 그리고 엘스(G. F. Else)는 '미메시스'를 'Mimeisthai' 그룹에 속하는 단어들로 보면서 기원전 5세기에 그 사용된 의미를 세 가지로 나누어 추측한다. 첫째, 말이나 노래, 무용을 통해 동물이나 인간의 모습과 행동을 직접 재현하는 '흉내내기(miming)'로, 둘째, 어떤 사람의 행동을 모방하는 일반적인 의미에서의 '모방(imitation)'으로, 그리고 셋째 물질적인 형태로 사람이나 사물의 모습을 '복제하는 것(replication)'으로 구분하여 살피고 있다. 또 타타르키비츠(W. Tatarkiewicz)도 '미메시스'가 디오니소스 제전과 관련하여 사제가 수행하는 숭배 행위, 즉 무용이나 음악과 관련되어 사용되었을 뿐, 시각예술에는 적용되지 않았다고 본다. 따라서 미메시스는 오늘날처럼 외적 현실을 재생산한다는 의미가 아니라, 본디 내적 현실을 표현하고자 하는 의지적인 표출욕구와의 긴밀성이 더욱 중요하게 작동하고 있었다.[1]

이처럼 '미메시스'를 본원적 의미로 살펴보면, 단순히 외적인 것을 모방하거나 재현하고자 하는 의미보다는 자기 내면의 것을 표현하고자 하는 추상적 의미와, 제의와 숭배행위와의 관련성에 기반한 초월적 의미의 '미메시스'가 그 원초적 토양에서 발아하였음을 알 수 있다. 즉 기원전 5세기에는 미메시스가 주로 미학외적인 맥락에서 주요하게 사용되었고, 미학적 맥락에서 미메시스를 예술의 고유성으로 설명하거나, 모방의 제한된 의미로 이해하기 시작한 것도 사실상 플라톤과 아리스토텔레스의 언급 이후에서부터였음을 짐작할 수 있다.

플라톤은 예술의 미학적 개념으로 미메시스를 규정하면서 그 중심적 의미를 '모방'으로 보고 있다. 현실 세계의 사물이 이데아를 모방한 것이라면, 예술은 그러한 사물을 모방하는 것에 지나지 않기에 불완전성이 보다 가중된 것이면서, 본질을 살피지 못하고 단지 '보이는 대로' 모방하기에 헛된 기만까지 축첩된 존재로 보여진다. 하지만 게바우어(G. Gebauer)와 볼프(C. Wulf)는 회화와 시가 이데아를 모방할 수 없고 그 이미지만을 만들어낸다는 기존의 부정적인 해석을 달리 보면서, '미메시스'를 이미지를 생산하는 예술만의 독립된 영역의 토대 형성으로 읽을 수 있다고 말한다. 따라서 아리스토텔레스에 이르러 미메시스는 더 이상 외적 세계의 충실한 모사를 의미하지 않으며, 동시에 이미지나 플롯을 창조한다는 보다 확장된 의미로 변용되고 있다. 이러한 관점에서 예술은 개별적인 것 속에서 보편적인 것이 드러나도록 모방하

---

1) 원준식, 「아도르노의 미메시스론 연구」, 홍익대학교 대학원 미학과 박사학위논문, 2006.

는 것을 의미하고, 이때 시가 보편적인 것을 말할 수 있는 것은 그것이 일어났던 일이 아니라 일어날 수 있는 일, 즉 개연성과 필연성의 법칙에 따라 가능한 것으로 이야기될 수 있다.

아리스토텔레스는 "시인은 모방을 하기 때문에 시인이고 그가 모방하는 것이 행동인 이상, 그는 운율보다는 플롯의 창작자가 되어야 한다."고 말한다. 이는 실제로 일어난 일을 소재로 창작을 하는 순간에도 새로운 플롯을 만들어내는 작업이 필요하며, 이 과제를 수행하는 과정을 통해서야 비로소 보편적인 것이 말해질 수 있는 토대가 형성될 수 있음을 강조한 것이다. 그러하기에 시인은 '가능한 개연성'이 없는 시보다, '불가능한 개연성'이 있는 시 작업에 몰두하여 창조적 고심(苦心)의 시작(詩作)에 충실할 이유가 마련된 바, 더 이상 불가능한 복제의 필기구를 내려놓고 비가시적인 영역에 대한 자기기만의 오랜 검열에서도 벗어날 수 있겠다.

2. 아도르노의 미메시스와 시적(詩的) 의식

아도르노(Th. W. Adorno)는 아직 근대적 의미의 '주체'가 형성되지도 않은 선사시대 인간의 고유한 행동양식에서부터 미메시스의 의미를 탐색한다. 문명의 세례를 받은 지성인의 출현과 더불어 물질과 정신 사이의 신묘한 공백은 정신분석학의 발굴 정신으로 비로소 납득가능하게 되었다. 이처럼 이성적 주체의 실선(實線)이 근대시기가 되어서야 마련되었기에, 선사시대를 추적한 아도르노의 사유는 통상적 근대 서정양식의 개념으로 굳어진 '세계의 자아화'에 역사적인 의문을 던지는 분기점을 마련한 셈이다.

서구 낭만주의 미학은 객관적 존재 대상에 대한 탐구와 그 대상에 대한 은유적 욕망이, '주체'를 바탕으로 한 세계의 동일화라는 서정시의 미적 토대를 형성했다. 근대적 이성으로 점철된 서정적 '자아'는 언어기호(기표)와 사물의 본질(기의)를 일치시키려는 언어학적 기제를 활용하여, '대상에 대한 주체 중심적인 발화'나 '서정적 자아에 의해 포획된 세계'를 강조하는 자이들러[2]의 말처럼, 서정시의 표현론적 접근에서 강력한 힘을 행사하고 있다.

그런데 서정시의 이 은유적 욕망의 구체적인 실현방식과 밀접히 닮아있는 미메시스가, '주체'가 형성되기도 이전의 시대에 이미 존재했다는 사실은 기존 서정시 개념을 재고찰, 재정의 할 필요성을 제시한다. 즉 폭력성으로 읽히는 '세계의 자아화'에서 주체를 빼놓고 생각해야 하는 시적 공백 기간이 발생하는 문제점이 드러나는 것이다. 오늘날처럼 확고한 근대적 주체가 없던 선사 시대의 제천 의식 속에서 시라는 예술은 어떤 기원적 특징으로 존재할 수 있었을까.

아도르노가 말하는 미메시스로 살피건대, 더 이상 객체를 주체에 일방향적으로 동일화하려는 동일성의 사유만으로 해석하는 것은 수용불가한 시대가 되었다. 원시시대는 주술적 대상이 대자연이었던 대타자의 시기였다. 그 절대적인 존재 앞에 '스스로를 그 어떤 것에 동화시키려는 것', 즉 주체를 객체에 동일화하려는 미메시스 존재 방식은 당연한 순리였다. 그러나 이러한 타자에 대한 태도가 근대 시기로 들어서는 순간부터 주체중심적인 사고방식으로 탈바꿈하게 되었다. 이후 자연에 대한 무분별한 개발과 파괴 원리로, 그리고 타인에 대한 이기적인 자기중심성으로 무장한 인간 사회는 극심한 혼돈과 고립감에 직면하게 되었다. 이것은 현대 과학문명이 이룩한 역사적·문화적 업적이 내포하고 있는 인간과 자연의 대립과 폭력관계가, 원초적으로 주체와 객체 관계에서 기원한 것이 결단코 아님을 반증함과 동시에, 대상(객체)으로

---

[2] 최승호, 『서정시와 미메시스』, 역락, 2006, 233쪽.

서의 대자연에 순응하고 그것을 '따라하는' 것이 지극히 자연스러운 인간의 오래전 습성이었음을 반성·기억하게 한다.

아도르노에게 있어서, '도구적 이성(理性)'이란 단순히 이성의 도구적 사용을 지칭하는 것이 아니라, 반성의 계기를 상실하고 오직 자기보존과 지배의 도구로만 기능하는 이성에 붙여진 불편한 명령이다. 즉 이성이 더 이상이 그 자체로 본질이 되지 못하고, 단지 '살아남기 위해서'라는 도구로 전락해버리는 순간, 특별히 생(生)의 수월함을 소유한 전문적 개인 혹은 전문적 집단 계층에게만 합리적인 목소리를 실어주는 불행이 시작되는 것이다. 결국 자연에 대한 도구적 지배와 함께, 더욱 강화된 이성적·합리적 문명의 강제와 야만 사태를 초래하는 결과가 적층되고 있다. 본래적 가치의 탐색을 통한 새로운 삶의 방향과 목적에 대한 반성과 전환 모색 노력 없이, 근대를 지난 오늘의 사람들에게 여전히 무의미한 고독의 항해만이 지속되고 있고, 앞으로의 내일도 남겨져 있다.

시인은 어떤 사람인가. 시인은 지금의 사태에 집중하는 사람이다. 그 사태에 놓인 타자들에게 관심을 갖는 사람이지, 역사가나 역사이론가가 결코 아니다. 몇 권의 책으로는 정리될 수 없는 삶의 진실 앞에 마주선 자이다. 그러기에 평범한 그에게서 객관적인 사실이나 지식의 산(山)을 쌓은 거시적 안목을 지닌 자의 준엄한 목청을 기대해서도 안 된다. 다만 그들에게서 얻을 수 있는 유일한 것은 상처받은 이에게 주목하는 시선과 즉금(卽今)의 사태 앞에서 타자에게로 옮아가버린 윤리적 마음을 듣는 것이다. 선동의 메시지로 들떠있는지 의심해야 하는 것은, 오롯이 비평가나 지식 산(山)의 주인 몫이다. 어느 낮고 무거운 시대의 목소리처럼 시인의 야윈 입을 필시 다물게 하고야 말겠다는 가벼운(?) 압력은, 사통팔달(四通八達) 열린 귀를 가진 듯하지만 정작은 부은 입으로 홀로 돌아앉지도 못하는 장승마냥, 지극한 자기오해에서 쉴 새

없이 쏟아져 나오는 거침없는 기침 같은 것은 아닐까. 시인의, 타자의 '비상사태'에 대한 주관적인 감정 표현이 승리자와 지배자들의 역사가 이루는 서사성과 짝을 이룬다면 어느 죽비로든 달게 받아야 할 시적 오만이자 비겁한 순응이겠지만, 저절로 도래하지 않을 혁명적 순간과 즉금(卽今)의 통분 앞의 간절한 외침으로 도리어 '정신의 깨어 있음'을 반영하는 것이라면 비록 미학적 아쉬움은 남더라도 그 시는 살아있는 것이 아닌가.3)

오늘날 현실은 맹종이나 자기도취에 휘말린 자들의 준엄한 목소리나, 시의적 급박함으로 타자 이외에 어느 곳에도 눈 돌릴 겨를이 없어 보이는 주관적 목소리가 그 저지선 위에서 양립 불가한 사태로 양립하고 있다. 오히려 그 극(極)들이 맞닿지 않은 곳이 있기나 할까 싶게 곳곳에서 마찰음들이 심각하게 들려오는 시대이다. 어쩌면 자연의 근원적 힘인 자력(磁力)이 제 한 몸에 양극(兩極)을 영원히 지녀야 하는 태생적 모순에 놓인 것과 마찬가지로, 그 크기와 모양만 다를 뿐 사람 사는 세상사 또한 모순된 힘의 역학 속에서 도무지 헤쳐 나올 길이 없어 보인다.

3. 리얼리스트와 미메시스가 사는 곳

역사는 사실(史實)인가. 개개의 사연들이 정련되고 단호한 하나의 역사로 기록되기까지 얼마나 뭉그러뜨려지고 바스러져서 갈음질되어야 하고, 그

---

3) 이 글은 최근 논란이 된 서평(전성욱,「무엇이 진보인가」,≪작가와사회≫, 2017년 가을호, 248-255쪽)에 대한 의견이다. 서평의 내용은 김요아킴 시인의 시집『그녀의 시모노세끼항』(황금알, 2017)에 대해서 한 진보 비평가가 진보의 개념과 시인의 시작(詩作) 태도를 논평한 것인데, 그것이 단순히 고루한 입장으로 잊히지 않게 하기 위해 "진솔한 우정의 뜻"으로 의견을 보태고자 한다. 그리고 이 글의 몇몇 낱말들은 벤야민 연구자의 책(최성만 지음,『발터 벤야민 기억의 정치학』, 길, 2015, 388쪽) 내용을 참고하여 본인의 의견으로 재구성하여 활용하였다.

사연을 둘러싸고 한자리에 마주앉기까지 얼마나 많은 분노와 체념, 납득과 수긍의 떡메질이 반복되어야 마침내 사실(寫實)이 될 수 있지 않던가. 이렇기에 역사는 언제나 한 걸음 뒤쳐져서 처연히 뒤따라오거나, 연기처럼 흩어져서 한 손 인절미로 거듭나는 데까지 맛도 향기도 없이 오래도록 무뎌지는 간절함이 돼버리곤 한다. 그리고 '상흔을 간직한 자들'의 기억과 변두리에 자생하는 지성적 성찰과 숙고의 재연(再演)이 무한히 반복되어야만 마침내 '공제(控除)의 역사'가 도래하는 것이다. 오래도록 낡고 닳아져서 온몸으로 감촉하기 도무지 어려운 역사는 선별되면서 동시에 박제되고 전시된다. 사람들의 삶은 속절없이 지속되지만 역사는 도저(到底)하여 한참동안 도래하지 못하는 것이다. 정련되고 단호한 한 역사의 기록으로 남기까지 하염없는 시간과 반성의 축적이 있어야만 그 (비)가시적 깊이의 울림에 진실로 근접할 수 있다는 마땅함이, 당면한 현 '비상사태'의 강렬한 울림을 무력화하는 데 의도치 않게 일조해 버린다면, 그러한 역사가 만들어낸 '발효되고 농후한 목소리'는 보다 긴 글에게 그 자리를 내어주고, 시인은 오롯이 즉금의 살아있는 격정을 선택할 수도 있어야 한다. 이런 시인에게 참신한 메타포나 미세한 묘사의 발굴 작업은 그 얼마나 부질없고 더딘 감각으로 여겨질 것인가.

 칠레의 민중 시인이자 저항시인인 파블로 네루다(Pablo Neruda)는 시가 대중과 소통하는 광장의 언어이자 선동의 언어가 되기를 바랐고, 나아가 '혁명의 언어'로써 힘을 가지기를 소망했다. 네루다는 "거리나 시장에서 주워온 말로 시를 쓴다."고 하면서 구어체, 일상성, 호소력을 그의 시에 담고자 노력하였다.[4]

 리얼리스트가 아닌 시인은 죽은 시인이다. 그러나 리얼리스트에 불과한 시인도 죽은

---

4) 오정국, 『현대시 창작시론』, 문학의전당, 2016, 245-246쪽.

시인이다. 비합리주의적인 시인은 자기와 자기를 사랑하는 사람만 이해할 수 있는데, 참으로 한심한 일이다. 오로지 합리주의만을 추구하는 시인은 바보라도 이해할 수 있는데, 이 또한 한심한 일이다. 이런 방정식은 정답이 있는 것도 아니며 하느님이나 악마가 제시한 해법도 없다. 합리와 비합리라는 양극단은 시 내부에서 부단히 다투고 있으며 한번은 이쪽이 승리하고 다음번에는 저쪽이 승리한다. 하지만 시 자체는 결코 패하는 법이 없다.

그는 시와 리얼리즘의 관계에 대해 이와 같이 언급하면서 외부 현실과 개인 내면 사이의 양극단을 오가는 시작(詩作) 활동을 강조하고 있다. "합리와 비합리"의 양극단이 자생하는 곳은 어디까지나 시인의 가슴팍 안이어야 하며, 그곳에서는 절대적인 승리와 패배가 없이 시인의 시심(詩心)의 불패만이 존재한다. 네루다는 다른 글에 덧붙여 "탁월한 시인이 되려면 자신이 추구하는 방향을 고수하고 자연, 문화, 사회생활에 대한 지나친 관심을 통제하는 것이 매우 중요하다."며 "시인이 가슴에서 들끓는 분노나 애정을 노래하지 못한다면 이 얼마나 한심한 일인가!"라고 역설하고 있다. 이렇듯 시인의 가슴팍에서 발아한 시가 외부의 그 무엇에도 흔들리지 않고 시인의 감정을 담아서 광장의 언어로 재현될 때, 즉금의 불합리한 세계에 대한 윤리의 첫발이 되는 것은 아닐까.

잎이 피기도 전에
꽃봉오리는 떨어졌다

수상한 계절,
깊은 안개와
방향을 가늠키 힘든 바람이
때 이른 음모처럼 습격한다

저 스스로 물을 길어 올리며
한 점 한 점 단단한 살로
희망을 채워 나가던
사월의 그 하루가
몹시도 기울던 날

이를 막아줄 든든한 동아줄은
어디에도 없었다

얇은 습자지처럼 배어오는 공포와
턱밑까지 차오른 절망이

무수한 생채기를 내며
거대한 쇳덩어리 같은 무게로
순장되었다

새파래서 너무 슬픈
꽃봉오리들이 눈물처럼 흩어져있다

세월이 지독하게 잔인하다

―「세월이 잔인하다」 전문5)

평범한 어느 날이 잔인한 하루가 되는 순간이 있다. 누군가에게는 그 모든 "세월"을 대신하는 "사월의 그 하루"다. 침몰하는 거대한 쇳덩이와 함께 "순장"되어 버린, 꽃잎 하나 피워 올리지 못한 "꽃봉오리"는 이제 흩어지고 없다. 이 사태 앞에 "공포"와 "절망" 그리고 "슬픈" 감정의 노출은 역사적 사건 앞에서 한계점으로 지적될 소지가 있다. 제대로 검증된 시간과 컨텍스트적 재고(再考) 과정이 아직 미흡하기 때문에 혹은 시인의 거침없는 감정 표현으

---

5) 김요아킴, 『그녀의 시모노세끼항』, 황금알, 2017, 42-43쪽.

로 인해 사실적인 미적 형상화에 실패한 시로 치부될 수 있는 것이다. 그런데 가만히 재음미 해보면, 시인이 화려한 수식 어구와 리얼한 사태의 현장 묘사를 포기하고 선택한 것은, '남겨진 자'의 가슴팍으로 써내려간 사라진 '존재와 시간'의 시적(詩的) 발굴이다. 아무도 소멸의 그 당시 현장 속에 있을 수 없다. 재구 가능한 최첨단 장비들도 불구가 되어 작동이 멈춘 채 침몰한 존재와 시간만이 여전히 유령처럼 국회와 법정 곳곳으로 떠돌고 있다. 엄연히 사라진 현실 앞에 남겨진 자들의 회상의 기억들과 남겨진 자들의 피폐한 모습들은 이 시인에게 부질없는 상흔이다. 그들이 감내해야 하는 막대한 고통은 사라진 '존재와 시간'의 재현, 즉 미메시스일 뿐이어서, 그들이 인화해내는 모습들에는 사라진 원본의 아우라를 느낄 수 없다. 결국 그들이 보여주는 재현의 순간들은 남겨진 존재들의 프리즘을 통과한 사라진 '존재와 시간'에 대한 응답일 뿐이다. 그 응답에도 뼈에 사무치는 눈물이 있을 터이지만, 이 시 속에서 시인은 간접적으로 에둘러 읽혀져서는 결코 안 될 그 무언가를 쏟아내고 싶은 욕동(欲動)이 전율하고 있다. 그런 그에게 욕망과 충동을 잠재우고 '비상사태'를 객관화하여 간접적인 감동방식을 요청하는 것은, 진보라는 이름의 또 다른 보수로 읽히지 않을까. 행여 그런 방식마저 발화한 적이 없다면 '발화 없는 방식' 앞에 시인의 전율은 더욱더 답답하게 식혀질 뿐이다.

시인은 원(源) '존재와 시간' 어느 것도 대면할 수 없는 고통이 지독하다. "지독하게"라는 표현은 얼마나 주관적인가. 하지만 오히려 최소한의 컨텍스트를 연접하여 상상한다면, 이 지독함은 그 주변에 남겨진 자들의 지독함이며, 목도하기만 한 모든 눈뜬 자들의 지독함으로 읽혀질 부분이다. "세월"은 침몰한 선박 이름, 세월호를 의미하는 것에서 나아가 그 사라진 자들의 사라진 시간이며, 그리하여 영원히 사라진 오지 않을 그들의 세월이며, 그 지독함을 목도하기만 한 모든 눈뜬 자들의 잊힐 수 없는 세월이 된다. 결국 시적 대상은 가시적인 세계 밖의 시인의 상상력으로 환기되는 미메시스에 지나지 않지만, 그러한 시적 작업이 불러일으키는 것은 파울 클레의 '새로운 천사'6)를 연상하게 하는 '남겨진 우리 모두'의 현재 모습이다.

역사는 그 격렬했던 하루를 선명하게 다루지 않는다. 그래서 그 날의 기록을 오랫동안 보존할 수 있는 사진 영상처럼 남겨두기 위해서, 발화하기 어려운 무수한 것들이 덤성덤성 잊히고 바래지는 과정으로 객관화되고 산화된다. 그 날이 어느 누구의 입장에서도 발설될 수 있는 정제되고 균질화된 랑그의 언어로 덧입혀지는 순간이다. 그러나 평범한 사람들은 그들의 삶이, 그들의 평범한 하루가 더 이상 역사가 되지 않는다는 것을 잘 안다. 결코 도래하지 않는 그토록 '오래된 미래'의 어느 날을 위해 그들의 삶이, 그들의 평범한 하루가 지독하게 소독된 약품으로 가공되기 이전에, 누구나 오늘의 일기를 쓰고 싶어 한다. 무수한 메모로 남겨질 그 원천적인 생(生)의 충실한 기록이, 시인의 시작(詩作)을 통해 조금 덜 억지스럽거나 덜 부자연스럽게 받아들여지는 미메시스로 재현된다. 그리고 원(源) 사태를 재현해내는 시인의 개인적인 특성에 따라 재현 작품은 시인의 의식에서 발로한 새로운 가치를 덧입게 되고, 그 작품을 해독하는 독자는 또 다른 가치관의 접속으로 상호교섭하게 된다. 이러한 소통의 근원에는 교섭자 간의 미메시스적 공감능력이 항상 전제하고, 그 무한한 창의적 사고과정으로 말미암아 단순한 반복, 재현의 과정을 넘어선 초월적 상황과 능동적인 인식 태도가 동시적으로 작동한다.

---

6) 발터 벤야민은 그의 글, 「역사철학테제」의 9번 테제(반성완 편역, 『발터 벤야민의 문예이론』, 민음사, 2014, 348쪽)에서 파울 클레의 '새로운 천사' 그림을 해석하면서, 진보 개념에 대해 알레고리로 표현하고 있다. "이 폭풍은, 그(인용자, 역사의 천사)가 등을 돌리고 있는 미래쪽을 향하여 간단없이 그를 떠밀고 있으며, 반면 그의 앞에 쌓이는 잔해의 더미는 하늘까지 치솟고 있다. 우리가 진보라고 일컫는 것은 바로 이러한 폭풍을 두고 하는 말이다." 이 인용 부분에서 역사의 천사는 "폭풍처럼 세차게 불어오는" 진보라는 이름으로 진행되는 역사이다. 이 역사가 무엇인지를 보여주는 재현자의 모습으로 형상화되어 있는데, 결국 이러한 천사가 파괴된 역사적 사태 앞에 나약하게 목도하고 있는 '남겨진 자'들의 이면을 들추어 보여주는 것은 아닐까.

대부분의 시인은 역사의 어느 틈바구니에도 끼질 못한다. 그런 숙명 속에 있으면서도 푸념도 체념도 없이 묵묵히 제 길을 가며 주변을 돌아다본다. 역사 속 빛나는 시 한 편을 만들기 위해 끝없이 바스러지는 시 조각들을 모으는 무료하고 무의미한 미메시스 과정을 그들은 견딘다. 때로는 원판이 없거나 희미한 퍼즐 조각들을 한 편의 시로 양생해내는 재현 불가능한 지독함은, 그리 간단한 것이 아님에도 불구하고 소위 몇 푼어치의 교환가치로도 환산되지 못하는 타자에 대한 사연들에 시선을 둔다. 역사적으로 초월적 대상에 대한 닮음 기원(冀願)으로서의 미메시스 의미에서 오늘날 세계 내 타자에 대한 동일성 원리로서 미메시스의 의미 확장이 진행되었다. 나아가 기존 근대 서정시의 원리, '세계의 자아화'라는 주체중심적인 폭력적 이해 방식을 벗어나, 자연과 타자에 대한 순응과 이해, 관용, 소통의 의미로까지 나아갈 수 있는 인식론적 토대가 마련되었다. 결국 시인의 시작(詩作) 태도는 객관적인 질서나 주관적인 감정을 재현해내는 방식의 선택 혹은 그 혼용의 과정에서, 그 당면한 '현실 사태'의 시급성과 충격의 정도에 따라 그 시인에게서 가장 자연스러운 방식이 선택될 수 있겠다.

　근래에 이룩한 민주화의 불꽃이 그 동기와 과정, 결과가 얼마나 복잡다양하든지 간에 오래 쌓아둔 책 두께가 만든 지성의 혁명은 아닌 듯싶다. 고고한 언어의 향연이 아닌, 유모차를 끌로 나온 젊은 아이 엄마와 교복을 입은 채 무대 위에 선 학생, 퇴근길에 축제처럼 시위 현장에 참가한 회사원, 그 많은 낮은 자들의 몸짓과 목소리가 만들어낸 미메시스 형식의 전파력이 그 동인(動因)은 아닐까. 그 공감 능력이 방방곡곡의 진심을 울리고 분노와 열정을 일으켜 세운 것이지, 어느 화려한 언변가나 포장만 요란한 정치인들의 선동의 힘은 더욱 아닌 듯싶다. 이렇듯 역사가 지속되는 한 미메시스 없는 삶을 생각하기란 쉽지 않기에, 항시 미메시스의 가치와 그 변이 양상에 주목하는 심미적 안목이 즉금(即今)의 삶에 더욱 필요하겠다. 문학이 감정의 전이력에 의한 공생공존이 모두가 아는 가슴팍 저변에 있듯이, 리얼리스트와 미메시스가 함께 사는 방식도 좀더 진보적으로 모색될 필요가 있겠다.

잡설에 대한 몇 가지 삽화

어느 기억의 저 너머에서 바람처럼 불어온 것인지, 익숙한 책상에 앉아 턱을 고이기도, 멍한 눈빛으로 아무 책장 아무 겉도는 책 활자제목 따위로 더듬거리며 낡은 노래를 듣는다. 문학은 일련의 서사가 아니라 하나의 이벤트가 아닐까. 적어도 나에게 문학은 볕 내린 오후의 한 점 바람이었고, 일상의 깊은 골짜기였다. 느닷없이 일어나는 모든 것들의 기록이었다.

#1

어느 날이고 잊히고 사라지고 벌겋게 떠오르는 날들. 누런 벼가 때를 기다려 여물고 기울어 가는 날들이 물결처럼 밀려오고 곧 밥상 위로 오를 쌀갗의 까끌까끌함, 벼 벤 그루터기 널브러진 짚단 사이로 메뚜기 폴짝폴짝 뛰어다닌다. 장마철이면 아궁이는 역류한 빗물이 넘쳐흐르고 어머니는 땀으로 흥건하고, 부엌은 검은 옻칠을 따라 쥐들이 다니고. 언제나 사건은 노래의 간주처럼 방문한다. 떠도는 까마귀 무리들은 열 길 고목 위에서 검은 낙엽처럼 우수수 떨어져 내린다. 고된 하루벌이에도 누렇게 마냥 웃던 바보 만호 아저씨 앞강의 부표마냥 떠올랐다. 죽음 앞에 부처님을 버리고 예배당을 선택한 할머니, 시멘트 담벼락 곁에는 야윈 대추나무 한 그루 볼품없이 버티고 섰고, 시멘트 가루처럼 부스스 땅으로 꺼져버린 사람들, 노름꾼은 울부짖고 분노한 무당은 핏기가 돈 눈깔을 대번에 희번덕거리고, 중얼중얼 주문처럼 공포에 떨며 기억으로 남았을 서글픈 영혼들. 어느 틈엔가 불쑥 찾아와 말도 없이 멀어져가던 나를 보던 기억의 눈들이 무섭다. 낮비가 오던 늦가을 어느 날 축축한 짚단 속에 동굴처럼 둘러앉은 상상을 한다. 고향에 많던 친구들 하나둘 외지로 떠나고 이제 남은 이라곤 노총각 친구가 요양병원에 계신 할머니 생각에 쓸쓸히 기타를 퉁기며 밤을 낚는다.

#2
먼저 다가가는 일도 있었다. 기름칠 마른 낡은 자전거를 타고 빗속을 달려 그 사람과 가로등 앞에 함께 서듯이, 짙어오는 노을빛 교실 창틀에 걸터앉은 아라비안 선율을 그리는 사람이 보내온 편지를 읽듯이, 불나방처럼 밤새 술에 퍼덕거리며 키득키득 실없이 웃기도 흐느끼기도 하며 이야기를 만들었다. 낯선 공단지대 불쑥 버스에서 내려 사람과 등골을 따라 걷던 삭제된 기억은 재생되지 않는 번호만큼 멀어져 갔다. 나의 일기는 빛나는 이마에 남아 허상의 샘이 되어 불쑥불쑥 솟구쳐 오르는 조각들의 둔덕이 되었다. 쉽사리 밤이 오지 않는 잠, 그 길고도 지난한 외로움을 적셔주는 커피가 되고 골동품이 되기도 한 돌이킬 수 없는 것들에 대하여 이제는 오고갈 것도 없는 채, 오래도록 문밖을 서성거리며 섬광처럼 지나쳐 버렸던 순간들을 활자로 불러들인다. 문학은 내게 무수한 공백을 채워주는 그리움이었나. 어느 하나 자본에 물들지 않은 고까운 시간의 고까운 이야기들에게 예의를 지킨다. 이게 리얼한 나의 자양분이고 문청시절의 토양이다. 순서도 없고 서열도 없이 동시다발적으로 나의 의식을 지배하는 것들에 대한 이야기이다. 때로 그것들은 지금처럼 나의 작은 서랍 속에 얌전히 뭔가를 기다리기도 한다.

#3

밤이 지나고 노동의 시간은 끝이 났다. 상자는 수북이 쌓여 한쪽 벽면을 채우고 있다. 지난 밤 분분히 흩날리던 부침가루 튀김가루는 컬러 봉지로 밀봉된 채 얌전히 육면체 속에서 숙면이다. 기계 라인의 한 모퉁이에서 기계처럼 똑같은 동작을 반복하던 신출은 새벽이 참 반가웠다. 포장라인 노총각 형님은 쌀쌀한 바람을 맞으며 알전구 빛나는 국밥집으로 데려가선 아무렇게나 국밥 한 그릇과 소주 한 병을 시켰고, 안주 삼아 몇 마디 건네고 노곤한 하루를 가르쳐 주었다. 돼지비계 한 덩이와 우중충한 국물을 번갈아 먹어가며 조금만 더 하면 정직이라는 웃음을 흘리며 신출에게 뿌듯해했다. 진한 흔들거리는 삶에 기억은 여느 때의 지하철처럼 다시 돌아오지 않았다. 그렇게 많은 가루들이 굉음의 밤 속에서 흐느적거릴 때 스무 살은 진눈깨비 나려오던 공장의 높은 들창을 생각하며 늘 다니던 선로를 이탈하지 않고도 어느 역에서 내려야 할지, 왜 그 뽀얀 것들은 허깨비처럼 사라져 버리고 출근을 서두르는 빽빽한 침묵들만이 역마다 넘쳐나는지, 한적한 낙동강 건널 때에야 희미하게 잠이 들었다.

#4

가수가 저토록 애절하게 열창을 하듯이. 저 뜨거운 눈동자를 보라. 똑같은 멜로디가 반복되는데도 우리의 마음은 요동친다. 뜨겁게 때론 착잡하게. 몇 날의 밤들을 꼬깃꼬깃하게 편지를 쓰고 과일 모양으로 접어 보내면서도, 삐삐에 1004를 언제고 기다리면서 음성사서함의 "어딨냐? 빨리 연락 줘" 아무 의미 없는 그 목소리를 지우지 못 하면서도, 싸이에 방문자 숫자를 하염없이 늘리면서 방명록에 한 마디 남기지도 못하면서 하염없이 들끓던 사연의 그리움, 그 마음을 받아내다가 사라져가는 말들을 남기고 싶었다. 그래서 문학은 늘 안타까움이고 아쉬움이었다. 수많은 사람 중 하나에 지나지 않을지언정 누군가의 마음과 닮아 있기를 물러나와 서서 가만히 바라보아 좋았다. 그 시절은 이렇듯 훌쩍 지나버렸고, 돌이켜보니, 그때가 문청시절이라면 문청시절이겠다. 글을 읽고 쓰는 일이 그때는 습관처럼 메모했다. 하루하루 현실에 솔직했고, 거짓 없는 마음이 가득 담긴 그때의 글들을 넘겨볼 때면, 요즘도 부끄럽고 두근거린다. 지금은 납득하기 어려운 메모가 가끔씩 떠올라 한 시간을 멈칫하게 만들고, 벅찬 하루를 고민하게 만든다. 그 생활의 정경들이 희미한 기억 속에서 아슬아슬하게 곡예를 할 때마다 메모는 나를 밝은 방으로 이끈다. 오래도록 펼치지 못했던 롤랑 바르트의 저서 『밝은 방』에는 카메라 루시다(Camera Lucida)에 대해 소개하고 있다. 사진이 보여주는 '보임'이라는 방식이 어떤 것의 존재를 가장 확실하게 보여준다는 말을 한다. 나의 메모가, 나의 글쓰기가 어떤 존재의 기억을, 바르트의 사진만큼 확실하게 믿음이 가게 하기는 어렵겠지만, 의심하는 고민의 시간을 조금 덜어줄 수는 있겠기에 더없이 고마울 따름이다. 삶에 고민하면서 끼적거렸을 그 시절의 나에게 오늘의 나는 갚을 길 없는 빚을 지고 있다.

#5

집 앞에 은행나무 세 그루가 있다. 계절이 바뀌어도 보이지 않던 그 자리가 요즘 같은 밤이면 노란빛으로 벽을 타고 올라온다. 문학을 고민한 날들보다 삶을 생각한 날이 더 많다. 어제 혹은 오늘 하루가 어떻게 마무리 되어 가는지 주저하지만, 냉장고 속에서 해동되지 못한 명절날의 튀김이며 떡이며를 생각하며, 메모리에 가득 찬 미뤄지는 약속들을 고민한다. 동화책 속에서나 보았을 법한 샛노란 빛으로 냉장고 속을 노랗게 물들인다. 어느새 아내가 노란 말로 잔소리를 하고, 아들도 노란 말로 중얼거리며 만화를 본다. 집 안은 온통 은행잎으로 한들거리고 한 계절 내내 은행열매의 고약한 냄새가 머릿속 맴을 돌다가 한 글자씩 한 문장씩 토해낸다. 그리고 그 흔한 은행잎들을 줍듯이 마비가 된다. 은행나무는 가만히 하늘을 올려다 볼 뿐이고, 나는 뭔가를 끼적거리고 있다. 가장 단순하게 반복되는 계절의 패턴이건만 한 해가 지날 때마다 어느 것 하나 새롭지 않은 것이 없는 생명의 향연이다. 고정된 것 하나 없이 모두가 변해가는 시간의 질서를, 나만의 언어로 마치 사진처럼 노트에 컴퓨터에 담아둘 수 있다는 것은 참 의미 있는 일이다.

#6

고민하지 않고 하루를 보내는 날이 드문 요즘이다. 발터 벤야민이 그의 글 「나의 서재 공간」에서 사물들과 만날 때 기능가치나 실용성 따위를 전면에 내세우지 않는 수집가로서의 생활, 사물들과의 관계를 말한다. 그 사물들을 '운명의 무대'로서 받아들인다고 한다. 책을 좋아하고 글을 쓰는 사람들도 마찬가지인 것 같다. 가까이는 책을 대하거나 글을 맞이하는 태도가 그러하다면 얼마나 숨결 좋은 글들이 나올까. 멀리는 도로, 신호등, 사람들, 자동차, 가로수, 약국, 안경점들이 언제부터인지는 잘 몰라도 그저 그곳에 애당초 있었다고 하더라도 나의 눈과 손이 걸음이 마음이 가닿는 순간 새로운 일이 운명처럼 시작되는 것이다. 그리 보면 애당초 무수한 운명이 펼쳐진 세상 속으로 우리는 한 걸음의 시공간을 떼는 것이고, 그 시공간들 속으로 눈길을 보낸 것에서부터 사물들과의 운명은 맞닥뜨려지는 것이다. 그것들이 내 안으로 나의 언어로 들어온다는 것은 일종의 응답이다. 마치 움직이는 것만이 확대 해석되고 거대 포장되는 세상에서 사물과의 교감은 더욱 큰 집중력을 요하는 신선한 일이겠다. 오늘도 연필이 스치지 못한 책들은 여전히 배달되고 있다. 책장 위에는 먼지더께 앉은 책들로 이러지도 저러지도 못하고 어울려 살고 있다. 그러다 쌓인 책무더기 속에서 우연히 어떤 책 제목을 보게 되고 그리고 여지없이 묘한 반가움을 느낀다. 마치 그 책을 처음보기라도 한 것처럼 기뻐하다가, 눈길이 가고 손닿을 곳에 그네들이 있다는 것은 묘한 안도감을 주기도 한다.

#7
문학에 좀더 가까이 다가가면서 철학을 알게 되었다. 한없이 부족하고 어쩌면 언제까지나 그 결핍은 채워지지 않을지도 모르겠지만, 그것은 삶에 대해 진지한 생각을 하게 만들어주었다. 같이 공부하자고 말해 준 동료들이 있어줘서 철학의 첫 페이지를 열어젖힐 수 있었지만, 지적 허영심으로 끝나지 않고 오늘 하루, 지금 이 시간을 좀 더 잘 살 수 있도록 착실히 들여다보는 일은 여전히 어렵다. 그 동료가 말했다. 그러니까 한 번 더 읽게 되고 더 생각하게 되는 것 아니겠냐고. 무시로 찾아드는 생활의 조급함과 허무함이 조금 덜어지는 것 같기도 하다. 다만 어느 날엔가 문학 책을 펼치고 딱딱한 표정으로 있었나 보다. 아내는 불만이었다. 맞는 말이다. 사람들의 이야기와 글을 배울 때 정말 경계해야 할 순간이겠다. 그리고 또 하나 이기적으로 생각하지 않고 문학을 해야겠다. 많은 것을 함께 하기는 어렵더라도 기울어진 시선으로 사물들과 사람들을 보지 않아야 제대로 삶을 볼 수 있겠다. 말만 많다고 아내가 불평이다. 결국 행복하자고 하는 이 모든 것들 앞에 조급하게 서두르지 말고 하늘하늘한 진지함이 필요하다. 나와 너무나도 다른 사람이지만 서로 계속 얘기하면서 속 깊이 공감하고 싶고 알아가고 싶다. 어쩌면 가장 가까운 아군조차 이해할 수 없고 마음 따뜻하게 해줄 수 없는 문학은 외롭고 힘겹다. 소통은 문학 속에서도 현실에서도 그만큼 어렵지만 꼭 거쳐야 할 운명인 것 같다.

지나쳐도 좋을 잡설을 여태껏 늘어놓았다. 늘어놓다 보니, 지금이 문청이 아닌가 하는 어설픔도 문득 스친다. 그러고 보니 문청(文靑)은 아마도 푸른 나이나 시기를 말하는 것이 아니라, 문학을 대한 늘 푸른 마음가짐이나 태도에 대한 얘기쯤으로 생각해도 좋을 법하다. 그렇다면 나는 지금이 한창 푸르고 싶은 때, 문청(文靑)이다. 과거 어느 젊은 날에 못지않게 몹쓸 독주도 밤새껏 마시고, 횡설수설 앞뒤 없는 언설들의 집합도 거뜬히 듣고 흘릴 수 있다. 모두가 사람과 문학이 있기에 가능한, 흥미로운 일이었다. 이 기억의 파편들도 언젠가 희미해져 갈 것이기에, 이쯤해서 잡설로나마 엎어놓는 것도 미래의 누군가에게 조금이나마 빚을 갚는 일이 되지 않을까 싶다. 느닷없이 일어나는 것들 중에 어느 것 하나 소중하지 않은 것이 있었던가. 문학도 느닷없이 어느 봄날 내게로 왔듯이 말이다.

3부

보이지 않으나 살아있는 생선(生線)
―유연희, 『날짜변경선』(산지니)

 지구의 70% 이상이 바다라는 것은 마치 오래된 기억처럼 우리의 뇌리에 박혀있다. 하지만 우리 인간은 왜 드넓은 바다를 밀쳐두고 비좁고 복장 터지는 땅덩어리 위의 삶을 선택한 것인가. 인류 생명체의 진화의 흐름을 역추적해 보거나 원시 지구의 대기 상태를 고려한다면 인간은 산소의 양이 보다 많은 곳, 그 소비가 수월한 곳을 찾아 외형까지 바꿔가며 육지에서의 기생적 삶을 선택한 것임을 추측할 수 있다. 그러면서도 아이러니하게 우리의 몸은 늘 70% 이상의 수분을 원하고 있다. 마치 오래된 수분의 기억처럼 생수(生水)의 바다를 늘 그리워하며 살아가는 것이다.

 작가 유연희에게 바다는 어떤 곳일까. 그의 소설 『날짜변경선』 말미의 '작가의 말'에서 어렴풋이 짐작할 수 있다. "바다에서의 삶은 때로 그들의 의지나 선택 밖의 일처럼 보이기도 한다. …(중략)… 어쩌다 보니 바다를 택해야 하는 환경에 태어난 것 같았다. 나도 그런 사람 중의 한 사람이고, 아마 당신도 그럴 것이다. 당신이 알든 모르든 간에." 마치 바다가 운명처럼 주어지는 것으로 얘기한 감이 없지 않으나, 이 구절을 곱씹어 생각해보자. 인간의 한계를 넘어선, 저 너머 그 무엇인가의 강렬한 자장은 인간 인식의 범위를 벗어난 생성의 힘을 간직한 것이기에, 미세한 분자로 그 물결 속에 담겨 출렁거리는 어선과 같은 인간에게는 도무지 운명 이외의 해석 불가능의 세계가 바다인 것이다.

「어디선가 새들은」에서 '나'는 강렬하나 인식 불가능의 망망대해 어디론가 날아가는 새들을 바라보며, 육지에서의 자기 존재 위치와 육지 세계에 대한 고민들로, 그리하여 육지에서는 미처 돌이켜보지 못한 낯선 사고로 그 외연을 확장시킨다. "아직도 나는 잘 모르겠다. 바다에서는 왜 육지와 시간이 다르고, 과거와 미래가 순간순간 뒤섞이고, 절대가 아닌 상대적인 시간에 갇히게 되고, 누군가에게 인생 전체로 멈추어 서는지." 육지로의 개척이라는 미명 아래 인류가 구성해놓은 격자의 세계는 시·공간의 질서 정연함 그 자체이다. 그럼에도 채워지지 않는 욕망을 감당 못하는 인간은 가역성의 바다 공간에서 비로소 비가시적인 혼융과 생성을 동시에 체감하게 된다. 「시커호」에서는 절망과 생성의, 보이지 않는 '생선(生線)'의 유영(遊泳)을 확인할 수 있다. 잠수병으로 한쪽 다리를 못 쓰게 되어 절룩거리는 삶을 마지못해 살던 '규상'과 남편 없이 딸 둘을 데리고 힘겹지만 힘차게 살아가는 용치놀래기 '영도댁'이 그 경계 선상에 있다. 극한의 해저 세계로 침몰한 시커호 실종자들의 울부짖는 환청과 그 막막한 어둠으로부터 벗어나려, 처절하게 몸부림치는 '규상'의 다리 지느러미 옆으로 살며시 용치놀래기 한 마리가 올라붙어 오는 것, 그것은 혹 생(生)의 덤이었던가.

「붉은 용골」에서는 실재하지 않는 동물의 뼈, 용의 뼈를 육지와 바다의 경계선에 배치하고, 그 거대한 크레인을 둘러싸고 벌어지는 선박 인부들의 삶을 서술하고 있다. 그 구조물의 거대함은 마치 투병 중에도 '나' 걱정만 하던 어머니와 닮아 있다. "정말 중요한 것은 눈에 보이지 않는다."는 조선소 아저씨의 말처럼 내 속의 유전자가 사실 내 먼 조상의 오래된 일부였다는 사실은 현대인들의 견고한 고집을 균열시킨다. 고집스럽게 '나'라는 이기적 주체성을 부여잡고 늘어지던 현대인들에게 일순간 '나'는 누구인가, '나'는 누구로 인하여 아름다울 수 있는가에 대한 고민으로, 허적(虛寂)의 사막을 걷게 만든다. 즉 육지와 바다를 잇게 하는 '붉은 용골' 크레인과 같은 소중한 것이 우리들 세포 유전자 속에서 오래되고 미세한 생명의 선을 따라 계속해서 잇고 있는 셈이다.

"빨리 항구에 들어가자고. 그러니 배가 미친년처럼 나불대는 거지."「바다보다 깊은」에서 '2기사'의 말이다. 바다를 뱃바닥으로 부유(浮游) 하는 배를 단순히 기계 덩어리로 보지 않고 감정과 영혼이 깃든 존재로 인식하는 '2기사' 이외에도 엔진과 얘기도 하는 '기관장', 그리고 "바다을 가늠할 수 없는 바다보다 깊은 눈"을 가진 '선장'까지 모두가 생성의 자장에 전이된 인물 군상들이다. 그리하여 바다에서 경보음이라도 울리면, 그들은 가장 강력한 생(生)의 본능을 일깨우며 그 거대한 철선(鐵船)을 물결 위로 욕동(欲動)하게 하는 것이다.

유연희는 잠시 '바다'를 내려놓는다. 「유령작가」와 「신갈나무 뒤로」에서 그는 글 쓰는 작가로서 그리고 한 가정의 누군가의 아내로서의, 삶을 이야기하기 시작한다. 평생을 읽어도 다 못 읽을 오래된 이미 수많은 작품들과 초라한 유령작가. 그리고 안정적으로 보이는 겉모양과 다르게 알코올 중독자 남편과의 불온한 아내. 아무도 알아주지 않고 한없이 끙끙대기만 하는 모양새의 소설가인 '나'는 어느 소설의 허깨비가 되어 분노를 삼키고, 다른 남자와의 결혼식을 불순한 꿈으로나마 실현하고자 했던 '아내'는 남편의 검은 '구멍의 눈'에 헤어 나오지 못해 불안감만 증폭된다. 그러나 소설가 '나'는 결코 보이지 않으나 자기 생(生)의 시선으로 세상을 응시하며 "배설 혹은 한 방울의 눈물로" 배출하는 자기 글쓰기의 욕망을 생성해나가고자 한다. 그리고 남편의 아내인 '나'는 남에 대한 오기(傲氣)의 탈을 벗어버리고 자유의 삶을 살고자 하는 시골 촌부 '민규'의, 암을 버리는 삶과 늙은 '보살'의, 독을 약으로 만드는 뿌리 생성의 삶을 통해 새로운 생선(生線)으로의 물맛을 찾게 된다.

「날짜변경선」에는 비뇨기과 의사인 '나'를 중심으로 사건이 펼쳐진다. '나'에 대한 소개와 인사로 시작된 파티에서 배가 아무 곳이나 항해하는 게 아니라며 수로학(水路學)의 정의를 해설하던 '박 교수'의 말은 일명 불편한 진실을 내포하고 있다. 인간 본위로 바다를 재단하는 이러한 사고방식은 허위의 선(線)일 뿐이다. 무수하게 일렁이는 바다의 물결은 단 한차례도 인간이 만들어 놓은 위도와 경도의 격자 틀 속에서 반복한 적이 없다. 오늘의 물결은 어제의 물결이 아닌 늘 새로운 생성의 물결인 것이다. 다만 '박 교수'의 허위는 인류가 항해를 시작하게 하는 미심쩍은 동기가 될 수는 있었다.

'나'의 아내는 딴 남자를 만난다. 결국 아내의 권유에 의해 '나'는 바다로 "밀려온 건지 도망쳐 온 건지" 알 수 없는 항해를 시작한다. 분명 그는 "권태, 무기력, 우울"과 더불어 삶의 위기를 맞고 있다. 비뇨기과 의사인 '나'는 육지의 아랫부분이 바다이기에 육지의 배설물을 다루는 게 당연하다고 생각한다. 그리고 온갖 음탕한 인간 육체의 욕망의 아랫문('질'과 '항문')과 아내의 바람기를 관련시키면서 육지에서 갖고 온 고통에서 벗어나질 못한다. 그러다 우연한 기회에 배의 최하단인 기관실에 들어가게 되었고, 그곳에서 여자의 자궁 속 같은 생명의 안온을 느끼게 된다. 그리고 기관장 아버지의 제사를 같이 지냄으로써 새로운 삶의 의미를 깨닫게 된다. 그곳은 기관장 아버지의 영혼이 간직해왔던 생(生)의 의지가, 아들인 기관장의 생명 속에 고스란히 지속되는 제의의 공간이자, 생성의 공간인 것이다. 비로소 "욕심 많고 어리석은", '나'의 고뇌는 조난 요트의 응급조치를 위해 위험을 무릅쓰는 태도 변화로 소멸된다. 바로 그 순간이 "지나온 시간이 날짜변경선을 넘는" 순간이며, 새로운 생성의 시간이다.

우리가 살아가는 세상에는 보이지 않으나 분명 살아 있는 것들이 있다.

유연희 작가가 『날짜변경선』에서 궁극적으로 말하고 싶었던 것은 어쩌면 그러한 생선(生線)일지도 모르겠다. 날짜변경선이라는 인류가 만들어 놓은 허위의 선(線)을 지나면서, 인류는 새로운 하루를 명명하고, 다시 생성의 선(線)으로 탈주할 수 있게 된다. 무한한 생(生) 에너지를 간직한 바다의 자장 속에서 뱃길을 끌어주던 천문생(天文生)의 항해는, "내가 탄 배는 과연 소설의 어느 기슭에 닿을까"라는 작가의 본질적 의문의 해법과 일맥 닿아있다고 하겠다.

너를 껴안는 불의 춤, 포옹
―나여경, 『포옹』(전망)

　나여경의 소설집 『포옹』의 표지 그림은 매력적이다. 이것은 오스트리아의 화가 구스타프 클림트(Gustav Klimt)의 〈성취〉라는 작품이다. 스토클레 저택 식당의 〈생명의 나무〉의 부분이라고 한다. 그는 관능적인 여성 이미지와 찬란한 황금빛, 화려한 색채를 특징으로 하고 성(性)과 사랑, 죽음에 대한 알레고리로 많은 사람들을 매혹시켰다. 이 작품에서도 사방으로 뻗어나간 가지들은 복잡하기 그지없는, '보잘것없는' 그리고 '열악하고 불안한' 우리 삶으로, 포옹하는 자들의 자세와 감은 두 눈은 열정적 사랑과 '죽음'이 한데 어우러진 존재의 '포옹'으로 보인다. 이로써 소설 제목 '포옹'은 표지사진 한 장과 더불어, 작가 나여경이 응시하는 세계와 인물 군상들의 삶의 상처들로 쌓아 올린 구축물로서의 소설들을 여실히 상상하게 만든다.
　소설이 비화(秘話)에서 유래했다는 것은 일반적으로 받아들여지는 문학사의 의견이다. 아감벤은 유대 신비주의에 관한 숄렘의 책을 인용하면서, 이 신비스러운 소설의 근원을 "불과 주문과 장소의 상실"에 대한 망각과 기억으로 설명한다. 이러한 신비주의적 요소가 마치 신화적 내용이나 종교적 관점에 구속되는 양으로, 그 모호하다는 이유로 떨쳐버리고 계속해서 지워지면서 불의 기억과 함께 주문 따위는 사라져 버렸다. 하지만 우리는 스스로의 불을 끄고 신비를 감춰놓은 하나의 이야기를 통해서만 결국 그 신비에 도달할 수 있다는 아감벤의 말을 상기시킬 때, 비로소 '보잘것없는' 우리네 삶과 마주할 수가 있다. 『포옹』 속에는 나여경 작가가 '껴안는 불'들로 이글거리고 있기 때문이다.

『포옹』의 이야기들에는 '죽음'과 '포옹'의 이미지를 중요한 소재로 다루고 있다. 「어둠의 방」에서는 이모와 불륜을 저지른 아빠와 그를 매정하게 쏘아붙이던 엄마가 친척 결혼식에 가던 중 버스 전복 사고로 죽고 난 후, 불륜의 자식으로 남겨진 '나'가 무덤처럼 어두운 방에서 시들어가는 국화처럼 사는 삶의 상처를 다루고 있다. 무덤 앞의 대문으로 들어가는 할머니들과 마주한 무덤마을. 그녀의 사진 속 무덤마을 배경처럼 '죽음'도 삶의 일부로 받아들이며 살아가야 하듯, 남겨진 이모 엄마와 그녀의 딸 '유'와 보듬고 살아가야 할 그녀의 '어둠의 방'은 카메라 플래시의 '불꽃'으로 한 걸음 밝아지고 있다.

불온한 존재의 탄생을 두고 우리는 쉽사리 판단하는 오류를 범하기도 한다. 마치 필연적으로 생성되는 내밀의 공간인양 한없이 상처를 유폐시키고 비열한 명명을 통하여 재생 불가능의 상태로 만든다. '죽음' 앞에 모든 존재들은 공평하기에, 그에 근접한 염증의 확산은 다만 찢고 발기는 것만이 능사가 아니라, 껴안는 자와 안기는 자의 진심어린 접촉과 만남에서 치료제를 찾아야 할 것이다.

「그림자 춤」의 L은 공연 막바지 춤 연습을 하던 중, 연습실 화재로 그의 여자가 죽었다. 그도 남자구실 못할 심각한 화상을 입었다. 그 후 L은 불면증 환자들을 재워주는 미정의 '포옹' 회사로 평화로운 잠의 휴식을 청해 날아든다. 그의 여자와 꼭 닮은 미정 또한 "잠이 오지 않는다, 안아 달라."는 마지막 말을 남기고 실종된 후, 강의 시체로 떠오른 연인, 경호의 기억이 남았다. 부토의 춤, 죽은 사람과 추는 춤을 L은 미정에게 보여주고 그녀의 포옹 안에서 깊은 잠에 빠져든다. 생명의 시원, '강의 방'에서 미정은 L과 함께 불면의 밤을 서성이고 있을 경호를 떠올리며 깊은 포옹의 춤을 생각한다.

포옹이 불면증으로부터 휴식을 만들어내고, 그 잠의 전이는 '죽음'과 맞닿은 일면으로 향한다. 결국 포옹이 타자의 존재 자체를 전제로 가능해지는 행위임을 감안한다면, '죽음' 또한 도저한 나에게서도 확인할 길 없는, 오롯이 타자로 향한 시선에서만 당면할 수 있는 사태이다. 그러하기에 '죽음'으로 인한 L의 상처를 보듬는 미정의 포옹 행위는 결국 경호의 죽음으로 인한 미정의 상처를 치유하는 유일한 방법이 되는 것이다.

「몰디브의 비상」에는 곱상한 얼굴과는 달리 걸쭉한 입담의 암봉이 있다. 연미도에 낚시꾼들을 부려주는 일을 하는 암봉에게는 우울증을 앓다 결국 자살하고 마는 서울 호남형 '그'와의 사이에서 태어난 딸 연미가 있다. 먹어도 먹어도 허기지는 병을 갖고 태어난 괴물 같은 딸. '그'가 지어준 지상낙원 '몰디브'라는 이름의 배를 타고 그녀가 사랑하는 '그'와 암봉의 아버지가 곁을 떠났다. 암봉은 연미의 유골함을 아기 안듯 가슴에 꼭 끌어안고 바다로 나간다. 그때 그녀의 질곡의 삶, '몰디브'는 조금씩 바다 밑으로 가라앉는 섬처럼 '불'태워지고, 암봉은 비로소 '뉴스타트'호를 타고 그녀의 삶의 공간으로 되돌아온다.

지상낙원 '몰디브'와는 전혀 상관이 없어 보이는 어촌 마을의 암봉의 인생 여정은 강인함의 전형을 보여준다. 어촌 처녀의 천연한 순수함은 외지인과의 접속으로 인한 환상으로 오염되고 괴물 같은 딸의 잉태라는 비극으로 치닫는다. 하지만 암봉은 침몰하는 '몰디브'호에서 비상하는 '뉴스타트'호로, 그 특유의 강인한 생(生)의 전환 의지를 보여준다. 그 과정에서 딸 연미의 죽음을 그 포옹 의지로 수용하는 것은, '죽음'이라는 운명적 슬픔을 '포옹'이라는 적극적 삶의 의지로 전환하려는 인물과 작가의 건강한 세계관에서 발로한 것이리라.

「침묵의 새」에는 이승과 저승을 잇는 영물로 초록이라는 새가 있다. 그 초록이가 힘차게 날아오르기까지 '나'의 삶은 칠흑같이 깜깜했다. 결혼기념일에 맞춰 떠난 여행에서 여객선 사고로 엄마와 아빠를 잃은 '나'는 예쁜 카페에서 내 어깨를 감싸 안은 '그'의 속삭임으로 축복을 기대했다. 눈이 많이 왔던 크리스마스이브에 '나'의 교통사고로 아이를 잃게 되자, '그'도 영원한 타인이 되어 버렸다. '그'가 기르던 새도 더 이상 날지 않았다. 모래사장 모래 조각전에서 어머니 조각상을 대신하려는 '나'에게 그 위로 무너지듯 덮어오는 모래 아이는 '불'처럼 참 따뜻하다. 아무도 말하지 않는 집으로 돌아온 '나'는 '그'의 새, 초록이와 교감의 노력을 시작하고, 마침내 '그'를 닮은 새는 어둠을 밝히는 불빛이 되어 활짝 날아오른다.

불운은 누구에게나 닥칠 수 있으면서 언제나 느닷없는 사태이다. 그 감당하기 무거운 사태 앞에 이 소설 속의 인물들은 다만 묵도하게 된다. 존재 상실에 대한 고통은 그 유사가(類似價)의 존재 채움으로 극복되겠지만 교감의 매개가 없을 때 끝없는 침묵으로 침잠할 수도 있다. 이 소설에서 '새'는 죽은 '아이'의 환생 영물로 기능하면서, '그'와 '나' 사이를 연결해줄 수 있는 신비의 '불'이 되어 교감의 창구가 될 것으로 보인다.

나여경 작가가 끝까지 천착하고 있는 '죽음'은 삶의 외연에 있는 것이 아닌, 인물들 가까이 언제든 엄습할 수 있는 불확실한 상황적 요소가 된다. 각 소설 속 인물들의 삶의 궤적은 간결하고 단순한 문장 구사로 인해, 다이나믹하면서도 가속성 있는 서사 전개로 서술되고 있다. 또한 극단적 상황으로 몰아가는 구성적 틀은 작위적인 작가의 의도로 읽힌다.

이 소설집에서 나여경 작가는 '죽음'과 '포옹'을 중요한 대척점에 두고 있는 듯하다. '죽음'은 타인에게서만 유일하게 확인할 수 있는 삶의 종착점이고, '포옹'은 타인과의 교감으로 체온을 나누며 마음의 위안을 얻는 살아있음(生)

에 가장 근접한 삶의 시작점이다. 한편으로 그녀가 버무려 놓은 '죽음'과 '포옹'의 신비는 오늘날의 소설가가 행간에 반드시 담아내야 할 서사의 한 증언이기도 하다. 끝으로 나여경 작가에게 "예술가는 예술의 옷을 입었지만 떨리는 손을 가졌다."라는 단테의 창조 행위를 표현한 말을 되새기며, '감지할 수 없을 정도로 가벼운 떨림'에도 보다 깊이 천착하는 끈을 놓지 않기를 바라는 바이다.

피플 네임: 시간과 물음으로 응시
—강성민, 『길가메시 프로젝트』(전망), 김민혜, 『명랑한 외출』(산지니)

1. 피플 네임

피플(people)의 가장 무난하고 일반적인 번역어는 '인민(人民)'이다. 이 용어를 전유하다시피 하는 윗동네 성향때문에 '인민'이라는 말은 그에 상당하는 정치적 의미를 갖게 되었고, 아랫동네의 피플에게 불경(不輕)스런 기표로 귀청을 울리곤 한다. 그 대체어로 즐겨 사용되는 '국민(國民)'이라는 말은 일제강점기 '황국신민화(皇國臣民化)' 시기 본격적으로 고유명사화 되었다.[1] 이 용어가, 피플(People)을 국가에 강력히 예속된 존재로 구획하는 느낌을 지울 수 없음에도 불구하고, 작금(昨今)의 피플들조차 이미 일상화 돼 버린 그 습관적 언표 행위의 굴레에서 벗어나기란 사실상 쉽지 않다.[2]

또 하나의 대체어인 '시민(市民)'은 글자 그 자체 축자적 의미로 살펴보면 도시인을 가리킨다고 볼 수 있다. 이 말은 도시에서 재산이 있고 교양이 있으며 정치에 관심을 가지고 참여하는 사람을 대우하여 부르는 말로도 읽힌다.[3]

---

[1] 전규찬, 「국민의 동원, '국민'의 형성—한국사회 '국민' 담론의 계보학」, 한국언론정보학보, 2005.11, 262쪽 참고.
[2] 전규찬에 따르면 "'국민'이라는 (말은) 서구에서 유입된 'nation'의 번역어로서, 국가에 유용한 종속적 규범을 적극적으로 담당할 집단 정체성으로 간주"하고 있어, 사실 피플(people)과 같은 등가의 번역어도 아니다. 전규찬, 위의 논문, 262쪽 참고.
[3] 전국사회교사모임, 『사회선생님도 궁금한 101가지 사회질문사전』, 북멘토, 2011. 참고.

즉 '시민'은 지역과 경제와 지식을 아울러 갖춘 자로 그 대상을 한정하는 느낌이 강하기에, 일차적으로 우리나라 전역의 상당수 노동자들을 배제하는 듯한 거부감이 든다. 어감에서 오는 도시(都市)적 음질은 유년 시절을 군민(郡民)으로 자란 필자에게도 여전히 겉도는 표상으로 각인되어 있고, 현재 시골 마을에 거주하는 상당수 촌민(村民)들에게는 '시민'이라는 이 용어가 어떤 괴리감과 불편함을 불러일으킬까 의문시된다.4) 물론 언어의 개념을 살필 때, 그 기원과 현재의 변화 양태까지 살피는 것이 합당함을 인정하면서도, 일일이 살필 수도 없는 바, 즉감적으로 다가오는 언어의 질감에 대한 거부감을 언제까지 감내해야만 하는 것인지 고민이 된다.

현행 교육과정 중학교 3학년 사회 과목의 '민주 정치와 시민 참여' 단원에서는 인민(人民)을 '국가를 구성하는 자연인'이라고 정의하고 있다. 그리고 사회계약설에 보면 그런 자연인, 즉 사람이 사람의 권리인 인권을 보장받기 위하여 사회를 구성하였다고 밝히고 있어, 인민(人民)에는 그 주체적이고 능동적인 성향이 잘 드러난다. 따라서 현재까지는 사회 계약설을 따르는 현대 민주 국가에서 나라의 주인을 뜻하는 말로, '인민(人民)'이 가장 적합하다고 볼 수 있다.

종전 선언과 평화협정 체결을 눈앞에 둔 작금의 시기임에도 피플(people)을 지칭할 만한 적당한 말을 선택하기가 쉽지 않다. 언어에 대한 자각이 작가

---

4) 장미경은 "루소에게서 시민이란 개인의 개성이 사라지는 조합적, 집합적 체계인 도시의 구성원으로 나타난다. …(중략)… 시민권이란 또한 민중, 무소유자, 소수민, 여성 등의 권리가 아니라 성인, 납세자, 재산 소유자 등 당시 남성 부르주아의 권리 및 특권이자 근대국가 아래서 시민으로 인정된 사람들의 권리로 인식되어 왔다. 이처럼 자유주의 시민권 개념은 노동자들이나 여성, 흑인, 기타 다른 소수집단에게 적용되는 개념은 아니었고, 중세적 사회체제와 영주의 지배 아래 있었던 가부장적 가족으로부터 분리된 '근대적 개인'에 기초한 개별 남성 부르주아에 한정된 개념이었던 것이다."라고 설명하며 '시민'과 '시민권'에 개념을 밝히고 있다. 장미경, 「시민권(citizenship) 개념의 의미 확장과 변화─자유주의적 시민권 개념을 넘어서」, 한국사회학 제35집 6호, 2001.12, 62쪽 참고.

의 가치관과 밀접한 연관성이 있음을 감안한다면, 세계와 문학을 진심으로 응시하고자 하는 작가들에게 필수적인 고민이 아닐 수 없을 것이다.

앞으로의 글에서, 세계와 피플(people)에 대해 각기 개성적인 응시와 고민을 다루고 있는 두 작가에 대해 살피고자 한다. 모두 본격적인 작가로서의 첫발을 내딛는 첫 소설집을 2017년에 출간하고, 독자의 응답을 기다리고 있다. 보다 날카롭고도 섬세한 언어의 칼날을 벼리기를 기대하며 '시간과 물음'이라는 키워드로 두 작가의 응시의 프리즘을 들여다보겠다.

2. 시간의 응시: 강성민의 소설집 『길가메시 프로젝트』(전망, 2017)를 중심으로

1) 리치의 시간

인류의 발명품 중 가장 깔끔한 것은 어쩌면 숫자가 아닐까. 다양하고 무수한 인종들이 어울려 살아가는 세계라는 큰 판 위에서 아라비아 숫자는 웬만한 세상 어느 집단 속에서나 비교적 편리하게 소통된다. 지면 쪽쪽이 「역삼동의 전설」에는 정제된 기호로 숫자 공화국을 형상화하고 있다. 금전적으로 "지방에선 찾아보기 힘든 대우"를 시혜하는 서울은 구미가 당기는 밀집 공간이다. 신속한 배달과 광고 전단 살포를 주요 업무로 '나'는 고용되었고, '공칠(07)'이라는 새 기호로 불리게 되었다. 인간적인 교감 대신 "빨리빨리"와 "아웃"의 언표 사이를 헤집고 다니며, "딱 1억만 모아서 돌아가자"는 알 수 없는 귀착점을 예정하고, '리치의 시간'에 맞춰서 쉴 새 없이 달린다.

(21시 30분) 팀장이 나왔다.
"공사는 오백, 공오는 천, 그리고 공육, 넌 오늘 드라이브 했어? 다들 마흔 건 이상인데 서른 건이 뭐야? 간당간당해. 사천이야. 내일도 이러면 아웃이야! 그리고 공칠, 넌 낮에 소질이 좀 있나 했더니 밤에 왜 그렇게 빌빌거려? 하루 더 지켜보고 결정하겠어. 첫날이라고 안 봐 줘. 낮에 그릇 못 찾은 거 네 개랑 저녁에 일곱 개에다가 제한 시간 어긴 것까지 모두 칠천 원이야! 이번 달 배달 왕은 공삼이다. 해산."

'나'의 벌금은 모여서 월급에서 제해지고, 그런 벌금들을 모아서 '이 달의 배달 왕'에게 이십만 원의 상금을 주는, 그야말로 제로섬 게임이다. 누군가의 피같은 살점이 누군가에게 달콤한 고기로 씹히는, 오늘날 동물적 집단체의, 이기적 합산방식을 공식화하고 있는 장면이다. 이들이 버티는 힘의 원천은 오로지 기약 없는 '리치의 시간'이며, 이는 뒤돌아볼 여유 없이 삼면을 차단하고 질주하는 현대인의 정량제 인생을 스피디하게 보여준다. 목적의 시간은 언제나 유예되고, 목숨을 담보로 한 과정의 시간은 늘 임의적으로 위태롭다. '공팔(08)'이 승용차와 정면충돌하고, 비명이 들리고, 비가 내리는 정적의 순간 '나'는 "단단히 싸놓"은 음식물 배달통만 옮겨 싣고 배달지로 질주한다. 낮에 난 사고로 공칠은 하반신이 마비되고, 공팔은 죽었다. 돌고 도는 것이 돈이라서 그 돈에는 이름이 없다. 그 이름 없는 숫자더미에서 손을 뻗어 주인이 된다는 것은 어쩌면 누군가가 간절히 내뻗은 손길을 뒤로 하고, 오로지 앞만 보고 질주하는 자에게 수여되는 상금일지도 모르겠다. 극단적인 설정이면서 사실적이다. 이런 사회 집단이 버젓이 있고, 그 속에 누군가가 놓여 있음에도 불구하고 누적된 마일리지 없는 삶을 지속하는 것은, 어쩌면 "내 시계"의 숫자를 잃어버린 까닭이거니와, 응시해야 할 대상에 대한 불편한 눈을 자동 삭제하고 있는 사고(事故)때문은 아닐까.

2) 인간의 시간

사람이 죽음을 인정한다는 것은 과연 가능한 일인가. 죽음은 늘 타자를 통해서만 학습되었고, 그 일말의 순간이 지나서야 검증되고 공식화된 선고에 길들여진 장면으로 기억되어 왔다. 그때가 감각의 대상에서 기억의 대상으로 치환되는 순간인 것이다. 「길가메시 프로젝트」는 삶과 죽음에 대한 보다 본질적인 사색을 유도하고 있다.

미래의 어느 날 안 박사는 5년 전 위탁한 클론을 모두 사용하고, 마지막 남은 클론 배양실에서 우울함을 느낀다. 노화 방지와 수명 연장을 실현시켜 준 의료 기술은, 아직 "정신도 또렷하고 신진대사에도 별 다른 이상이 없"는 안 박사에게 1년 후의 사망 예측 선고를 한다. 수명 진단 시스템의 예측은 정확했기에, 눈부신 최첨단 과학 시스템 속에서 인간은 임종 시각에 대한 의문은 풀었으나, 임종 순간까지의 삶의 시간은 갈취 당했다. 사람다운 유머 감각을 구사하는 가정용 로봇 '소미'에게서, 부지불식간에 로봇이 인간을 업신여기는 날의 도래를 염려한다. '일별식'이라는 이름으로 안 박사의 죽음은 기정사실화되고, 그 예정된 수명을 성대하게 기념하려는 행사는, 어떠한 사전 '의무 심리 치료'에도 안 박사의 '죽을 날'의 공포를 잠재우지 못한다. 이러한 기술 진보의 편리함은 외손자가 투수로 살아가게 될, '살 날'의 설계마저도 기형적으로 키워 놓았다.

토성의 위성 타이탄에 정착촌을 건설하면서 추진되는, '길가메시 프로젝트'에는 타이탄 환경에 적합한 생존력을 가진 생명체 인간이 아닌, 인간 뇌 선발 계획을 포함하고 있다. "비록 인간의 몸으로 환생하는 것은 아니"더라도, 안 박사는 최종 후보 선정에 희망을 걸고 있다. 일면 과학과는 거리가 있어 보이는, 동아시아 신화 연구에 평생을 헌신한 안 박사. 우주선에 승선하기 위한 '완벽한 인생사'로 남기기 위해, 안 박사는 자신의 불순한 인간 자유 의지를 최면술사에게 제거해달라고 요청한다.

사람에게 기억 속의 불순한 기억이란, 잊히지 않은 소중한 또 하나의 기록이다. 의미 있고 아름다웠던 기억만으로 조합된, 지난날의 삶의 흔적을 기대하는 것 혹은 그 과정을 생략하고 완성된 결과만을 저장하고자 하는 것은 비단 도래할 미래만의 일이 아니라, 작금의 일상이 되어 버린 지도 오래다. 그런 식으로 아내의 "목 아래 주름"까지 도려내고, 남은 순수한 기억만이 미래의 품위로 몰락하는 것이다. 아마도 미래에는 나이테 같은 주름살이 필요 없고, 방부처리된 현재의 지속만을 기대하는 삶일지도 모를 일이다.

호기심 많은 시인은 안 박사의 기획대로 '똥'이 떨어지는 "육체와 자연의 경계"를 확인하는 순간, 경추 골절로 쉽사리 즉사하고 만다. 그리고 안 박사는 민둥산을 300만 그루의 울창한 수림으로 가꾸어낸, '일휴림 숲지기' 영감에게 접근한다. 인류 고난의 역사를 반복적으로 잘 견뎌낸, 하지만 불길 속에서 "망자의 숲" 신비와 함께 잿더미가 되고 만, 그가 안 박사에게 메시지를 남긴다. "햇빛을 피하지" 말라는 그 말은 삶과 죽음의 순환적 이치에 적극적으로 응대하라는 의미의 메시지로 볼 수 있다. 백하나 여사의 다큐멘터리 프로그램에서 들려준 '인류의 중심 오판'과 '살아있는 날들'의 소중한 일상 기억들에 대한 차분한 서술은, 벤야민의 오래된 말처럼 "문명의 결에 거슬러서 역사를 솔질하는" 감동적인 일이 될 수도 있다.[5]

누구에게나 주어지는, 죽음에 접근하는 과정을 서사화하기 위해, 작가는 필시 '길가메시 프로젝트'라는 기획을 용단(勇斷)해야 했을 터이다. 그 찰나에 이르는 허무한 시간을 작품 말미에서 아내와의 진정한 사랑의 회복으로 귀속시키고 있다. 어쩌면 아무리 거창한 미래 기획도 단지 한 인간의 흔적을 다만 메우는 당연한 과정에 지나지 않는 것이다. 다만 잊지 말아야 할 것인, '죽어가는' 과정 또한 '살아가는' 과정이라는 작가의 마지막 "엽서 한 장"에, 천천한 응시의 방점을 찍고 싶다.

---

[5] 발터 벤야민 지음, 반성완 편역, 『발터 벤야민의 문예이론』, 민음사, 2014, 347쪽 참고.

3) 아빠의 시간

소설「정규」에는 정규직과 비정규직의 사람들이 있다. 명백히 분할된 그들의 세계는 유사한 일을 하면서도 상이한 대우를 받는 것이, 시스템과 색깔과 규칙으로 당연하게 "척척 맞"아 돌아가는 것처럼 보인다. 정규는 근로계약서상, 출근시간인 오전 8시보다 더 이른 7시에 출근하고도 예정된 지각 때문에 세탁기 고문을 당한다. 시간은 누구에게나 공정하지 않다. 세탁물 속에서 성인용품이 나오는 날에야 비로소, 정렬된 컨베이어 벨트 기계의 부속품 사이에서 깨어난 음란한 인간들이 "집에서 못다 푼 욕정을 입으로"나마 꿈틀거리며 해결한다. 작가가 구태여 "음담패설"이라 명명하는 대화를 노동자들의 삶 속에 삽입한 데에는, 욕정 너머에 저당 잡힌 노동자의 삶의 전반을 노골화하기 위한 욕망으로도 읽힌다. 사장의 "스티커 안 붙은 자리"로의 구획 규율과, 김 과장의 휴무 착취와 일용직 인건비 횡령, 그리고 정규를 세탁기 안의 세탁물 취급을 하는 황 대리의 행위에서, 비정규직에 대한 절정의 폭력성을 보인다. 정규는 뒤돌아보지 않고 공장을 나가면서 "내일 투표도 하고, 여자친구한테 고백"도 할 거라는 약진의 행진을 보인다. 야근이 끝나고, 생계에 쫓기는 늙은 노동자들이 공장 근처 고깃집에 모인다. 정규에게 부끄러워, '준법 투쟁'을 강변하며 결의를 다진다. 하지만 그들은 임시 공휴일인 대통령 선거일 6시 정각, 침묵의 출근을 한다. 현실적이며 예측된 결말이다. 사실적인데 허무하고 심연의 미동이 없다. 물론 그들은 '지구와 엄마와 자식'을 지켜야 하는 누군가의 '아빠'이다. 아파트 담보대출을 갚아야 하기에, 종일 얼굴을 볼 수 없는 숙명의 아빠이기에 청년 '정규'처럼 실제적으로 행동하기는 어렵다. 작가 또한 지독한 "어둠 속을 내달"리고 있는 '나'이면서, 대다수의 피플(people) 중 한 사람이다. 촛불이 성화가 되기까지 그 미약하지만 강렬했던 미동을 감지하는 촉수를, 필사적으로 상상하는 여력을 기대하고 싶다. 어쩌겠는가, 그것이 작가의 슬픈 천명(天命)인 것을.

3. 물음의 응시: 김민혜의 소설집 『명랑한 외출』(산지니, 2017)을 중심으로

1) 엄마, 어디가

한때 한국 사회 안에서 사회를 이루는 가장 중요한 소집단이 소위 가족이라고 자주 일컬어졌다. 그러한 혈연과 부계 중심의 정상 가족 이데올로기의 담장이 무너지기 시작한 때는 1990년대 즈음이다. 1987년 절차적 민주주의의 형식적 완성 이후, 김영삼 정부 후반기 신자유주의의 급물살 속에서 가족의 이야기는 점점 작아지는 경향을 보인다. 극장가에서는 근대사회의 윤리관 및 민주적·서구화된 가정의 필름과 더불어 가족의미의 퇴색, 개인주의 가치관의 증대를 다룬 내용이 상연되었다. IMF 경제 위기가 겹쳐지면서 영화의 소재나 주제로서 가족이 더 이상 중심에 서지 못하였고, 가족 공동체에 대한 진지한 관심과 고민은 지극히 사적(私的)인 이야기로 퇴색되어 갔다. 한부모 가족의 경우, 2000년 약 112만 가구에 이르고, 이혼으로 인해 한부모 가족으로 형성된 경우는 10년 전에 비해 약 1.3배 증가한 통계자료가 발표되었다. 실업과 연관된 생존의 절박함은 비인격적인 가정의 형태로 굴절되었고, 돈과 도덕은 더 이상 선택의 대상이 되지 못했다.

김민혜의 소설 「명랑한 외출」에는 더 이상 초역사적·몰사회적인 위치에 있지 못하는 가족의 서사가 흘러가고 있다. 부모 세대의 가정 몰락은 그녀의 불행한 삶의 시작이 된다. 밖으로만 배회하는 아버지와, 경제적 능력이 없는 엄마는 그녀의 사회적 첫발이 될 대학의 기회를 놓치게 하였다. 그들은 알바를 하여 등록금을 모으며 새 희망을 찾던 그녀에게, 어떠한 울타리도 되어

주지 못하였다. 그러나 수사를 맡았던 경찰인 남자는, 불의의 차 사고로 행인을 죽게 하여 교도소를 가게 된 그녀에게 유일한 동정의 시선을 보내 주었고, 수형 기간 동안 빵과 과일을 사 들고 면회를 오거나, 출옥하는 날까지 두부전골을 사 주던 "유일한 수호천사"였다. 몇 번의 데이트 후 그들은 밤을 함께 보내게 되었고, 그녀의 배는 날이 갈수록 불러오고 있었다. 세상에 홀로 남겨지게 된 그녀에게 유일한 버팀목이 되어 준 '남자'는 애초에 유부남이라는 비도덕적인 관계의 문제를 안고 있는 존재였다. 아내와 습관처럼 이혼하겠다던 남자의 말은 진짜 습관이 되었고, 출산을 한 지 3년이 된 그녀는 양육비를 받기 위해 애써 경찰서까지 그를 찾아가지만, 돌아오는 것은 냉정한 협박뿐이었다. 그럼에도 "그녀가 남자를 떠나지 못"하는 것은 "외로움"때문이었다.

명랑한 외출. 아이에게 알록달록한 구슬 아이스크림을 사주고, 옷가방과 함께 아이를 동물원에 버린 날, 그녀의 명랑한 외출은 시작된다. 그녀는 가고 싶던 바다로 가서, "남자와 아이에 대한 기억을 깡그리 떠나보내"고 싶어 한다. 바다와 백화점을 실컷 다니려는 상상만으로 "걷잡을 수 없는 희열"이 그녀의 온몸을 감싼다. 소설의 서두 부분에 바닷가의 모래밭에 누워 따가운 햇살을 받아들이는 장면은, 흡사 낭만적인 연출 효과를 보이는 듯하다. 하지만 실상은 아이를 동물원에 버리고 찾은, 심리적이고 일시적인 "모래무덤" 공간에 지나지 않는다. 이곳 어디에도 그녀의 외로움을 달래줄 사람은 없다. 아이를 버린 시간이 지날수록, 이곳은 "진흙을 뚫고 나온 생명의 흔적이 자잘한 구슬 모양으로", 심연의 상흔을 부활시키는 장소일 뿐이다. 또 백화점에 가서 원하는 상품들을 훔쳐 넣은 가방 속에서, 쏟아져 나오는 것들 중에는 여전히 남겨진 "아이의 옷들"이 있다. 그 상황을 "그녀는 손을 탁탁 털며 시시덕거리며 웃"어 넘기지만, 심연에 남겨진 상흔은 쉽사리 웃어넘겨지는 것이 아니다. 거울 앞에서 훔친 상품들로 진한 화장을 하고 화려한 옷치장을 하며, "고혹적인 미소"를 흘려보아도, 결국 거울 속에 비치는 것은 페르소나 이면의, "목이 늘어진 티셔츠" 차림의 "익숙한" 과거 자신일 뿐이다. 동물원에 버리고 온 것은 아이만이 아니라, 바로 그녀 자신이기도 한 것이다. 그리고 그녀와 아이의 생활 속으로 "부침개"를 쟁반에 담아 오며, 관심을 가져 주던 옆집 노파가 있다. 아이가 동물원으로 유폐되던 날이 얼마 지나지 않아, 그 노파도 죽어버렸다. 근거리에 의사인 자식과 교수인 자식을 두고도, 주변에는 자식들이 모두 미국에 있다고 거짓말을 쏟아내던 노파였지만, '그녀'와 아이가 즐겁게 동물원에 가던 날, 순수하게 빙긋 웃으며 환송해 주었다. "엄마, 어디가?"라는 아이의 말에 동물원, 하고 '그녀'는 짧게만 대답했지만, 여러 동물들을 함께 보며 행복해 하는 아이와, 그런 아이의 모습을 사진 찍는, 행복한 자신을 발견하게 된다. '명랑한 외출'을 위해 아이를 동물원에 버리고 온 날, 그녀의 진정한 행복은 어쩌면 아이와 함께 그 동물원에 영원히 유폐된 것인지도 모른다. 이후 그녀는 "씩씩하게 사람들 속으로 섞여" 들어간다. 그러나 바다도, 백화점도, 친구의 남자친구를 뺏으려는 만남에도, '명랑한 외출'을 상상하지만, 움직이는 곳마다 '우울한 환영'을 지울 수는 없었다. 반사회적이고 비도덕적인 '그녀'의 삶의 행적이, 이미 '익숙해진' 가족과 사회라는 고챙이(弗)에 꿰어져 딱딱하게 말려지고 있는 것만 같다.

2) 세상이라는 무대에 내가 설 수 있을까

「인터미션」, 연극이나 영화 등의 중간 휴식 시간을 뜻하는 말이다. 알 수 없는 발진 증세로 고통 받고 있는 '나'와, 이방인 '프엉'과의 우연한 동거는 그들 삶의 인터미션이다. 그들의 만남 저변에는 상처가 있다. 극단에서 주연을 맡은 연극 공연이 끝나고, 감기 몸살과 신열이 발생한 이후, 제대로 된 원인을 알 수 없는 발진으로 하루하루 고통을 받으며 살아가던 '나'에게, 사고로 아이를 잃고 남편의 구타와 모욕으로 이혼을 한 베트남 여자 '프엉'이 셋집을 찾아서 '나'의 집으로 흘러들어 오게 된다. 순식간에 불법 체류자가 된 '프엉'은 "돈이 떨어져 연명하기 위해 불안에 떠는 것과 사는 곳에서 쫓겨날지 몰라 불안에 떠는 것", 이 모두의 불안과 초조로 상처받고 있다. "세로토닌과 코르티솔이 길항하며 공존"하는 약품의 지배 속에서 허덕이고 있는 나에게, '프엉'은 퍽이나 신기한 존재이다. 그녀는 "몸 어딘가에 내장"되어 있을 것만 같은 생명력으로 세상에 당당히 부딪치며 씩씩하게 살아간다. 그에 비해 '나'는 폐결핵으로 엄마가 죽고 아버지는 재혼을 해서 인연을 끊었으며, 여동생은 결혼하여 중국으로 떠나버렸다. 그 후로 '그녀'는 오래 묵은 "몸속에 쌓여 있는 독소"를 발산하지 못하고, 그 '독소'가 피부 바깥으로 스며들어 고통에서 헤어 나오지 못하고 있다. 얼마 지나지 않아 '프엉'은 긴 생머리를 찰랑거리며 "물오른 몸매"를 발산하는 생(生)의 활기로 '나'의 집안 깊숙이 "정욕의 비린내"를 감염시킨다. 같은 극단 연출자 L에게 제대로 된 사랑 고백도 못한 '나'는, 억울함과 분노로 생(生)의 막을 한없이 내리고만 있다. 어쩌면 '나'와 '프엉'이 동거를 시작한 지점이 생(生)의 연극 중간의 휴식 시간인 '인터미션'이다. 삶의 서막이 어떻게 진행되었던 간에 다음 삶의 막을 제대로 살아내기 위해서는 짧은 '인터미션'이 중요한 의미를 가진다. 단 한 번의 삶일지언정 우리는 무수한 '인터미션'을 경험하게 되어 있고, 그 찰나에 "바람에 흔들리는 나뭇잎 같은 움직임"을 감지해내는 몸의 감각세포를 일깨울 필요가 있다. 미하일 바흐찐의 말처럼 "지상적인 공포—이것은 생식기관이며 육체의 무덤이지만, 그러나 이 육체의 무덤은 쾌락과 새로운 탄생에 의해 개화(開花)하는" 것이다.[6] '나'는 "남자와 결혼하는 환상에 달콤한 꿈"을 꾸

---

[6] 미하일 바흐찐 지음, 이덕형·이건형 옮김, 『프랑수아 라블레의 작품과 중세 및 르네상스의 민중문화』, 아카넷, 2001, 152쪽 참고.

고 있을 것만 같은, '프엉'의 잠 숨소리와 환한 표정, "생동하며 날아가는 나비"같은 움직임에 반응한다. 비록 꿈일지언정, '나'는 L의 여자에게 당차게 내 사랑을 주장하여 L의 품에 안기고, 꿈꾸던 행복한 결혼생활을 실현시키는 행복감에 빠진다. '나'의 마음의 변화는 육체도 움직인다. 심적 스트레스로 인해 약물에 의존하던 '나'의 고통은 욕조 속의 "발진의 쭉정이"로 떨어져 나갔고, 눈부시도록 하얘진 피부는 최상의 컨디션으로 돌아왔다. 이로써 "연극배우 홍정아(40세) 자택에서 숨지다. 그녀는 지난 해, 연극〈어설픈 사랑〉에서 집으로 침입한 강도와 결혼한 여교사 마순정 역을 맡아 열연을 펼치기도 했다"는 실현가능한 상상 속의 한쪽짜리 일간지 기사 인생이, 꿈 속 사랑의 도발로나마 '우아한 무대'로 변신하게 된다. "세상이라는 무대에 내가 설 수 있을까"라는 물음이 "무대의 막은 곧 올라갈 것이다"라는 확신으로 개화(開花)한 것이다. 거대한 세계 속의 나약한 개인의 삶이란, 언제나 불안과 분노의 교차점에 있다. 어느 방향으로 기울든지 육체는 고난 속에 놓이겠다. 하지만 마음을 멍들게 하는 상처의 근원이 어디까지나 타자를 위시한 외부에 있다면, 그 혼란한 세계의 틈바구니 속에서 생(生)의 실마리를 찾는 것이, 보다 건강하고 달콤한 "행운목" 키우기가 되지 않을까. "드라이플라워"처럼 바투 쥐면 바스러져 버릴 것만 같은 내 몸일지라도.

3) 돈을 갖고 작품을 제작한다

캄캄한 거리의 골목에는 어둠 속에 가려져 있던 맥주 캔, 프로필렌수지 봉지, 스티로폼 상자와 같은 정크(junk)가 쌓여 있다. 날이 밝아오면 그 모습은 드러나는데, 그 사이를 지나는 고양이와 같은 인물군상들은 자본주의 사회의 낙오자다. 캐나다에 아내와 아들을 유학 보내고 기러기 아빠 신세인 박주원과, 일감이 떨어진 작업실에 화재까지 나서 가족들과 이산가족이 된

문시우, 그리고 사람들이 소비하다 버린 중고자동차를 중개하며 근근이 생계를 유지하고 있는 강만길을 포함한 이들 전부는 물질적 성취에서 배제된, 말 그대로 살아있는 '정크 퍼포먼스'이다. 현대 미술에서 가장 두드러진 특징 중 하나가 폐기물을 활용한 정크 아트이다. 산업폐기물의 총량의 범람으로, 환경오염의 위기 극복을 위한 시대적이고, 사회·문화적인 필요성이 예술적 흐름을 촉발시킨 사례라 볼 수 있겠다. 아버지가 하던 종묘상을 물려받아 생계를 꾸려 나가던 박주원에게 "생명을 키우는 일"이 부적(富的) 성취를 가져다주진 않았다. 그는 현대판 인간 정크들 사이에서 거울 속에 비친 "낯선" 자신의 모습을 확인하게 되었고, 고여 있는 것처럼 보이는 자신의 삶을 박물관 속 유물을 보며 위로한다. 그런 그에게 위조지폐도 아닌 천만 원이 넘을 듯한 돈박스의 발견은 새로운 고민거리가 되었다. 고교 동창 강만길은 돈박스를 탐욕의 대상으로 바라보았고, 박주원은 자신을 파탄하게 만든 자본 사회에 대한 복수의 도구로 돈박스를 처리하고자 하였다. 길거리에서 우연히 만났던 정크 아티스트 문시우는 "물욕을 추구하는 인간의 비루한 모습"을 표현하는 수단으로, "몸에다 지폐를 붙"이는 정크 퍼포먼스를 제안한다. 자본에 휘둘리는 사회적 편견과 가진 자의 권위에 항거하고자 시작한 예술적 행위는, 새로운 인간적 발견에 이르게 된다. 분명 '돈을 떼어가도 좋습니다.'라고 적힌 피켓을 사람들에게 알렸음에도 불구하고, 환성과 야유로 시작된 정크 퍼포먼스에 대한 반응이 시간이 지날수록 숙연과 응시로 전환되고 있다. 작가는 "사람들은 예술 작가의 몸도 예술 작품처럼 감히 건드리면 안 되는 것으로 생각하는 모양"인 듯, 혹은 "돈이라면 넌더리가 난 것인지도" 모를 일이라고 서술하면서 예술적 가치의 숭고성을 강조한다. 물론 작가의 말처럼 마치 사물에 절대적인 가치가 부여된 것처럼, 이미 '돈'을 지나치게 가치로운 대상으로 바라보는 세상이다. 하지만 사람은 어떤 물질을 만져서 정크가 되게 하기도 하고, 어떤 물질에 영감을 불어넣어 예술로 만들기도 한다. 인물들에 의해 '돈'이 예술적 정크 퍼포먼스로 재현되는 순간 '돈'은 그 본래의 가치를 잃어버리고 무용지물의 정크가 돼 버린 것은 아니었을까. 물질만능주의 세태 속에서 피플(people)에게 잠시 동안이나마 사물을 제대로 바라보게 하는 진중한 응시의 시간을 갖게 하는 것은, 충분히 의미 있는 재현 방식이다. 설령 그것이 금세 회복되고 말 착시 현상에 불과한 일일지라도 말이다.

4. 피플 소설의 길

게오르그 루카치의 말대로 서사 문학의 주인공은 "엄격히 말해서 개인이 아니다. 서사시의 본질적 특징은 그 테마가 개인의 운명이 아니라 집단 사회의 운명"이라고 전통적으로 생각되어 왔다. 그리고 "개별적인 구조나 외관은 상호 한정을 하는 부분과 전체의 균형의 산물"이기에, 지극히 사적(私的)이고 쓸쓸한 개성의 자문자답식의 명상 서술은 지양해야 할 것이다. 개인과 개인, 개인과 집단, 집단과 집단이 구축하는 관계는 지극히 긴밀하고도 섬세한 것이어서 팽팽한 긴장을 놓치지 않아야 하고, 개인이 외따로 배회하는 이야기처럼 보일지언정, 그 개인은 복잡한 삶, 관계의 운명 속에서 현실적 재현이 이루어져야 할 것이다. 아울러 언어 피플(people)에 대한 작가 나름의 개념 정의는, 작품 속에서 인물의 성격과 한계를 명확히 하는데 도움을 주고, 사건이 발생하는 구조적 틀을 구축하는 데에도 중요한 바탕이 될 것이다. 세계와 개인에 대해, 보다 섬세한 응시와 프리즘적 시각이 저변에 깔린 두 작가의 새로운 피플(people) 소설을 차분히 기대해본다.

그때의 지리산에 골몰하는 기억들
— 이인규, 『지리산에 바람이 분다』(전망)

역사는 언제나 유감(遺憾)이다. 현재는 또 다른 광풍(狂風)의 이데올로기를 지나는 중이기에, 과거라는 숲에서 메아리치고 자꾸만 밀려나고 누적되기만 하는 낡은 상처로 치부되기 십상이기에, 역사는 언제나 유감일 수밖에 없다. 광역의 시간을 지나 현재와 닿는 세밀한 문자를 만들어내기란 그만큼 벅찬 일이다.

신형기는 "분립한 남북한 두 체제에서 한국전쟁은 처음부터 어느 편이 살고 누가 죽느냐를 가르는 전쟁이었다. 서로 민족을 구획하고 상대방을 민족의 타자로 내몬 가운데 발발한 전쟁은 타자를 제거해야 한다는, 그렇지 않으면 자신을 지킬 수 없다는 위기의식을 증폭시켰다."라고 말하면서, 한국전쟁으로 인한 죽음의 공포가 집단적 절멸의 공포로 표현되는 서사에 대해 중요하게 언급한 바 있다.[1]

한국전쟁은 이래(以來) 집단에서 한 개인을 처절한 생(生)의 단독자로 내몬 비극의 역사이다. 그 구획과 침묵의 폭력을 오늘에 들추어서 흔들어놓는 작업은 오롯이 작가의 중요한 몫이다. 이인규의 장편소설『지리산에 바람이 분다』(전망, 2020)는 상처의 역사 한 꺼풀을 벗겨내려 시도하는 이야기이다. 한국전쟁 당시 민간인 학살이라는 통한(痛恨)의 역사를 모티브로, 가상의

---
1) 신형기,『시대의 이야기, 이야기의 시대-이야기로 읽는 한국 현대사』, 삼인, 2015, 157쪽.

장소를 설정하고 초현실적 요소를 가미하여 의문의 사건들을 '한짓골'로 집중시키고, 단번에 폭파하고 있다.

지리산은 복합적이다. 작가는 다양하고 다층적인 이권과 암투로 뒤범벅된 현재의 일상 속으로 반세기가 넘은 역사적 사건을 길어 올리는, 그 무겁고도 밑둥치조차 훑어볼 수 없는 심연의 상처를 아름다운 지리산의 배경 속으로 옮겨놓는다. "하얀 철쭉과 복수초, 패랭이꽃과 영산홍과 목련 그리고 다닥냉이와 목련이 어우러져 차를 모는 내내 진한 향이 창밖으로 들어"오는 지리산은 인간 삶의 아이러니를 내포하는 장소이다. 원시적 자연미를 간직한 공간이자, 잔혹한 인간 폭력의 비정성이 곳곳에 산재하는 장소이다. 산이 깊을수록 그 울림은 아득하게 오래다. '임 씨'와 '안평댁', 그리고 여전히 이름할 수 없는 '마을 주민 반 이상'의 사람들에게 어느 날 갑자기 들이닥친 국군에 의해 평범한 가족들이 학살되는 공포와 아득함은 불시에 부활하는 여전한 현재로, 지워질 수 없는 기억으로 존재한다. 그 원시적 아름다움 속에서 불쑥불쑥 부활하는 것이 잔혹하게 다가온다.

한(恨)이 기억인가. 남아있는 것이 없다. 죽은 자는 죽어서 사라지고, 산 자는 당면한 현재를 사느라 일상의 기억 속에 남은 것이 없다. 비가시적이고 초월적인 한(恨)만이 그들의 내면 속에 도사리고 있는 것이다. 독실한 기독교도인 아내와 중2 사춘기 아들과 지리산에 이사 온 민학의는 오래전부터 귀촌을 생각했던 도시 직장인이었다. 그들은 무한경쟁과 배제적인 자본주의 체제 시스템에 길들여진 삶에서 벗어나, 천혜 자연의 공간에서 역사적 비극과 '한(恨)'을 지닌 지리산 사람들과 접속한다. 좌·우익의 이데올로기 대립으로 촉발된 잔인무도한 전쟁의 틈바구니 속에서 "조상대대로 여태껏 땅만 파먹고" 살던 평범한 사람들은 불가피한 선택을 강요받고 비의식적인 '빨갱이'가 되고, 부지불식간에 '빨갱이' 가족으로 전락하게 된다. 그 선택의 말로(末路)

는 몰살과 배제와 오랜 침묵이었다. 민학의는 자신의 가족들에게 일어나는 미스터리한 사건들을 추적하는 과정에서 지리산 속 인물들과 만나게 된다. 사건이 진행되면서 그들의 기억과 내밀한 접속의 매개인 '한(恨)'의 공감과 확장은 과학적 세계질서의 틈바구니 속에서 버둥거리는 현대인들에게 다소 의아하게 다가오면서도, '타자를 깊이 이해하는 법'에 대해 다시금 골몰하게 한다.

그들의 언어는 어떻게 기록되는가. 오카 마리는 부조리한 죽음이라는 사건의 폭력이 어디에서 유래했는가를 철저히 고민하기 바라면서 "사건의 폭력을 끊임없이 상기해 결코 망각하지 않고 그것을 타자에게 말"[2]하여 주는 서사, 그 기억을 온전히 타자와 분유(分有)할 수 있는 서사에 대해 역설한다. 임 씨는 어릴 때 영문도 모른 채 어머니와 동생을 국군에 의해 잃은 뒤, 천애고아가 되었고, 하나 남은 피붙이 알코올 중독자 외삼촌을 찾아가 끝나지 않은 고된 삶을 이어간다. 어른이 된 임 씨는 여전히 군인들만 보면 오금이 저려 똑바로 서 있을 수 없는 심연의 고통을 안고 살아가지만, 판소리 하는 딸 '금화'와의 운명적 인연에 감사하기도 한다. 또다시 '금화'를 둘러싼 '한짓골'의 폭력과 암투의 재현이 벌어지면서 임 씨는 순식간에 한(恨)스러운 일상으로 전락하고 말지만, 현재 속의 역사적 과거를 살아가는 목소리를 세밀하게 담아내는 중요한 인물이다. 이에 비해 임 씨의 딸 '금화'의 비극적 죽음과 긴밀성을 갖고 있는 악인 '태봉'의 외할아버지 도평노인은 외부자의 목소리를 들려주는 인물이다. 오래전 그때 지리산에서 있었던 기억들을 주관적·압축적으로 전달하면서 손자와의 비의(秘義)적 관계로 인해, 그의 재구성된 사실을 전달하는 목소리에 의문을 제기하게끔 만드는 인물이다. 이는 이야기 곳곳에 나타나는 혼령의 등장과 같은 초현실적 사건의 설정보다 작가가 진실로

---

[2] 오카 마리, 『기억 서사』, 소명출판, 2002, 109-110쪽.

전달하고자 애썼던, 비극적 사건의 세밀함과 현재화된 고통의 지속이라는 메시지가 약화하게 된 동인(動因)은 아닐까.

그리고 역사적 비극의 사건을 증언하고 있는 여성의 삶, 또 다른 타자의 삶의 기록이 미미하다. 이데올로기의 탈을 쓴 국군에 의해 어른, 아이, 여자 가릴 것 없이 무법적으로 처벌된 만행(蠻行)이 보다 다각도로 전개되지 못한 아쉬움이 남는다. 그럼에도 불구하고 이인규의 소설은 쉴 새 없이 펼쳐지는 사건의 실마리들로 인한 긴장감의 연속과 그물망처럼 얼키설키한 인물들의 촘촘한 관계가 시간이 지날수록 튼실하게 조여지는 몰입감을 유발하여, 안개 짙은 지리산의 진실에 한 발짝 골몰하며 다가서게 만드는 강력한 힘이 있다.

문학적 소통에 나타나는 어떤 부름
―백가흠, 「광어」, 「귀뚜라미가 온다」를 중심으로

들어가며: 무모(無謀)한 청춘과 몰락 공간

20대의 어느 가을날 무슨 생각을 하느냐는 지극히 일상적이고 낯선 질문이 하나 있었다. 그물을 만들고 있다. 세상 모든 가능한 질문과 생각들을 붙잡기 위해. 무모하고도 짧은 이 추풍(秋風)같은 기억은 역사적으로 설계된 삶이 지속되면 될수록, 불가능을 꿈꾼 자에게는 준엄한 절단으로, 불가해한 타자에게는 침묵의 비닉(庇匿)으로 탈골되어 갔다. 이 즈음하여 서울신문 신춘문예 단편 「광어」(2001)로 등단하여, 첫 소설집 『귀뚜라미가 온다』(문학동네, 2005)를 세상에 내놓은 문제적 소설가 백가흠이 있다. 「귀뚜라미가 온다」를 표제작으로 9편의 단편을 실었는데, 이 이야기들은 성적 결합 구도 아래 자행되는 남성 중심의 욕망과 폭력으로 독해되거나 약육강식의 동물적 작동 원리 속에서 무력하고 무질서한 인물군상의 탈주체화로 회자되고 있다.

모리스 블랑쇼는 말한다. 소외와 결락의 바깥에서 문학이 유래하고, 그곳의 문학이야말로 글 읽는 자와 글 쓰는 자 사이의 관계와 소통으로 공존하며, 그곳을 향한 작품만이 그 소임을 다하고 다시 바깥에서 사라져 간다고. 백가흠의 첫 소설집 『귀뚜라미가 온다』에는 현대사회의 비현실적 실제인 '바깥'이 존재한다. 그곳은 생존의 끝에 내몰린 이들의 처절한 생(生)의 현장이자 몰락의 기록이기에, 책장을 넘기는 내내 어느 누구도 물 한 모금 삼킬 여유도, 진정도 없다.

오래된 유곽의 '여자'와 그 여자에게 헌신하는 '남자'의 춘천행 꿈의 무산(「광어」), 태풍 '귀뚜라미' 속의 위태로운 '바람횟집'과 '달구분식'의 기형적한 지붕살이(「귀뚜라미가 온다」), 소수성애자의 상처와 조건부 만남녀의 생존의 밤(「밤의 조건」), 외도한 아내를 살해, 맹인 안마사녀에게 남긴 남자의 굵은 주름의 구두(「구두」), 엄마가 죽은 영혼의 전나무숲의 "빙신" 육손이와 하혈하는 여자(「전나무숲에서 바람이 분다」), "다방 레지" 아내의 성폭력 희생, 남자의 거센 파도 같은 성폭력 복수(「배(船)의 무덤」), 2시 31분 엄마 상실에 대한 복수 타임까지 사랑과 배신, 살인의 위태로운 관계들(「2시 31분」), 배꽃 지는 과수원, 장애인 부부의 지옥같은 삶(「배꽃이 지고」), 천사와 악마의 경계에 있는 '듀나미스'와 '나'의 복수(「성탄절」)의 이야기들이 우리의 오랜 숙원인 생(生)의 그물망을 난도질하고 있다.

1. 소통의 기원: 소통의 바깥에서 소통하는 법

흔히들 소통을 말한다. 사전을 펼쳐, 나와 그대 사이에서 막힘없이 뜻이 서로 통하여 오해가 없는 결의 흐름인 점을 고려하면, 속 시원스레 맺어질 관계가 아니라는 것쯤은 쉽게 알아차릴 수가 있다. 다만 세계-내-존재들이 명확한 경계를 상실한 채로 개개의 대상들과 만남을 가능하게 하려는 심미적 의도가 휘파람처럼 흔히 불리어지는 것에는 윤리적 웃음을 짓게 한다.

'말을 나눈다. 말을 주고받는다.'는 방식으로 우리는 서로간의 대화를 의미 규정해 볼 수 있다. 이런 대화는 말이나 글이라는 소통방식을 통해서 각자의 의사를 전달, 수용하는 행위를 포괄한다. 타자에게 일방적인 의사수용을 강요하는 연설과 달리, 대화는 타자와 상호간에 의사를 주고받을 준비가 되어 있음을 전제하고 있는 셈이다. 즉 그것은 타자로부터 출발한 생각이 어떤 전달체를 통해 자신의 수용체에 그 의미가 접속하는 '수동적'인 과정이다. 타자의 존재를 전제하고, 생각을 전달받는 수동성이 상호간에 원활히 이루어질 때, '소통이 잘된다.'라고 말할 수 있는 것이다.

서양 문화는 플라톤의 '대화편', 진리를 탐구하는 과정에서 소통의 기원을 살펴볼 수 있다. 둘 이상의 대화 상대자 사이에서 의사를 주고받는 방식에서 그 조건을 추측할 수 있겠고, 그런 소통방식의 전통에 기반하여 서양 의회민주주의의 토대가 닦아진 것으로 이해할 수 있겠다. 즉 타자를 전제로 하고, 갈등의 소지를 해소하는 대화를 통해 의사를 소통하는 데에 그 이상적 가치를 두고 있는 것이 서구적인 소통의 의미인 것이다.

한편 우리나라 고전시가에서 소통(疏通)의 기원을 탐구해보자. 고조선 시대의 우리나라 최고(最古)의 서정가요인 '공무도하가(公無渡河歌)'를 들어보겠다. 작자와 등장인물의 신분에 대해 여러 논란이 있음에도 불구하고, 그 기본적인 한역 내용은 "임이여, 물을 건너지 마오(公無渡河)/ 임은 마침내 물을 건너시네(公竟渡河)/ 물에 휩쓸려 돌아가시니(墮河而死)/ 가신 임을 어이할꼬(當奈公何)"로 이견이 적어 보인다. 작자에 의해 생산되는 문학은 기본적으로 독자를 전제로 하고 있고, 그 독자에게 메시지를 전하는 방식을 취하고 있기에, 일상적인 소통 방식과 다르지 않다. 그리하여 '공무도하가'에서 추출할 수 있는 우리나라 소통의 방식은 우선 '임'이라는 청자(타자)를 전제하면서 "임이여"와 같이 '호명'의 방식을 취하고 있음을 확인할 수 있다. 이는 또 다른 고전시가에 해당하는 '구지가(龜旨歌)'와 '정읍사(井邑詞)'에서도 각각 "거북아"와 "달님이시여"와 같이 타자성과 호명성이 함께 드러난다.

또한 세 고전시가 모두 화자가 간절히 소망하는 타자의 부재성에 공통적으로 기반하고 있는데, 그것은 '공무도하가(公無渡河歌)'와 '정읍사(井邑詞)'에서는 호명 대상이자 연정 대상인 '임'의 부재 상황으로, '구지가(龜旨歌)'에서는 호명 대상에게서 부여받을 영신(迎神) 대상인 '머리(왕)'의 부재 상황으로 형상화되어 있다. 따라서 고전시가를 바탕으로 우리나라 소통의 기원을 추출해본 결과, '타자성과 호명성과 부재성'으로 그 소통의 특징을 범박하게나마 정리할 수 있겠다.

덧붙여 우리나라 소통에는 부정성에 대한 윤리성이 깃들어 있다. 앞서 살핀 서구 소통의 기원 장면에는 논리적이고 이성적인 의사소통에 목적이 있다면, 우리나라는 부정적인 상황에 놓인 이들의 기원과 소망으로써 소통 장면이 구성되어 있다. 사실 유연하게 잘 운영되고 있는 공동체의 구성원들 사이에서의 효율적인 소통의 간절함보다 극한적 상황에서 고통 받고 있는 낮은 자들에게 말을 건네주는 윤리적 소통이 더욱 절실하다고 볼 수 있겠다.

반면 백가흠의 소설은 상당히 폭력적이고 비윤리적인 사건으로 점철되어 있어, 순식간에 우리를 파토스적 아노미 상태로 몰락시키므로 표면적으로 윤리적 소통과는 상당한 거리가 있어 보인다.

  중늙은이 사내가 여자 위에서 헐떡입니다. 병출씨는 더 이상 그들에게 다가서지 못하고 대나무 사이로 여자를 바라봅니다. 여자가 작게 내뱉는 신음소리가 대숲을 떠도는 바람에 실려 흩어집니다. 대나무 사이로 반짝 여자와 눈이 마주칩니다. 여자가 휙이 휙이 손짓합니다.
  야이, 시벌눔아.
  주인 사내의 고함소리에 놀라 병출씨는 돌아섭니다. 잘 익은 배를 하나 따서 품에 안고 소매로 닦습니다.
  유난히 배가 많이 열린 나무 아래, 병출씨는 쭈그리고 앉습니다. 굵은 나무의 밑동과 배를 번갈아 쓰다듬습니다.

―「배꽃이 지고」[1], 228쪽.

배 과수원 주인 사내는 지속적으로 장애인 병출에게 노동착취와 학대를 가하고, 그의 장애인 아내는 겁탈을 한다. 이 반복적인 장면을 "다가서지 못하고" 바라보기만 하는 병출은 '장애'가 있다. 그러나 "여자와 눈이" 마주치는 장면이나, 주인 사내의 폭력으로 죽은 아이가 묻힌 배 나무 밑동과 배를 번갈아 쓰다듬는 장면에서는 병출의 '장애'의 크기보다 가혹한 사태 안에 불가항력적으로 생존하는 인물에 대한 작가의 안쓰러움이 지배적이다. 그리고 아내와 '병출'의 시선 교환을 통해 폭력적인 사태에 다만 순응적이기만 한 것이 아니라, 무의식적인 생존의 응답을 장면 속에서 보이고 있기도 하다.

오늘날 사회 속에서 나타나는 부정적 상황은 대부분 우연적이고 비현실적인 방식으로 우리에게 피투(被投)된다. 어느 누구도 그 동일시된 고통과 절망의 상황을 바랄 리도 없거니와 막아낼 도리조차 사실상 없어 보이는 시대를 살고 있다. 삶이 이토록 힘에 부대끼는 날이 계속되고 있다. 이미 그러한 사회 안에서 망각되거나 무중력으로 배제되는 사태에 놓인 우리들(타자들)은 백가흠의 소설 속 인물들로 투영되어, 독해하는 내내 스스로를 매우 불편하게 만들기도 한다.

백가흠은 생각지도 않고 싶은 현실에 우리를 직면시키고 있다. 그리고 하나하나 곱씹어서 생각하도록 만들고 있다. 그 말도 안 되는 소설 속 사건들이 이미 우리 세계에서 일어나고 있다고, 외면한다고 닥치지 않는다고 장담할 수 없음을 호통 치는 듯하다. 그 불편한 자리에서는, 아무리 어떤 방식으로 잘 가꿔놓은 윤리의 나무라 할지라도 제대로 뿌리내릴 수 없음을 인물들의

---

[1] 이 글의 모든 인용문은 『귀뚜라미가 온다』(문학동네, 2011)에서 가져온 것이다. 이후부터는 작품명과 인용 쪽수만 밝힌다.

처절한 삶을 통해 절감시키고, 그 비현실적인 삶에 소통의 물꼬를 터보려 안간힘을 다한다.

이 글에서는 앞서 살핀 우리나라 소통의 특징 중 '타자성과 부재성과 윤리성'을 근거리에 두고 살피고자 하는데, 이는 고전시가 양식과 달리 장르 특성상 소설에서는 작가의 입을 대신하는 인물을 의도적으로 설정한다손 치더라도, 사건과 사태에 걸맞게 '호명성'을 명징하게 표면화하기 어려운 측면이 있어, 여기에서는 배제하기로 한 것이다. 또 백가흠의 첫 소설집『귀뚜라미가 온다』중에서 등단작「광어」와 표제작「귀뚜라미가 온다」에 한정해서 백가흠이 형상화하고자 한 소통의 흔적과 그 의미를 살피고자 하는 것은, 정제된 손질의 흔적이 비록 미흡하더라도 가장 진솔한 그의 '날것'으로서의 심연을 들여다보기에는 두 텍스트가 일관된 항로를 보이고 있을 것이라는 기대치에서이다.

2. '바람'의 흔적과 '죽음'의 소통 공동체

1) '바람'의 흔적과 타자성(他者性)

백가흠의 소설「광어」에서 주인공은 혹시 '광어'가 아닐까. 이 '광어' 이외에는 횟집에서 날렵하게 회를 뜨며 살다가 한 여자만을 위해 헌신적인 '나'와, 오래된 유곽에서 몸을 상품처럼 거래하며 살다가 결국 "흥부의 박"같이 임신한 배를 갈라야 하는 '그녀(당신)'가 중심인물이라 할 만하고, 악덕 사장의 전형인 횟집사장과 '그녀'의 사장은 부부이다. '나'와 '그녀' 사이에는 늘 '광어'가 있어 왔다. "비가 오면 회를 찾는 사람이 적"어서 횟집에는 찾는 사람이 없다. "아무도 펄떡거리는 생명을 기억하는 사람이 없는데", 유독 그녀를 포함한 유곽녀들만이 잊지 않고 찾아오는 것이다. 그러하기에 '광어'는 '나'의 생계 수단이자, 희생 대상이 되면서도 '그녀'가 나를 찾아오게도 하는 생명체인 것이다.

> 칼이 자기 몸을 후비는 것을 느끼는 놈들도 있다. 그놈들은 내장을 다친 경우이다. 내가 칼의 느낌이 좋지 않은 날, 살짝, 아주 살짝 내장을 건드린 경우에 그놈들은 칼의 느낌을 안다. 그러면 그놈은 나를 노려보며 입을 크게 벌리고 숨을 쉰다. 소리는 나지 않지만 내장 밖으로 **바람이 새는 소리**가 가냘프게 느껴진다. 그런 경우에는 무채를 수북이, 깊숙이 쌓아준다. 나는 바람 새는 내장이 차가운 접시 바닥에 닿는 것을 원치 않는다. 아주 살짝이지만 그래도 그놈들은 곧 죽는다. 나에게 있어 살짝은 그놈들에게는 치명적인 것이다.
> ―「광어」(10쪽)

'광어'를 회 뜨는 장면 묘사이다. 주체와 대상은 칼날을 넘나들면서 상호반응하고 있는데 신묘(神妙)하기까지 하다. 내장을 건드리는 '나'의 사소한 생(生)의 실수가 '광어'에게는 몸부림치게 만드는 사(死)의 위협으로 다가오고, 이내 "바람이 새는 소리"를 발하며 생명체는 죽는다. 그 극단의 대립이 사람과 횟감에 지나지 않음에도 불구하고 거북한 느낌이 드는 것은 얼핏 적나라한 묘사가 있어서 그럴 것으로 생각되지만, 정작 백가흠의 서술 표현에는 '나'와 '너(광어)' 사이의 교감을 통한 타자적 상상력의 힘만이 존재한다.

> 달구의 늙은 엄마는 좁은 틈으로 몸을 완전히 숨긴다. 머리를 벽에 붙이고 무릎을 꿇은 자세이다. 달구는 돌아오지 않는다. 달구 노모가 빠진 앞니 사이로 긴 한숨을 내뱉는다. 내 자몬인 기아, 모된 내 맘을 용와닌이 아나뿐 기아. 노모는 좁은 틈에서 엎드려 **바람 새는 소리**로 중얼거린다. 바닷물이 노모가 있는 방 안으로 들어온다.
> ―「귀뚜라미가 온다」(61쪽)

'귀뚜라미'라는 태풍이 바닷가 마을을 덮치고 있는 장면이다. 그 마을에는 '바람횟집'과 '달구분식'이 기형적으로 벽을 맞대며 존재하고, '달구'의 기형적인 '노모'에 대한 폭력은 태풍이 몰아치는 급박한 상황 속에서도 태연히 벌어진다. '노모'는 아들의 구타로 이가 부러지고, 그 구타를 피해 귀뚜라미나 살 법한 "벽과 장롱 사이 좁은 틈"으로 기어들어가 한숨을 내뱉는다. 하지만 참 담담하다. 백가흠 소설 속에는 이처럼 죽음이 턱 밑까지 치달아 왔음에도 불구하고 담담한 사람이 존재하고, 여지없이 "바람 새는 소리"가 생(生)과 사(死)의 경계에서 뿜어져 나온다.

'바람' 소리는 죽음의 경험과 바깥의 경험이 공존하는 곳에서 나타난다. 오늘날 죽음으로의 근접에 닿은 무수한 위기의 타자들도 한숨을 내쉰다. 백가흠의 인물들이 내쉬는 한숨 또한 그들에게서 발신하는 유일한 일회성 신호이다. 이 신호의 기록은 작가가 독자에게 보내는 또 다른 발신체가 연결고리가 된다.

이처럼 '타자(他者)의 타자성(他者性)'은 백가흠의 소설에서 주요한 장치이다. 소설 속에는 타자가 우리와 극단적 상황인 '죽음(영원한 부재)'으로 대면하는 장면이 있다. 그곳에서 우리에게 호소하고 의문시하는 듯한 담담한 시선을 보내면, 비록 그곳이 소설 속 허구의 공간이라 할지라도 우리는 일시적 무호흡을 경험하게 된다. 이때가 바로 '나와 그대 사이에서 막힘없이 뜻이 서로 통하여 오해가 없는 결의 흐름'이 일시적나마 나타나는, 간절한 신호의 확인이자 소통의 순간인 것이다.

2) '죽음'의 소통 공동체

백가흠의 두 단편소설 「광어」와 「귀뚜라미가 온다」의 물리적 공간은 모두 척박하다.

「광어」에서 '나'의 주 생활무대는 횟집이고, '그녀'는 버스를 타고 만나러 가야할 "오래된 유곽"들이 줄지어 늘어서 있는 곳이다. '나'는 대부분 횟집에서 회 상태를 객관적으로 정확히 파악해서, 회를 기계적으로 맛있게 칼질하는 것을 주업으로 하는 삶의 형태의 숙달자다. 그리고 '그녀'도 생활의 극단에서 자신의 '몸'을 거래의 수단이자, 사용가치의 파편으로 추락시키면서 아버지가 누구인지조차 알 수 없는 아이를 잉태하고 수술로 제거하는 비인간적 삶의 유형으로 형상화되고 있다. 이들의 삶의 공간은 사실상 어떠한 공유의 가치도 논하기 어려운 곳이다. 다만 그런 일과들을 수행하면서 자신의 생활을 유지하고 수명을 연장하기 위한 시간의 반복만이 존재할 뿐이다. 결코 문명화되거나 윤리적인 삶의 형태가 형성되기 어려운 현장이다.

> 당신과 몸을 섞은 날 이후로 내 몸에도 그 **바람**이 지지 않는다. 나약한 바람, 물고기들이 죽기 전에 내뱉은 그 바람이 내 몸 위를 떠다닌다.
> ―「광어」(11쪽)

두 인물은 서로 아무 공유할 것도 없는 상태에서 의지와 위안의 관계로 만났으나, 어느새 존재자와 존재자 사이를 매개하는 '바람'이 떠다니기 시작한다. '나'는 "내가 아이의 아버지였으면 좋겠다"(「광어」, 17쪽)는 미묘한 감정을 느끼는 데에서 나아가, "나는 좋은 아버지가 될 수 있었을지도 모른다"(「광어」, 26쪽)는 가족공동체에 대한 생각으로까지 진전된다. 결국 '그녀'는 오백만 원이 든 통장을 들고 방을 나가는 배신을 감행하지만, "우두커니 서서, 움직이지 않고 나를 내려다본다. 내가 수족관 안의 광어를 보듯, 당신은 나를 보고 있다. 당신은 소리나지 않게 문을 열고 밖으로 나간다. 광어가 죽기 전에 내뱉는 가냘픈 바람 소리가 당신을 따라 나간다"(「광어」, 29쪽)는 서술에서 공동체의 환상은 산산조각이 난다.

우리는 언젠가 반드시 죽을 수밖에 없다는 삶의 유한성을 안다. 다만 '죽음'을 향해 연장되는 세계 속에서 흘러가고 있을 뿐이다. 그 비현실적이고도 절대적 '부재'가 오늘날 허상의 공유 공동체를 흔들고 있다. 백가흠의 소설에서 제시되는 사회의 모습도 비현실적으로 여겨질 만큼 비극적이고, 난폭한 상황의 연장선상이다. 하지만 '나'와 '그녀' 사이에서, 존재자와 존재자 사이에서 기압의 변화로 감지되는 공기의 흐름은 극한적 공간에서도 형성되고 있다. 합리와 자본의 기획으로 운영되는 오늘날 다수의 공동체가 말하는 공유(共有)를, 분유(分有)로 전환하거나, 무위(無爲)로 돌려버리는 허구적 상상력은 여기에 기초한다. 즉 백가흠의 '바람'은 애시당초 공유될 수는 없으나, 수동적으로 갖게 되는 절대적 '죽음'에 대한 관심에서 촉발한 연결체 같은 것은 아닐까. 따라서 '그녀'가 빠져나간 문을 바라보던 '나'에게 분노나 배신의 기록은 없다. 다만 얼굴 없는 어머니가 불쑥 들어올 것 같은 느낌으로, 내게 기억조차 나지 않는 "엄마의 자궁"을 떠올리게 해주었던 '그녀'가 여전히 보고 싶다는 기록이 있다. 이 결말은 '바깥에 서 있는 자'들이 가질 수 있는 최소한의 공동체 의식으로 보인다.

한편 「귀뚜라미가 온다」에는 '바람횟집'과 '달구분식'이 상호·기생적 공생관계를 유지하고 있다. 서로에게서 떨어지지 않으려고 나이를 속이고 함께 살고 있는 연상연하의 삶의 공간인 '바람횟집'과 '바람횟집' 남녀가 섹스를 할 때마다 술을 마시고 '늙은 노모'를 두들기는 늙은 아들 '달구'가 기생하는 공간인 '달구분식'이, 능도의 바닷가에 기생하고 있다. 전어 철이 되어야 능도에 외지 손님이 찾아 들고, '바람횟집'이 잘되고, 그 횟집이 잘돼야 '달구분식'도 삶의 생기가 돌게 된다. 결국 '전어'의 귀환이라는 자연적 질서에 기생해서, 한 슬레이트 지붕 아래 두 집이 생명을 연장하고 있는 셈이다. 인간이 만들어낸 질서라고 해봐야 '바람횟집'의 동물적 섹스와 '달구분식'의 동물적 폭력의 반복만이 존재하는 야생적 공간뿐이다. 신뢰를 바탕으로 한 애정 관계도, 혈연을 바탕으로 한 모자(母子) 관계도 없는 비윤리적인 삶의 형태가 위태롭게 지속되고 있는 것이다. 이들에게는 어떠한 불안감과 공포감을 해소하고자 하는 생존역량도 없고, 처절한 몰락을 딛고 일어서려는 불굴의 희망의 일말마저도 부재한다. 다만 자연적 순환 질서 아래 태풍 '귀뚜라미'의 거대한 접근을 걱정도 없이 받아들이기만 할 뿐이다.

> 귀뚜라미는 이상한 태풍이다. 비는 없고 거대한 **바람**만 있다. 능도 앞바다에 떠 있던 섬들이 하나둘 자취를 감춘다. 일렁이는 거대한 해일이 새로운 섬 같아 보인다. 새로운 섬들이 꼬리에 꼬리를 물고 거대한 산맥이 되어 능도로 몰려온다.
> ―「귀뚜라미가 온다」(56쪽)

백가흠은 이 소설의 제목을 '귀뚜라미가 온다'로 정했다. 아무래도 '귀뚜라미'의 정체가 이상하다. 거대한 바람인 '귀뚜라미'는 그 변화의 양태가 "거대한 해일"에서 점차 "새로운 섬"으로 다시 "거대한 산맥"으로 새로운 운명의 힘을 함축하고 있는 듯하다. 극단적이고 절박한 생존 공간인 능도에 불어닥친 이 운명의 '바람'은, 고립적이고 폐쇄적인 '섬'에 '죽음'과 동시에 소통의 활로를 열어주고 있는 셈이다.

소설 속 남자들이 만들어 낸 삶의 체계는 '섹스'와 '폭력'과 같은 동물적인 본능의 세계로, 타자(여성)들에게 강제되고 학대되는 고립의 섬과 닮았다. 이들 관계에서 유일하게 보이는 소통의 흔적은 '바람횟집'의 '여자'와 '달구분식'의 '늙은 노모' 사이의 대화 장면이다. 그들은 지난밤 동물 세계의 기억이 각자 아픔의 덧남으로 남지 않도록, 서로간에 동정어린 연민과 이해의 안부를 주고받는다. 마지막 장면에서 두 여자가 '귀뚜라미' 속으로 자취를 감추어도 '달구'와 '남자'는 "거대한 섬 하나가 바람횟집에 내려앉는" 삶의 공간의 침몰만 보았을 뿐, '그녀들'(타자들)에 대한 시선도, 기억도 서술하지 않는다. 백가흠 작가는 단지 여자가 "은빛 전어 떼를 따라 바다를 향해" 나아가는 환상적 모습으로 타자의 '죽음'을 형상화하고 있다.

결국 이 '능도'라는 섬은 남성 중심의 성적·폭력적인 세계의 축소판이다. 블랑쇼가 말하는 '바깥의 사유'는 바로 이러한 절박한 곳에서부터 시작되어야 하는 것이다. 바깥 자체의 어떤 긍정적인 요소의 등장이 이 소설 속에서는 '귀뚜라미'라는 거대한 바람으로 구체화되어 있다. 어쩌면 백가흠은 소통의 흔적이 전혀 없는, '죽음으로의 접근'이 가장 치열한 곳에서부터 진실한 '소통'이 표면화되어야 함을 역설하면서, 그의 글쓰기를 통해 독자들에게 '무한한 대화'를 권유하는 것처럼 보인다.

나가며: 무고(無告)한 청춘과 응답 공간

기실 '죽음'이 기반한 소통의 공동체를 실감하기는 어려운 듯하다. 다만 무수한 죽음의 사태가 자행되고 있는 작금의 사회 현실을 백가흠은 가만히 두고 볼 수만은 없었던 것 같다. 교환가치의 '허상적' 자본이 만들어내고 있는 디스토피아와 '공유'할 수 없는 비윤리적인 공동체의 환상이, 현대인들에게 그리고 독자들에게 여전히 불편한 진실의 직면을 거부하게 만들고 있다.

무고(無告)한 백가흠 작가가 자신의 소설에서 선택하고 있는 이 불편한 글쓰기 방식은 블랑쇼가 증언하듯, 말하는 저자와 독자가 '죽음'이라는 인간 유한성에 대해 공동으로 증언함으로써, 타자로의 참여가 자연스럽게 이루어지게 하려는 전략으로 보인다. 즉 백가흠이 그의 이야기 속에 '마지막 말'을 던져놓으면 독자는 허구 바깥의 소통의 공간으로, 비로소 실체화된 경험의 세계로 접근할 수 있는 응답을 발신할 수 있는 것이다.

비서사성 소설의 이미지와 탈주화
―한유주, 「달로」를 중심으로

1. 말의 假作과 코드화

"말······을 줄이고 싶었으나 그러지 못했다. 시간이 수다스럽게 지나갔다. 시간을 지나치게 지나쳤다. 인사는 언제나 심상했지만, 안녕, 안녕, 짧은 말 속에 수많은 그리고, 그래서, 그러나, 그렇지만, 그러니까, 그렇게, 그러한, 그······들이 있다고 생각했다. 나를 잊은 말들이 있었다. 그 말을 해야겠다고 생각했다. 말······의 假作. 너와 당신, 그와 그들에게 하고 싶은 말들이 있었다. 사랑니 세 개를 뺐다."[1]

2003년 단편소설 「달로」로 등장한 한유주의 평가는 '독백의 다성성'(우찬제), '서사시적 성격과 현대적 영성'(허윤진), '시적인 것의 현현'(강계숙) 등 다양하다. 앞의 '작가의 말' 속에조차 무수한 단절의 말들로 무언가를 말해야겠다는 모호한 다짐의 작가 성향을 두고, 비평계에서는 "짧은 말"의 문체적 취향과 역설적이게도 다양한 해석들이 난무한다.

한유주의 소설에 대해 "이 작가는 예민하고 미학적 자의식이 강한 예술가들이 그러했던 것처럼, 소설 언어 자체가 소설적 탐구의 대상이 되는, 또 다른 변이의 공간을 생성한다. 한국 소설의 유전자 구조로부터 이탈하는 그녀의 소설적 실험은 지금도 진행 중이다."[2]라며 기존 소설의 장르적 관습에

---

1) 한유주, 『한유주소설집 달로』, 문학과지성사, 2006, 246쪽.

의 배반이라는 평가가 주류를 이룬다. 그렇다고 그녀의 소설에서 보이는 서사적 토대의 빈약함으로 인해 '이야기의 무덤 속에서 글쓰기'라든지 '이야기하지 않는 세헤라자데의 탄생'이라는 겉만 요란한 가십거리로 치부하는 것은, 고루한 전근대적인 소설 인식의 소산으로 보인다.

상징주의자들은 예술을 인간이 순간순간 놓치지 않고 경험함으로써 충만한 삶을 살기 위한 연습의 장으로 보고, 시인의 사상을 표현하기 위하여 이미지를 창조한다고 보았다. 그리고 슈클로프스키는 시인을, 독자가 형식을 경험하기 위하여 이미지를 배열하는 자라고 말하였다.[3] 이때 이미지는 창조의 역할을 작가(시인)에게만 국한된 것으로만 보지 않고, 독자로의 전이를 통해 보다 폭넓은 문학 향유층을 마련하는 한 방안으로 여기는 것인데, 이는 천편일률적인 스토리에 빠져든 독자보다는 문학을 통해 고민하는 독자층을 형성하고자 장르적 경계를 넘보는데 유용한 기술로 이용된다.

이와 같은 맥락에서 나병철은 "포스트모더니즘의 내적 초점화의 이미지는 감정이 표백된 듯한 상태로 부자연스럽게 그리고 연쇄적으로 제시된다. 이미지는 인물의 지각이나 기억을 통해 나타나는데, 두 이미지 모두 인물의 주관이 퇴색되고 행동적으로 수동적인 상태에서 도드라진다. 이 인물 매체를 통한 새로운 이미지의 연쇄는 그것의 연출이 대부분 인물 매체가 자발적인 주권(주관)을 잃은 상태에서 이루어짐을 암시한다"고 언급하여 한유주와 같은 소설의 이미지에 대한 해석의 여지를 넓혀주었다.[4]

한유주 소설은 독자의 능동적인 노력을 최고조로 이끌고 있는 포스트모더니즘적인 것이다. 사건을 흩어놓은 것이 플롯이고, 스토리가 원인과 결과를

---

2) 이광호, 「이야기의 무덤 속에서 글쓰기-한유주의 소설 언어」, 《문학과사회》 통권 86호 2009년 여름, 문학과지성사, 394쪽.
3) 권택영, 『소설을 어떻게 볼 것인가』, 문예출판사, 1995. 19쪽.
4) 나병철, 『영화와 소설의 시점과 이미지』, 소명출판, 2009, 257쪽.

순서대로 나열한 것이라면 플롯은 감지를 어렵게 하기 위해 이것을 흩어놓은 것이 된다. 이러한 플롯을 다시 흩어놓되 스토리의 흐름 대신 주요한 이미지의 배열로 재조합 해놓은 것이 한유주 소설「달로」인 것은 아닐까라는 의문에서 이 글은 시작되었다.

오늘날 문학계에서는 비단 시와 소설뿐만이 아니라 다양한 장르 간의 혼재 양상이 두드러지게 나타나고 있다. 서술시를 해석할 때 소설의 소통 구조나 시점을 차용하듯이, 소설 또한 시적인 장치들을 동원해서 해석해볼 때 비로소 이해되지 못했던 작가와 작품의 연결 고리가 가시화될 수 있는 것이다.

롤랑 바르트의 경우 이미지의 기호학은 우선적으로 '유비적 재현(모사)'의 분석과 관련된다고 보았다. 그러면서 "언어적 메시지를 제쳐 놓으면, 남는 것은 순수한 이미지인데, 이 이미지는 곧바로 불연속적인 일련의 기호를 전달하며 이 기호들의 질서는 아무래도 좋다. 왜냐하면 그것들은 선형적인 것이 아니기"[5] 때문이라고 하면서, 순수한 이미지의 비선형적 재현의 가능성을 언급한 바 있다.

한유주가 그녀의 처녀작인「달로」의 이미지를 통해 독자와 어떠한 소통방식의 코드를 형성하고자 한 것인지 그리고 그 머뭇거리는 특유의 문체적 특징과 서사의 탈주화 사이의 연결 고리를 탐미해 보고자 한다.

2. 이야기하는 '달'의 이미지

발터 벤야민의 말에 따르면, 훌륭한 작가는 자기가 생각하는 것 이상은 더 말하지 않아서 말한다는 것은 표현하는 것만이 아니라 동시에 사고의

---
[5] 마르틴 졸리 지음, 김웅권 옮김,『이미지와 해석』, 동문선, 2009, 326쪽.

실현을 뜻하는 전부이기에, 훌륭한 작가는 "정신적으로 철저하게 훈련된 육체가 제공하는 연기와 스타일을 부여하는 일, 그 자체를" 재능으로 하여 절제된 작품을 써내야만 하는 것이다.[6] 이는 의식적이든 무의식적이든 간에 지나치게 말이 낭비되는 시대 속에 훈련되지 않은 작가의 글쓰기 태도를 경계시키는 내용으로 읽힌다. 반면 한유주는 끊임없이 말을 줄이려는 재능의 노력을 아끼지 않는다. 말이 범람하는 시대에 오히려 역행의 길을 가는 그녀가 서사적 사건 대신 선택한 '달'의 이미지는 어떤 의미를 가질까.

> 사람들 매혹시킨 가장 오래된 이야기였던 달은 강의 어느 저편에 흐린 얼굴로 잠겨 있었다. 달로, 어떤 사람들은, 자신의 먼 옛날이야기로, 이제는 기억나지 않는 최초의 순간들을 문득 저릿하게 그리워하기도 했다. 태초에 말씀이 있었다, 고 혹자들은 말을 시작했다. 인간의 귀에 울리던 음성들은 모체가 숨을 들이쉬는 소리였고, 달로, 달로, 그러나 아무도 그 소리를 다시 귓가에서 재현해낼 수는 없었다. 슬픈 일들, 달로 갔던 사람들은 어느 누구도 달에서 긴긴 안식을 몸에 두를 수 없었다. 그들은 잠시 달의 몸에 취했다가, 다시 일상의 세계로 돌아왔다. 그리고 언제까지나 달의 뒷면에 고여 있을 바다를 그리워했다. 막연한 그리움이었다.[7]

가장 매혹적이고도 오래된 이야기, 달. 태초의 역동적 "말씀"의 실현 공간인 '달'은 숙명적 한계 상황 속에서 보편적 음성들의 "슬픔"과 "그리움"을 촉발해내는 일시적 정류(停留)공간이자 존재로 형상화되어 있다. 그 곳의 재현불가능한 "음성들"은 한유주에게 假作으로 코드화되기만 하는 응축의 대상일 뿐, 정작 작가가 집착하는 것은 "달의 뒷면"에 고여 있을 "바다"라는

---

[6] 발터 벤야민 지음, 반성완 옮김, 『발터 벤야민의 문예이론』, 민음사, 1983. 26쪽. 벤야민은 훌륭한 작가의 상대적 위치에 나쁜 작가를 언급하면서, "나쁜 작가에게는 많은 생각이 떠오르는 법이어서, 이러한 많은 아이디어 속에서 마치 훈련을 받지 못한 조악한 주자가 스윙이 큰 암팡지지 않은 육신의 동작 속에서 허우적대듯 자기 자신의 정력을 탕진해" 결국 무절제한 글의 낭비가 발생한다고 말한다.
[7] 한유주, 앞의 책, 26쪽.

가상적 이미지이다.

마르틴 졸리가 말하는 가상적 이미지는 우리의 재현, 우리의 시각적 나아가 사회적 아비투스를 바꾸는 경향이 있는 것으로 보고, 가상적 세계가 전적으로 확대되면서 혁명처럼 제시되고 있기 때문에, 사람들은(독자들) 자연스레 작가가 언급하는 내용에 대해 관심을 기울이고 흥미를 가지게 된다고 보았다.8) 달을 실제적 체험의 공간으로 인식할 수 없는 한유주에게 '달'에 대한 이야기는 "몽상"이나 "백일몽"과 같은 허상적 이미지로 분쇄되는가. 오히려 이런 가상적 이미지가 보여주는 재현 불가능성에 대한 저돌적인 혁명의 그리움이, 독자들에게 실체화된 이미지로 감응 가능점을 발견하게 하는데, "바다"의 원초적(태고적) 이미지가 중요한 교점이 되고 있다.

그런 비정한 고대의 시간처럼, 달의 뒷면에는 어느 바다가 있고, 그곳에 발을 담그기 위해서는 비정한 긴긴 시간을 거꾸로 헤엄쳐서, ……, 그는 몸을 세워 일으켰고, 장대를 손에 쥐었다. 가짜로 흐르는 강과, 가짜로 떠 있는 하늘과, 가짜로 울먹이는 대나무숲과, …… 그런, 호흡을 멈추기 위해 입을 다물었고, 달로, 달로, 울리던 음성과 사물들의 어깻죽지에서 비어져나오던 소리들이 사라졌다. 그는 천천히 숨을 고르기 시작했다. 지면이 발길에 걷어채는 소리가 심장이 부푸는 소리처럼 울려오고, 그의 장대는 몽상을 걷고, 백일몽을 걷고, 환영을 걷고, 기억나지 않는 꿈들과 희미한 이야기들을 걷고, ……, 허공을 한 아름 휘돌다가, 땅으로 떨어진다. 장대에서 벗어난 그는 일 초, 일 초, 일 초, 어느 한순간이 흐르는 동안 허공을 떠돌다가, 달로, 달로, 흐름이 느려진 강의 몸속으로 모습을 감춘다. 더 이상 내밀할 수 없는 검은 하늘에는 달이, 달의 밑을 흐르는 강의 피부에는 희미한 달의 뒷면이 떠올라 있다. 끊임없이 자신을 훔치는 물의 흐름에도 그 자리에 붙박여 있던 달은, 잠시 창백한 몸을 열고, 달로, 달로, 뛰어든 그를 조용히 받아들이고는, 다시 올 것 같은 얼굴로 돌아갔다.9)

---

8) 마르틴 졸리 지음, 김웅권 옮김, 앞의 책, 131-132쪽.
9) 한유주, 앞의 책, 28-29쪽.

서술자는 온통 "가짜"의 존재들로 가득 들어찬 '달'의 공간에서 그런 허위의 호흡을 멈추고 고대의 "기억나지 않는 꿈들"과 태고적 "희미한 이야기들"을 향하여 걷고 또 걷는다. 비록 지금은 허공을 배회하고 창백한 몸을 지녔지만 가상적 이미지의 "바다"가 있는 "달의 뒷면"에는 한유주가 오랫동안 바라왔던 무언가가 있다.

    달은 아마도 차가울 것이다. 달의 뒷면에는 앞면보다 아름다울 무수한 바다가 있고, 많은 시인과 소년들이 그곳에 발을 담그고 싶어 했지만, 발아한 문장들은 너무 무거웠고, 소년들은 너무 어렸으며 나이를 먹은 후에는 어느 순간 노인이 되어 있었다. 그 다음부터는 모든 일들이 타박이기만 했다.10)

    종종 가는 비가 내렸다. 실낱처럼 가느다란 빗줄기였다. 강은 바다가 되고, 바다는 다시 비가 되어 내린다. 비가 오면 시야를 채운 색깔들은 물기에 젖어 눅눅해지고는 했다. 그림자를 품은 무수한 색깔들, 빛, 빛깔들이었다. 어떤 사람들은 태초에는 어둠이 있었다, 라고 말을 시작했다.11)

서술자는 비정한 고대의 시간을 닮은 "달의 뒷면"에 관심을 갖는다. 밝은 '달'의 앞면에 비해 뒷면에는 그늘이 져서 그림자가 생기게 되는 공간이다. '그림자'12)는 형태가 드러나기 이전의 양태뿐만 아니라 그와 동시에 원초적인 혼돈의 덩어리로 재통합되면서 형태가 사라진 이후의 양태를 상징하기도 한다. 따라서 "그림자" 상징의 우주론적 양상은 물의 상징과 매우 유사하게

---

10) 한유주, 앞의 책, 8쪽.
11) 위의 책, 25쪽.
12) M. 엘리아데 지음·박규태 옮김, 『상징, 신성, 예술』, 서광사, 1991, 37-41쪽. 이 책에서는 그림자 상징을 세 가지로 분류하고 있다. 첫 번째는 우주론적 차원이다. 그림자는 우주적 밤의 미분화된 총체성과 무정형, 혹은 비밀스러운 것을 상징한다. 두 번째는 입문적 맥락 차원이다. 대부분의 전통 사회에서 성년식은 본질적으로 신참자의 상징적 죽음과 재생을 내포하고 있다. 이때 고대 전통 문화에서 혼돈으로의 상징적 복귀가 모든 새로운 창조에 필수 불가결한 것임을 알고 있다.

미분화된 것, 무정형으로서 드러나지 않은 것을 표상함으로써 원초적 이미지로서의 원형질로 생각해볼 수 있겠다. 그러므로 "달의 뒷면"이라는 가상적 이미지의 공간에는 "막연한 그리움"의 실체인 "바다"가 있고, 이 "바다"는 '비'에서 '강'으로, '강'에서 '바다'로 이어지는 자연순환적 질서의 모티프로 실현되고 있다. 이처럼 인류 문명의 손길이 닿지 않은 곳에 대한 한유주의 간절한 그리움은 문명에 대한 반감으로 형상화 된다.

> 나는 암스트롱과 만난 적이 있다. 우연히 엎지른 만남이었다. 하늘색 셔츠에 자주색 골이 파인 넥타이를 매고 성긴 줄무늬가 있는 진한 회색 재킷을 입고 있었다. 먼지 냄새가 단장 끝에서 흩어졌다. 이탈리아로 갈 거라고 했다. 나는 지나가는 말처럼 물었다. 그래, 달은 어떻습디까. 그는 아무 말도 하지 않고, 내 어깨 너머만 멀거니 들여다보다가, 왼손에 들고 있던 모자를 머리에 얹고 인사도 없이 가버렸다.13)

달의 앞면에는 '달 착륙'이라는 인류 문명 최첨단의 첫발의 흔적이 있다. '나'는 최초의 우주인 "암스트롱"과의 우연한 만남을 서술하면서 도리어 '달 착륙'의 의미를 무화(無化)하고 있다. 인류 최초로 달에 갔다 왔던 그는 초라한 행색이었고, '달'에 관한 언급을 일체 회피한다. 하지만 '나'는 그에게 말을 걸어 '달'에 대한 이야기를 궁금해 한다. 대개 인물은 다수의 모더니즘 군중 속에서 유리된 비동일성 소수의 시선을 통해 자신의 '고독'을 발견한다. 반면 포스트모더니즘의 주인공은 군중의 일부가 된 위치에서 고독과 허무주의에 '중독된' 자기 자신을 경험하게 된다. 이렇게 보면 「달로」의 주인공은 군중의 무리 속에 있는 것도, 군중에서 유리된 것도 아닌 애매한 공간, 즉 유보된 공간에 존재하는 것이다. 엄밀히 말하면 '나'는 '암스트롱'과 연이은 대화의 시도가 실패로 끝나버리는 포스트모더니즘적 인물에 가깝다고 하겠다.

---

13) 한유주, 앞의 책, 9-10쪽.

달은 아마도 차가울 것이다. 달의 뒷면에는 앞면보다 아름다울 무수한 바다가 있고, 많은 시인과 소년들이 그곳에 발을 담그고 싶어 했지만, 발아한 문장들은 너무 무거웠고, 소년들은 너무 어렸으며 나이를 먹은 후에는 어느 순간 노인이 되어 있었다. 그 다음부터는 모든 일들이 타박이기만 했다.14)

1인칭이 중심이 되고 있는 이 소설의 문체상 특징으로 '나'는 작가의 가치관을 대리하는 면이 크다고 볼 수 있겠다. 여성 작가가 오늘날의 세상을 바라보는 관점은 어떠한가. 참고로 정미숙은 강경애의 소설에서 나타나는 '오빠 콤플렉스'를 설명하면서 "좋은 남성과 나쁜 남성의 이원적 분할이 있고 전자의 시선에 부합하여 여성은 움직이고 사고하며, 전자의 실천적 전망에 의해 소설이 급진적 플롯을 강요받게" 된다고 말하면서, "여성은 '인간'의 진리에 서지도 못하고 또한 기준 없이 해체되는 과정 속에 여성의 온전한 정체성을 갖지도 못한다"고 피력한다.15)

함구하라, 옛날 옛날을 살던 착한 첫째 공주는 말을 할 때마다 꽃과 보석이 쏟아져 나왔고, 마음씨 나쁜 둘째 공주는 말을 할 때마다 뱀과 개구리와 벌레와……, ……그런, 마구 쏟아져 내렸고, 우리는 함구해야 한다, 는 이야기를 나는 어디선가 전해 들었고,16)

인용문에는 두 명의 "공주"에 대한 얘기가 있다. '함구'하여야 하는 상황이 전제된 곳에서 "말을 할 때마다 꽃과 보석이 쏟아져 나"오는 착하다는 '첫째 공주'는 사실 기성세계에 순응적인 말하기를 하고 있는 셈이다. 반면 "말을

---

14) 한유주, 앞의 책, 8쪽.
15) 정미숙, 『한국여성소설연구입문』, 태학사, 2002, 96쪽. 정미숙은 같은 책, 2002, 310-311쪽의 각주를 재인용하면서, 작자는 여성성에 대해에 보부아르 말을 인용하여 남성들이 끊임없이 여성들을 남성들의 타자로 간주하기 때문에 남성들에 의해 재현되는 여성은 "이중적이고 기만적인 이미지"를 갖게 된다고 말한다. 남성은 자신이 욕망하는 것과 두려워하는 것 또 사랑하는 것과 미워하는 것을 동시에 투여한다. P. 모리스 지음, 강희원 옮김, 『문학과 페미니즘』, 문예출판사, 1997. 33-37쪽.
16) 한유주, 앞의 책, 12-13쪽.

할 때마다 뱀과 개구리와 벌레"와 같이 여성들이 충분히 혐오스러워 할 수 있는 공포의 대상들이 일제히 쏟아져 나오는 세계란 억압과 통제의 말하기가 지배적인 곳이라 할 수 있을 것이다. 최초의 '달 착륙'의 첫발을 내딛은 문명인이 남성인 것은 우연한 상황인가. 한유주가 「달로」에서도 유사 어구의 지나친 나열이나 제대로 끝맺지 못한 문장들[17], 무수한 쉼표와 말줄임표의 남발, 토막토막 단절되어 일관성을 지니지 못하는 서사의 흐름 등 능숙하지 못한 서술자를 의도적으로 설정한 것은 지각적인 독자들에게 실체를 알아보기 어려운 부당한 것에 대한 '혁명'의 반발적 관심을 유발하기 위함인지도 모를 일이다.

이미지는 라캉이 말한 실재계와 상징계 사이에 위치한 것이라 할 수 있다. 그 점에서 베르그송이 말한 '순수지각'의 이미지란, 완전한 인식이 불가능한 실재계도, 상징계에 예속된 표상도 아닌, 그 둘 사이의 '탈영토화된 이미지'에 가깝다. 이때 이미지의 지각은, 물질적 운동과정에서 반작용적 행동을 불투명하게 만드는 '뇌'라는 미결정성의 회로에 의해 생겨나므로, '뇌'의 회로가 복잡해질수록[18] 역동적으로 작용하게 된다. 즉 뇌의 회로가 복합적일수록 반작용적 행동의 불투명성은 커지며, 그에 반사되는 이미지의 지각은 더욱 풍부해지는 것이다. 여성 작가가 발딛고 살아가야 하는 현실의 상징계와 고개를 들어 '달'을 보며 꿈꾸어야 하는 실재계 사이에 한유주는 위치한다. 그 경계에서 탈영토화 된 작가로 살아가는 것은 일의적이거나 일시적인 찰라일지도 모른다. 따라서 한유주는 뇌의 회로를 단순하게 하여 스토리가 만들어

---

17) 신진, 『문체와 문체연구』, 동아대학교 출판부, 1998, 251쪽. 신진은 책에서 소설의 문체를 설명하면서, "심리적 제약이란 어순고정이 부자유 속에서도 최대한 자유를 향유코자 하고, 심한 경우에는 고정어순의 벽을 넘어서 그 자체의 생리에 충실하려 한다. …(중략)… 인간의 본능적 욕구를 충족시키는 표현, 혹은 논리를 초월하는 예술적 문장을 지향할 때는 심리적 제약에 더 충실해 있다"고 하였다.
18) 나병철, 앞의 책, 26-27쪽.

놓은 세계로만 빠져 들게 하는 사건의 단편적 서사를 폐기함과 동시에 이야기하는 '달'의 이미지의 구축을 통해 보다 풍부한 성찰적 사고를 유도하고 있다.

3. 머뭇거림과 탈주화

포스트모더니즘은 주변부로 밀려난 문화적 코드를 재생시키는 동시에 서구적 이성중심주의의 강제적 체계화의 구심점에 균열을 가하면서, 보편적이라 일컫는 객관적 현실을 근본적으로 해체하고자 시도한다. 지배적이고 주도적인 의미 속으로 침잠한 현실의 잠재성을 의심하면서 기존의 언어가 균질화해놓은 일정한 코드의 방향성을 탈현실화하는 수단으로 이미지를 이용한다.[19]

도시 안에서 일상의 활기찬 소음들은 기나긴 적막 속으로 삼켜지고 말았다. 사람들은 어느 무대 위에서 누군가가 뱉어놓은 독백처럼 덩그러니 남았다. 표정 없는 말들이었다. 일직선 거리를 가로지르는 전파처럼 어느 누구의 그림자든지 꿰뚫고 지나갔다. 세계는 눈에 보이지 않는 실로 투명한 거미줄처럼 짜여 있었다. 줄이 흔들릴 때마다 해가 뜨기 전 맺혔던 물방울이 흩어지는 소리가 났다.[20]

「달로」에서 인물의 현실 공간은, 활기찬 소음으로 가득찬 도시 가운데에서 덩그러니 독백을 일삼으며 슬픔에 잠기는 공간이다. 일상으로부터 달아날 내면의 공간마저 빼앗긴 포스트모더니즘에서 어떤 다른 탈주의 공간이 그려질 수 있을까. 모더니즘에서 비동일성의 위치에 있는 주인공의 내면이 탈주의[21] 공간인데 비해, 그런 내면의 공간마저

---

19) 나병철, 『소설의 이해』, 문예출판사, 1998, 93쪽.
20) 한유주, 앞의 책, 27쪽.
21) 정미숙, 앞의 책, 227쪽 재인용. 여기서는 G. 들뢰즈와 F. 가타리는 항상 권력의 외부, 권력으로부터 벗어나는 것을 사유하려 한다. 이들은 창조적 생성이 권력의 외부에, 권력으로부터 탈주함으로써 존재한다고 본다. 들뢰즈와 가타리는 욕망은 권력의 외부를 동

병리화된 포스트모더니즘에서는 더 이상 자본주의와 합리주의 세계의 리얼리티 속에서의 해결을 모색하지 않는다.22)

나는 가만히 두어 발걸음을 옮겼다. 저 먼 강의 건너편에 어느 화자가 고의로 마지막 붓질을 뭉개놓은 흔적이 눈에 들어왔다. 나는 그림자가 사라진 내 얼굴을 떠올렸고, 누군가의 기억이 지배하는 검은 하늘을 바라보았다. 달로, 달로, 세계는 현재를 그대로 간수하려는 오랜 습관이 있다. 세계의 의지대로 달라진 것은 아무것도 없었다.23)

앞의 인용 부분처럼 현실계와는 동떨어진 '달'의 세계를 갈망하지만, 현실계를 벗어날 순 없는 것이다. 이러한 절박한 상황에서의 포스트모더니즘은 이질적인 코드의 문화에 눈을 돌림으로써, 즉 탈주화를 통해 도시 문명의 자본주의 세계의 리얼리티를 해체하고자 한다.

도시는 항상 밤이거나 낮이었다. 고요함은 빛이거나 어둠이었다. …(중략)… 사람들은 베개 속에 얼굴을 파묻고도 고요함의 긴 울음 떨쳐낼 수 없었고, 아침이면 태연하게 드러난 간밤의 흔적에 진저리를 쳤다. 오후의 느지막한 해 아래에서는 모든 것이 낯설게 보였다. 먼지 신문 의자 화분 가로수 젓가락 동전의 뒷면에서는 아무도 바다를 찾을 수 없었고 아무도 바다를 찾지 않았다.24)

「달로」에서 서술자는 "밤이거나 낮이었다"와 같은 방식의 '머뭇거림'으로 인해 선택의 고민을 무의식적으로 반복적으로 하게 된다. 이것은 탈주화 과정에서 결단력 있게 사고를 정리하지 못하는 여성성에서 기인한 것으로도 볼 수 있는데, 현실계에 대한 철저한 비판과 통찰로서 내면화된 것이므로,

---

시에 구성하는 것, 통제, 체계화, 표준화, 총체화의 이면에 항상 탈주, 빈틈과 누출, 새로운 혁명적 생성이 존재하는 것으로 설정한다.
22) 나병철, 『소설과 서사문화』, 소명출판, 2006, 264쪽.
23) 한유주, 앞의 책, 30-31쪽.
24) 한유주, 위의 책, 11쪽.

능동적인 사태로 보아야 할 것이다.

1) 서술 시점의 이중성

일인칭 서술이든 삼인칭 서술이든 담화의 층위에서 발화의 주체인 화자(서술자)는 언제나 일인칭인 '나'이다. 발화 주체인 '나'는 텍스트 안에서 보통 드러나지 않은 채로 숨겨져 있다.[25] 그런데 글쓰기에 대한 자의식을 강하게 보여주는 텍스트들에서는 발화 주체인 '나'가 겉으로 모습을 드러내게 되는데, 한유주의 소설 「달로」에서도 1인칭 '나'가 직접적으로 드러난다.

> 나는 달로 간 사람의 이야기를 알고 있다. 그는 어느 날 달 속으로 홀연히, 잠겨버렸다. 그 광경에 너무나 놀라서, 나는 그만 주저앉지도, 반사적으로 두 손을 치켜들지도 못한 채 그 자리에 붙박여버리고 말았다. 놀랐던 것은 나뿐만이 아니었던지, 그가 늘어뜨리고 간 무게의 흔적까지 고스란히 남아 있었고, 시간은 그때 이후로 손톱만큼도 움직이지 않았다. 다만 그가 지나간 궤적만이 허공에서 길게 몸을 떨고 있을 뿐이었다.[26]

이와 같이 작가는 1인칭 시점으로 사건을 진행해나감으로써, 허구적・서사적 장치들의 인위성을 배제함으로써 에세이적인 일인칭의 글쓰기를 통해 충족감을 느낄 수가 있다.[27] 한편 일반적인 1인칭 주인공 소설에서는 경험자아가 서술자아와 전이되는 순간 일생의 중대한 사건과 함께 인간적인 격정이 표현되었는데 비해, 한유주의 소설과 같이 포스트모던 1인칭 소설[28]에서는

---

25) 박진, 「익명의 글쓰기-배수아, 한유주의 소설」, ≪문예중앙≫, 2006년 가을호, 2006, 문예중앙, 35쪽.
26) 한유주, 앞의 책, 8쪽.
27) 박진, 앞의 글, 29쪽 재인용. 박진의 논문 29쪽을 보면 "데카르트가 그 유명한 『방법서설』을 일인칭 화자의 일기 형식으로 된 고백체로 서술한 것은 내면의 진실을 토로하기 위한 적합한 글쓰기 방식으로 인식했기 때문일 것이다."라고 제시하면서 1인칭의 특징을 부연하고 있다.

아무런 사건도 격정도 드러나지 않는다. 단지 이미지에 의한 의식의 모호성을 경험할 뿐이다. 그러나 그것은 단순한 환상이 아니라 실재계와의 접촉을 차단하기 위한 상징계의 모호성을 이미지와 판타지로 봉합된 세계를 제시한다. 이것은 작가가 존재하는 실세계와의 괴리감을 유발하여 각성과 성찰을 유도한다.29)

    물길을 헤치고 들어서면, 물속에 잠긴 달의 음성과 달 속에 잠긴 그의 음성을 들을 수 있을 것 같은 착각에, 세계는 숨을 죽인 채 적막 속에 몸을 웅크리고 있었다. …(중략)… 낮에도 빛이 틈입할 수 없었다. 달의 거대하고 비정한 그림자였다. 많은 사람들이 그림자 속에서 태양을 보려다가 망막을 다치기도 했다. 불에 그을린 유리 조각들이 사방에서 쟁강거리며 깨져나갔다.30)

    3인칭 시점은 이야기의 내용을 극적이고 객관적으로 나타낼 수 있어서 서술자의 태도가 제한적으로 나타난다. 하지만 서술자가 비일관적으로 주관적 태도를 보이게 되면, 인물 사이의 거리감이 유동적으로 생기게 되어 독자로 하여금 의미적 혼란을 불러일으키기도 한다. 다시 말해 아무 일도 일어나지 않는 '세계'에서 실재계에 대한 열망을 갖는 순간, 경험자아가 서술자아로 전이되고 그 서술자아는 실재계에 대한 내면의 열망과 아무 일도 일어나지 않는 '세계'에 대해 알리고 싶은 충동을 갖게 된다. 실재계에 대한 서술자아의 열망이란 이미지 세계의 파국의 기다림이나 그 세계에서의 불가능한 사랑 같은 욕망으로 나타나게 된다.31)

---

28) 나병철(2009), 앞의 책, 2009, 261쪽.
29) 정미숙, 앞의 책, 2002, 239쪽 재인용. 정미숙은 박완서가 1인칭 여성 화자를 통한 자전적 소설을 자주 선택한다고 했다. 그리하여 그는 여성이 일인칭 서술의 자전적 형식을 통하여 작품의 통일과 신빙성의 감각을 제공할 수 있다고 한다.
30) 한유주, 앞의 책, 29-30쪽.
31) 나병철(2009), 앞의 책, 262쪽.

이 소설의 서술자인 '나'는 '나'와 인물들이 문장의 주어라는 것 이외에, 그들이 특정한 시공간의 좌표 위에 존재하는 현실적 존재로 확정할 수 없기에, 독백 속의 이중성으로 읽을 필요가 있겠다. 이러한 서술 시점은 말하고 싶은 욕망, 내밀한 독백의 욕망은 홀로 되씹는 말이되, 그 안에 초대된 여러 인물들의 숨결을 중층적으로 재현해내는 주요한 기제가 될 수 있는 것이다.32) 「달로」에서 나타나는 이러한 시점의 이중성은 서술자아로서의 인물을, 한유주라는 여성 작가로 축소·귀결시키는 동시에 극적으로 보편화된 인물군으로 확장하는 역할까지 하고 있다.

2) 부정칭과 부정어33)의 단절성

한유주 소설에서는 '사람들', '아무도' 등과 같은 지시대상이 분명치 않은 집합명사나 대명사들을 주어로 하고 있다. 인물을 지칭하는 이러한 소설 언어들은 구체적이고 명시적인 특정 인물을 지칭하지 않음으로써, 즉 부정칭을 통하여 인물의 보편성을 획득하게 된다.34) 보편적인 '인물'들은 집단이나 사회의 대표성을 띠게 되는데, 이러한 주체들이 부정어와 결합하는 양상이 이 소설에서 빈번하게 나타난다. 이것은 기득권을 가진 집단층(혹은 남성층)에 대한 작가의 거부 반응으로 이해할 수 있으며, 동시에 포스트모더니즘 여성 작가의 의식적인 문체 사용 양태로 생각해볼 수 있다.

---

32) 우찬제, 「수사학 시대와 독백의 다성성」, 문학과지성사, 2006. 243쪽.
33) 고영근·구본관, 『우리말 문법론』, 집문당, 2009, 368쪽. 부정문이란 내용상 부정의 의미를 가진 것을 지칭할 수도 있지만, 통사적으로 특정 요건을 갖춘 문장을 의미하는 것이 일반적이다. 그렇지만 이 글에서는 부정문의 의미를 광의로 해석하고, 그러한 부정의 의미를 지닌 낱말을 편의상 '부정어'라고 부르기로 한다.
34) 나병철(1988), 앞의 책, 153쪽. 나병철의 책 153쪽을 보면, "전형성은, '전형적 환경에서의 전형적 인물'을 그리는 일과, '개별적 환경과 사회적 본질(보편성)을 통일'시키는 일의 동시적 과정에서 얻어진다."라고 제시되어 있는데, 이 소설에서는 이중성을 가진 서술자가 불특정적인 다수로 인물을 지칭하기에 전형성을 지닐 수 있다고 보았다.

> 모든 사람들은 페이지 수가 고르지 않은 사진첩을 하나씩 둘씩, 혹은 몇 개씩 갖고 있다. 그러나 실제로 사람들이 사진첩을 갖고 있는 것이 아니라, 사진첩이 사람들을 소유한다는 사실을 아무도 애써 알리고 하지 않았고, 아무도 그 때문에 괴로워하지 않았다.[35]

> 먼지 신문 의사 화분 가로수 젓가락 동전의 뒷면에서는 아무도 바다를 찾을 수 없었고 아무도 바다를 찾지 않았다. …(중략)…그러나 그런 청정한 일상의 뒷면에서는 아무도 바다를 찾을 수 없었고, 아무도 바다를 찾지 않았다.[36]

이 소설 속의 주어는 '나'이거나 '너'이거나, 우리든 당신이든, 그이거나 그녀이거나, "아무"이든 아무래도 상관없기에 '주어'를 특권화하지 않는 글쓰기의 가능성을 시도한다. 이러한 주어들이 '나'가 아니라 '당신'이나, 누구이든 간에 상관이 없다는 말은 소설 공간에서의 부정칭의 노력을 의미한다. 불특정의 인물과 부정어의 결합이 반복적으로 나타나는 소설의 서사 구조에서는 심각한 소통의 부재나 한낱 말장난으로 치부될 위험성을 지님에도 불구하고, 한편으로 이중 부정의 문체를 통한 의미의 강조를 가져온다. 즉, 작가의 현실 세계에 대한 의식이 이 소설 속에서 소통 불능의 현실을 재현하고, 지나친 수사의 남발을 거부하는 대응 태도로 드러나게 되고 결국 현실계에서의 단절성이 심각함을 부각시키고 있는 것이다.[37]

이처럼 끊임없이 휘발하는 텅빈 시니피앙들로 뒤덮여 있는 세계란, 이야기가 사라진 세계, 혹은 부재의 풍문이 존재의 자리를 대신하는 세계이다. 따라

---

35) 한유주, 앞의 책, 19쪽.
36) 한유주, 위의 책, 11–12쪽.
37) 우찬제, 앞의 책, 407쪽 재인용. 한유주가 새로운 삶의 재현 방식을 강조하면서 다음과 같이 말했다. "우리 세대는 수사학이 선인 세대다. 수사를 제외하면 우리에게 대체 무엇이 남을까? 우리에게 언어는 다만 치장일 뿐이다. 치장된 언어는 윤리적으로 거짓말보다 더 나쁘다. 그러므로 우리는 옳지 않다. 가상의 세대에 걸맞은 가상의 언어-우리는 닥치는 법을 배워야 한다. 나는 두 입술을 맞물린다. 그러나 이 텅빈 상태가 사라지지는 않는다. 거부. 무엇에 대한?"

서 현실적으로 이야기는 언제나 '먼 옛날의 이야기'이거나 '어디선가 전해들은' 이야기로 탈주화된 것일 뿐이겠지만, 한편으로 끊임없이 소실되어가는 삶, 혹은 소통 부재하는 현실계의 이미지를 강하게 환기시키는 머뭇거리는 서술자의 경고의 메시지인 것이다.

한유주의 「달로」에서 1인칭과 3인칭의 시점을 혼용하는 서술자아를 통해 '독백 속의 이중성'과 같은 양가적 효과를 촉발하였다. 또한 주관과 객관의 경계에서 작가가 세계에 대해 취하는 태도가 단절된 머뭇거림으로 서술되고 있어서, 독자로 하여금 세계에 대한 반작용의 사고를 강화하는 결과를 가져왔다. 그리고 부정어와 부정칭의 빈번한 사용은 집단의 대표성을 지닌 존재들에 대해, 견고한 주권화를 와해하려는 시도의 일환으로 여겨지고, 또한 분절된 소통 불능의 세계에 대한 강력한 탈주화 메시지를 표면화하는 방식으로 작동하고 있었다.

4. 새로운 삶의 재현 방식에 대해

포스트모더니즘의 시대는 좀처럼 인물 매체를 통해 세계와 만나기 어려워진 시대이다. 이는 이제 내적 초점화의 전성기가 지나가 버렸음을 뜻한다. 그 징후는 이미 모더니즘 시대에 나타났으며, 모더니즘은 인물들 간의 고립이 가장 심화된 상황을 의미한다. 고립된 인물들을 다시 세계로 불러들일 수 있게 한 것은 현실과 똑같은 기능을 하는 가상 공간의 출현이었다.

가상 공간은 이미지와 시뮬라크르를 포함하는데, 시뮬라크르가 현실과 똑같이 기능하는 이미지라면, 현실이란 사물 자체(실재계)가 아니라 인간이 만든 상징계를 매개로 볼 수 있는 것이 돼 버렸다.

이러한 시대의 문제적 작가 한유주의 등단작 「달로」는 '이야기의 무덤 속에서 글쓰기'라든지 '이야기하지 않는 세헤라자데의 탄생'이라는 문제적 평가를 받으며, 기존 현대 소설의 장르적 관습에 배반적 특징을 보이기도 했다.

하지만 이 글에서는 기존 연구의 방향에서 벗어나, 2장에서는 이야기하는 '달'의 이미지에 대해서 살피면서 가상 이미지의 현대적 역할에 대해 살펴보았고, 3장에서는 "태고적" 이미지를 바탕으로 '머뭇거림'이라는 여성성이 소설 「달로」 속에서 현실 세계에 대한 비판적 여성 작가의 강력한 메시지임을 확인할 수 있었다. 특히 문체적 특징으로 세분화하여 살펴보았는데, 1인칭과 3인칭 시점의 이중성 노력이, 그리고 부정칭과 부정어의 결합을 통한 부단한 탈주화 노력을 엿볼 수 있었다.

한유주의 말, "말……을 줄이고 싶었으나 그러지 못했다. 시간이 수다스럽게 지나갔다."라는 구절이 현대 서사 갈래의 변화의 필요성을 예고하는 말인지, 한 때의 포스트모더니즘적인 유희적 비주류의 경향성을 보이는 말인지는 좀 더 관심있게 지켜보아야 하겠다.

평정(平靜)의 중독자, 춤추고 노래하다
―박남준, 『중독자』(펄북스)

하늘과 땅 사이에 인간이 좌정(坐定)하고 있다. 인간은 이 자명한 위상에 방점을 찍어 짓누르며 무소불위의 능력을 누렸건만, 허망하게도 하늘 고도의 아찔함과 결국 땅으로 스며드는 암울의 심연 속에서 허우적거리는 모양새로 전락하고 말았다.

허나 박남준 시인은 다른 마음과 다른 눈을 가졌다. 수직으로만 치솟던 소유의 욕망을 평정(平靜)의 욕망으로 돌리고, 거대한 망원(望遠)의 눈을 미세한 현미(玄微) 안으로 교체하였다. 그리하여 그는 다른 방식으로 지구 위를 마구 뻗쳐 나가며 그 노정의 다양한 타자들과 교통(交通)하며 욕망에 중독되려 한다. 그것은 "자작나무들이 일제히 기립박수를 치며/ 손을 흔"(「시베리아 횡단 열차와 바이칼과 자작나무와」)드는 미립자의 율동이거나 "밤새워 불 밝히며 너를 유혹하는/ … 붉은 꽃등이고 싶"(「유혹」)은 "붉은 초롱꽃"의 속삭임이기에, 인간의 모든 감각 돌기들을 제대로 발기시켜 놓아야만 그들이 전해주는 세상의 흔적들을 더듬을 수 있다.

익어가고 있다// 햇빛과 달빛, 별들의 반짝이는 노래를 기다렸다/ 너무 격정적이지 않게 그러나 넉넉한 긴장과 두근거림이/ 휘감았다 마디마디 관통했다/ 사랑이었던, 슬픔이었던/ 너를, 당신을, 나를/ 거친 바닥에 깔아 무참히도 구긴다// 비빈다 휘감아 뭉갠다/ 산다는 것 이렇게 서로의 몸을 통해/ 흔적을 남기는 것인지도 모른다/ 오 퍽큐―

나를 더 뜨겁게 짓이겨줘/ 악을 써봐 제발 비명을 질러봐/ 어찌하여 상처가 향기로운지
// 이따금 틈틈이/ 모던한 멜랑콜리와 주렴 너머의 유혹이 슬그머니 뿌려진다/ 찻잎의
그늘이 깊어진다// 어쩌면 고통,/ 어쩌면 욕망의 가장 먼 길 저 산 너머 끝자리/ 한
점 티끌이기도 거대한 중심이기도/ 지독하다 끔찍하다 너에게로 물든 중독/ 발효차가
익었다/ 우주의 고요 한 점 아침 찻잔에 띄운다

—「중독자」 전문

    지난밤 "발효"의 시간을 이겨내고 "아침 찻잔에 띄"울 "너에게로 물든 중
독"은 어떤 맛일까. 운명적인 거리감을 가진 주체와 객체가 만들어낸 근접의
접속에는 필연적인 충돌이 생긴다. 그 힘의 주체가 누구에게 있든지 그 충돌
의 순간에 몸은 완전히 부서지고 상처의 향기가 남는다. 대개 욕망이 대상에
대한 소유와 집착에서 근원한데 비해, 이 시인의 욕망은 자신을 온전히 버리
고 온전히 분쇄함으로써 대상에게 다가갈 수 있는 물꼬를 트고 있다. 그 순간
에서야 중독된 생(生)의 존립 의미가 "티끌"과 "거대"의 병립 속에 융화되어
농익은 "발효차"로 다가오는 것이다.

    햇살이 조금 더 머물렀을까/ 흰 눈밭에 동백꽃 떨어졌는데/ 꽃도 체온이 있는가/
떨어진 동백 주위 눈들이 녹아 있다// 공동처럼 정지되었다/ 시각과 청각, 머릿속이
순간 텅 빈/ 내 모든 세포와 감각 기관의 작동이 멈췄을 것이다// 햇살처럼 지켜봐주지
못했구나/ 나 누군가의 상처에 얼마나 등 돌렸었나/ 내 품 안 내주지 못했다// 안쓰러웠
을 것이다/ 그렇게 새들이 울다 가더니/ 붉은 꽃자리마다 뚝뚝 눈물이 흥건하다

—「체온」 전문

    평정의 중독자는 눈물을 흘린다. "떨어진 동백 주위" 녹아있는 눈들을 보
며 모든 감각의 발기가 저절로 멈췄다. 열열(熱熱)히 "내 안 내주지 못"한
"품"을 탓하면서 "누군가의 상처"에 "등" 돌려버린 삶을 후회한다. 흰 색과
붉은 색의 색채 대비가 만들어내는 절대 고요 속에서 화자가 대상에게 갖는

관심은 조용하고 미세하나 묵직하다. 한 생(生)의 소멸 앞에서 온기를 나누지 못한 회피의 체온을 생각하게 한다. 따뜻한 눈물, 그 공존하는 대자연의 생리(生理)가 이기적인 인간 세상의 등짝을 후려치며 한 마디를 던진다. "꽃도 체온이 있는가"라고.

  목욕 끝내고 날아왔느냐/ 산 호랑나비 표범나비 긴꼬리제비나비/ 저마다 몸무게를 달아보느라 수선을 떤다/ 나는 도라지꽃 저울 너는 구절초꽃 저울/ 휘청~ 바르르 르/ 꽃 체중계들 바늘 끝이 간지럽다고 몸살을 친다
                  —「나비의 체중계」 전문

시적 화자의 시선과 꽃 사이의 고도는 수평에 가깝다. 가까운 거리감만큼이나 고도는 중요하다. 그래야만 나비들의 작은 꽃 저울들 위에서의 미세한 떨림을 제대로 감지할 수 있는 것이다. 박남준 시인은 "나비"와 "꽃"의 만남을 마치 대중목욕탕 속의 사람들 사는 얘기처럼 형상화함으로써 소소한 풍경을 연출해내어 소담(笑談)한 맛을 이끌어내고 있다. 게다가 수직적인 위계의 시선과 고도를 완전히 배제함으로써, "바르르 르" 암송하는 내내 경도(傾倒) 없는 평정(平靜)의 세계로 빠져들게 만드는 것이다.

  상처받은 영혼을 통해 노래가 나온다고/ 마음의 깊은 동굴로부터/ 울려와 들려오는// 초원의 평화로운 풍경이/ 양떼구름의 하늘로 퍼져가는 이거나/ 슬픔으로 가득 찬 유리창에/ 눈물처럼 적시며 피어나는 이거나// 그리하여 고백이다 기다림이다/ 비탄으로 애끓는 탄식이다 춤이다/ 영혼을 관통하는 시다/ 해와 달인들 사랑 없이 어찌 뜰 수 있으리/ 생명 있는 것으로부터 나온다/ 바람처럼 떠돌던 세상의 불립문자들이/ 다가와 어루만지며 무늬를 이룬다/ 노래가 절절하고 아리게 된 가지가지 이유이다
                     —「노래」 전문

박남준 시인에게 있어서 시(詩)는 원초적이면서 근원적 속삭임이다. 그 속삭임을 감지해낼 수 있는 시인의 촉수는 춤추고 노래하며 발아한다. 촉수는 마치 전류(電流)처럼 그 상처받은 슬픔의 전위가 높은 곳에서 낮은 곳으로 흘러 나가는데, "평화로운 풍경"이나 "슬픔으로 가득 찬 유리창"을 지나면서 온갖 배제된 타자들의 목소리에 귀를 기울인다. 보잘 것 없이 자잘한 그 비탄의 몸짓들은 시인의 "생명" 안에서 비로소 한 무늬의 결을 이루고 위로를 받는다. 근원적인 상처를 안고 세계 속에 존재하는 시인은 그들과 닮은 타자의 삶에 아주 가까이 다가가서, 동등한 시선의 높이로 교감과 소통의 메시지를 만들어 내는 것이다.

박남준 시인이 시(詩)로 춤추고 노래하는 근저(根柢)에, 슬픔을 극복하는 생(生)의 "사랑"이 존재한다. 그 순연한 욕망은 주체 내부에 머물지 않고 온통 세계로 향해 있다. 그가 펼쳐놓은 평원(平原)에는 수많은 다양체가 공존하고, 다양한 그 속삭임들은 중독의 허무함을 극복하고 있어 결코 고독하지 않다. 그리고 그네들의 세계에는 '평정(平靜)'의 시선과 미립의 관계를 유지하고 있기에 영원히 얼지 않는 체온을 양생하고 있다. 이렇듯 박남준 시편 곳곳에서 뿌리내리고 있는 그의 조용한 욕망들을 놓쳐서는 안 되겠다.

생(生)의 사랑스러운 빛살들에 관하여
―김화자, 『그래도 열매를 맺다』(작가마을)

　시인들은 간혹 염려한다. 내가 한 글자 한 '빛살'로 조판(組版)해 놓은 것들이 시 읽는 사람들의 눈망울 속으로 잘 투영되어 살러 갔을까. 낯선 마음 끌어안으며 잘 어우러져 살고 있을까. 독자는 시를 읽으면서 자모음(子母音)의 조율을 나직이 읊조리며, 비로소 시인의 마음을 육화(肉化)된 기호로 받아들이게 된다. 기실 시인들은 자식을 염려하는 마음처럼 시 한 편씩 '빛살'을 담아서 세파 속으로 내어 놓는 것이다. 빛나는 태양 아래에서 우리들은 서로 쓰이고 서로 읽히며 마음과 마음을 끌어안고 있는 공생 관계를 만들어 나간다. 끊임없이 시인들의 발신을 수신하면서 말이다.

1. 비행(飛行) 교감의 수직 구도

　김화자 시인의 발신국은 가족이다. 좀 더 엄밀히 말하면 그의 시 정신의 근원 지향점은 '부모'라는 존재에 있는 듯하다. 누구에게나 존재의 1차적 근원을 '부모'라고 말할 수 있다. 그러나 그 '부모'라는 존재는 때때로 시인에게 트라우마가 되거나, 안식의 보금자리로 시 속에서 형상화되어 나타난다. 유년 시절의 '부모'에게는 모두가 조그마한 자녀이었으니, 나약한 생명으로 섰던 그때 그 '부모'의 존재감은, 시인의 전(全) 생애 속에서 불쑥불쑥 평범한 일상을 비행(飛行)하는 환상적 존재로 현현하게 된다.

> 그 때 나는
> 울음을 터뜨렸던
> 막 돌 지난 동생을 업고 어디까지 갔었을까
> 나를 찾다가 포기하고 영원히 떠나가신 아버지
>
> 가족들의 삶이 곤두박질 쳐버린 그 날 아버지의 상
> 난생 처음 아침을 거르고 학교에 갔다가
> 배고픔보다 머리가 더 아팠던 기억 속의 열한 살 소녀
> 그 때 가신 아버지보다
> 강산이 두 번 훨씬 넘어 변하도록 더 살고 있는 지금까지
> 수시로 오시는
> 반듯한 가르마의 갸름한 얼굴
> 선하고 그윽하신 눈길
> 아직도 또렷이 나와 마주하고 있는데
> 나비넥타이의 아버지는 어디에도 없는데
> 오늘도 책갈피 속에서 불현듯 오셔서
> 물끄러미 바라보신다
>
> ─「아버지」전문

이 시는 트라우마로 자리잡은 열한 살 소녀의 아버지에 대한 기억을 중심 시상으로 전개되고 있다. 세월은 무수히 흘러버렸으나 그 날의 '아버지의 상'은 시인의 가슴 속에 오롯이 남아 있다. 환상으로만 아버지에 대한 만남을 의지하고 있는 '지금'의 화자는 과거 '배고픔'과 고통의 본능적 기억보다 '나비넥타이의 아버지'와 환유적 기억으로 대면하고 있다. 나아가 화자의 유년 시절 '지상계'의 방황─이별의 수평 구도가 오늘날 '아버지'로 환유된 '나비

비행(飛行)의 '천상계'의 응시-만남의 수직 구도로 변화되었다. 시인의 근원적 상처가 치유로 전환되고 있는 것이다. 다만 근원적으로 생사(生死)의 만남이기에 환상적 재회-치유의 불완전함은 결국 '마주'하는 것으로만 남아있다.

> 희미한 방안 가득
> 서늘한 바다를 풀어 놓고
> 어린 막내 곁에 모로 누워계시다가
> 새벽이면 맨 먼저 달각이시던 어머니
> 미수(米壽)의 세월 돌돌
> 하얀 꽃잎으로 날아오르시던 어머니
> 사푼히 내려앉으시던 푸른 바다
> 이 아침
> 갈매기 낮게 앉았다 사라져간다
>
> ―「어머니의 바다」 부분

김화자 시인에게 어머니에 대한 과거 기억 또한 '막막한 바다'를 응시하며, '가슴을 쓸어내리'던, '눈물도 말라버린' 존재로 남아 있다. '희미한 방안'이나 '서늘한 바다'는 '모로 누워계'시던 어머니의 현실적 고뇌를 감각적으로 보여주고 있다. '미수(米壽)의 세월' 후에 '하얀 꽃잎으로 날아오르시던 어머니', 즉 '하얀 꽃잎'의 비행(飛行)은 '아버지'와 마찬가지로 수직 구도로 나타난다. 다만 이 두 수직 구도는 '오늘도 책갈피 속에서 불현듯 오셔서/ 물끄러미 바라보시'는 '아버지'와 '사푼히 내려앉으시던 푸른 바다/ 이 아침/ 갈매기 낮게 앉았다 사라져가'시는 '어머니'의 지상계와의 교감 통로로 작용하고 있다. 현재의 시인에게 '부모'는 여전히 근원적 지향점인 동시에 비행(飛行)하는 존재로 찾아오는 것이다.

2. 시(詩)를 만드는 음식들

김화자 시인의 시 중에서 세상에 대한 시인의 가장 선명한 시선이 드러나는 접점에는 음식들이 존재한다. 음식은 본능적인 식감의 소재이다. 사람들의 원초적 생존 욕구의 상징성을 지니면서 이성적 굴레의 규정성을 마음껏 넘나드는 혹은 그 굴레를 탈주하는 신비감을 느끼게 한다. 시인은 사람들이 만들어놓은 시간과 공간의 틀을 드나드는 상상력으로 오랜 과거와 현재를 매개시킬 때, 어느 특별한 음식의 기억을 떠올린다.

정월 바람이 손톱을 세우는 날
아랫목 둥근상에 둘러앉아
어머니 끓여주시는 칼국수 먹고 싶다
후루루 국수발 끊어
목구멍에 넘기다가 고개 들면
김 뽀얀 맞은 편
젓가락 드신 채 바라보고 계시던
어머니 얼굴 보고싶다
대파 쫑쫑 걸쭉한 멸치국물
그릇 채로 둘러 마시며 옷소매로 쓱
종이의 빨간 입술이 동동

회색하늘 낮게 앉혀 놓고
바람 탱탱 부는 날
밀반죽 얄팍하게 밀어 끓여 주시던
어머니 칼국수
혓바닥 굴리며 먹고 싶다

―「칼국수」 전문

이 시 속에는 음식으로 교감하는 가족 공동체가 형상화되어 있다. 화자는 '칼국수'라는 미감의 음식을 바탕으로 '어머니'라는 존재를 현재로 이끌어내고 있다. 그 그리운 대상의 구체적인 외양은 거의 언급되지 않은 채, '칼국수'는 시(詩)를 만들고 있는 것이다. 가족의 온기가 만들어지는 공간('아랫목 둥근상')과 가족 구성원의 감각적 식사 장면은 어느 특별한 시간('바람 탱탱 부는 날')을 떠올리는 시인의 중요한 삶이다. 이 시에서 김화자 시인은 '칼국수'의 훈훈한 미감만으로 가족의 의미를 되새기게 하는 마법화를 시도한다.

옛날 여름 방학 때
저 높은 원두막 올라가 봤다
완행버스 타고 먼지 폴폴
타박타박 걸어서 찾아간 아버지 고향
사다리 타고 원두막 올라가니
사촌 제일 큰 오빠 날 위해 따 준
조막만한 수박 한 통
풋 수박 한 통

저녁 먹고 눈짓으로
날 불러내던 동갑내기 열일곱 사촌 병태
밤길 뚜벅뚜벅 수박 밭
콩닥콩닥 수박서리 지켜보기
쏟아지게 별들만 내려다보던 밭둑가에 앉아
퍽
손 한 방에 쪼개진 수박
어둠 속에 그 수박 맛

논둑 걸어가며
손전등 비추면 엉거주춤 개구리
잽싸게 잡아 올리던 병태

어깨 움츠리며 따라다녔지
내 생에 딱 한 번
시골의 달콤한 밤

―「원두막」 전문

　　이 시는 '옛날'의 전원적인 풋사랑의 흔적을 떠올리게 하는 시이다. 1연에서는 평온하고 아늑한 공간으로 '원두막'이 설정되어 있다. 화자는 '아버지'의 고향에서 '사다리'를 타고 '원두막'에 올라간다. 그 곳은 안정한 아버지의 대리인으로서 '사촌' 중 '제일 큰 오빠'와 공존하는 공간이다. 안정(安靜)한 곳에서 정(靜)적인 '수박'의 맛은 '풋'풋하다. 그러나 2연에서는 상황이 확연히 달라진다. 시간적 배경이 이미 '저녁'으로 광명(光明)의 안정감은 사라지고, '나'를 호출한 '동갑내기 열일곱 사촌 병태'는 더 이상 '큰 오빠'가 주는 보살핌과는 거리 먼, '나'와 동급의 불안정한 존재이다. '병태'와 공유하는 행위 또한 '콩닥콩닥 수박서리'와 '한 방에 쪼개진 수박'으로 1연과는 달리 상당히 역동(力動)적인 국면을 맞이하고 있다. 이어지는 3연에서도 개구리를 '잽싸게 잡아 올리던 병태'의 행동은 여전히 지속된다. 충분히 불안하고 공포스러운 시골 '밤길'의 기억일 수도 있으나, 열일곱 소녀에게는 이미 '시골의 달콤한 밤'으로 별자리를 이루고 있다. 시인은 '원두막'을 둘러싸고 있던 그 과거 장면들의 기억을 '수박'의 '맛'과 함께 선명하게 되뇌고 있는 것이다.
　　이처럼 김화자 시인에게 있어 음식은 인간의 삶에서 필수적인 영양 섭취의 수단을 넘어서 삶을 살아가는 방식이며, 삶을 기록하는 방식이다. 언제든 그 음식을 깨물면, 모든 생(生)이 되살아나 한 편의 시가 되면서 조판(組版)되기 시작하는 것이다.

번전(反田)의 시학
―이형우, 배옥주의 시편들

1. 이형우 시의 감력(減力)

 닮은 것에 대해 닮음으로 노래하는 것은 서글픈 일이지만, 달라 보이는 것으로 서정화하는 것은 한 꺼풀 무게를 덜어내는 일이 된다. 「목각 원앙」에는 두 이성(異性)이 즐겁고 기쁘다. 제각각의 인식이 삶을 나눠 놓았음에도 사는 데에 무어 그리 대단한 것에 이르랴. 돌이켜 보면 닮은 종착지에 이르는 과정이, 이전의 시 외부 존재자를 불러들이는 인식 과정이, 보다 이전 생식체 부로 분할한 과정이, 생(生)의 중력을 상실한 닮은 것에서 달라 보이는 것으로 무게를 덜어내고 있다. 이 속에는 서글프지만 지극히 자연스러운 현실이 살고 있다.

    나는 당신에 취하고 싶은데
    당신은 술에 취하려 한다
    아무리 마셔도
    멀쩡한 이유

                   ―「동상이몽(同床異夢)」 전문

 「동상이몽(同床異夢)」도 전자와 하나의 뇌근(腦根)이다. 이 취(醉)는 노곤하지 않다. 의도가 깊이를 더하면 더할수록 나른함은 사라지고 뇌근은 선명해진다. 그 선명도를 넘어서지 못하는 서정에 거리감이 소멸하기는 어려운 것일까. 타자에게서 읽어낼 수 없는 것보다 의도할 수 없는 것에서 화자의 기대는 멀쩡하게 무너지고 만다. 두 시편 모두 중력을 이겨내지 못하는 삶에 대한 중력을 보여주고 있다. 기대할 수 없는 중력은 늘 우리의 일상을 단도리하게 하지만, 어느 시 한편에라도 부비고 느끼고 흡착하고자 뇌근을 들여놓는 삶이란, 인식 이전의 이유 없기에 이유 있는 사랑에 대한, 오래된 갈구 유전자 때문은 아닌가.

> 말씀하셨지
> 할아버지
> 사내는 표정이 보여선 안 된다고
> 아홉 살
> 내게
>
> …(중략)…
>
> 말씀들로 각인된
> 구절양장(九折羊腸)
> 참수된
> 차포마상(車包馬象)의
> 삼전도비(三田渡碑)
>
> 말씀하시네
> 원고지
> 그래서 니 시는 시가 아니라고
> 먼 아홉
> 내게
>
> ―「아홉수」 부분

시 「아홉수」는 부정(否定)하다. 아홉이라는 모가지에 걸린 삶이란, 구불구불하고 험한 산길을 걸음이 다하는 날까지 걸어가기라도 할라치면 거칠기 이를 데 없고 불구의 참담한 역사를 목전에 두고 있는 삶이다. 무엇이든지 간에 부정하는 것들은 그렇지 아니하다고 단정하거나 옳지 아니하다고 제 역할에 도취한 대로 위의(威儀)적인 탈을 덧씌우고 있다. "원고지"의 틀에서 덧씌우는 대로 수긍하지 않는 시는 부정할 수밖에 없다. 위태한 삶의 연속이 마치 고비(古碑)처럼 묵시록 아래 놓일 때, 아주 "먼 아홉"으로의 귀선(歸船) 명령은 부정한 것을 부정함으로써 시를 시답게 하는 유일한 길임을, "나"에게 반복적으로 호출하고 있다.

    한 방서 살다 보모
    내 묵던 거 니도 묵고
    니 빨던 거 나도 삼키제
    그래도 분수는 차리라꼬
    여긴 니가 있을 곳 아이라꼬
    문도 열어 주고
    휘몰아도 보고
    니 좋아 하는 음식들 출입문 밖에다 두어도
    꿈쩍 않기에
    더 이상의 무례는 용납할 수 없어
    한 방 에프킬라
    그래도 더 설치기에 포기했지
    타고난 명줄 내가 우야노
    다음 날
    색소폰 집으려 숙인 고개
    거치대 아래에 널부러진 니놈
    벌컥 눈물
    미안하다야

―「증승자추도시(贈蠅子追悼詩)」 전문

"한 방"이라는 제한된 공간에서 비휘발성 존재들의 조합은, '끓는점 오름'이라는 필연적인 화학반응으로 이어진다. 위 시편 속의 이질적인 분자들은 제 성질대로 제 삶의 양태대로 열기(熱氣)와 오해를 살포하며 결국에는 종말과 미안함으로 점철되지만, 쉽사리 웃어넘길 수 없는 군집생태가 배경하고 있다. 제 영역 분할이 알맞게 이루어지지 못하고, 제 법식의 한계를 벗어나지 못할 때의 인간사 비극이 덧대어 우의적으로 형상화되고 있다. 이렇듯 이형우 시인에게 삶의 이면을 들썩거리게 하고자 인고한 시편들에는 중력을 이겨 낸다기보다는 덜어내는 미묘한 체중 감량이 엿보인다.

2. 배옥주 시의 산란(産卵)

언어의 출생은 모방이다. 어미가 다른 무수한 것들이 물밀 듯 한꺼번에 쏟아 들어오는 순간 시인의 내적 세계는 울렁인다. 이미 들어앉은 것들과 제 어미를 오래도록 잃어버린 것들과 침묵의 소리를 교환하며 언어의 젖무덤에서 살고죽고를 반복하다 덜컥 알(卵)이 된다. 미생(未生)으로 시인을 읽는 무수한 것들과 눈빛을 교환하다 깨지듯 깨어날 듯 세계로 구르듯 굴러다니듯 출생을 신고한다.

    딱정벌레가 끌어내리는 단단한 통점이
    한 바다 두 바다
    내 안에 갇힌 소리의 잎맥을 갉아 먹는다

…(중략)…

이명 위에 이명을 덧대면
소리 지도 한 권이 탄생하겠다

누구나 그릴 수 있는 소리의 세계가

—「소리 지도」 부분

「소리 지도」에서 "불통"을 뚫는 것의 단초는 자아 외부에서 들어온다. 꽉 틀어 막힌 것들은 애당초 이전에 들어앉은 것들이 뭉친 것일 테고, "좌표를 잃은 소리의 목소리"들로 "이명"들로 굳어가던 것들이다. 시인이 알아챌 수 없는 '몸' 내부의 사정은 이렇듯 상상력에 기댈 수밖에 없고, 간혹 알아들을 수 없는 언어로 울렁거리던 그 소리들은 어느새 비로소 "지도 한 권"이 된다. 보이지 않고 말로 주고받을 수 없는 것들에 대한 시인의 관심은 순간이다. 순간이어야 한다. 매 순간 그런 자아로의 침잠이나 그런 알아챌 수 있을 것만 같은 대타자(Other)와의 접속의 시간이 길어질수록, 필시 비극일 것만 같은 유혹에 시인은 오래도록 잠들 수 없기 때문이다. "이명 위에 이명을 덧대"는 순간을 소리경험한 독자들은 이러한 침범에 가만히 짐작할 수밖에 없다.

행운목에 청새치 한 마리 묶여 있다

수면을 떠다니는 포구를 향해
작살을 내리꽂는 햇살은
늙을수록 노련한 어부
칼을 묶은 노를 휘두르며
행운목이 사투를 벌이고 있다
석양을 걸어둔 돛대가 펄럭인다
침묵하는 밤을 지나면 도착할 수 있을까

행운화 한 마리
포구로 돌아오고 있다

난파 직전의 행운목 한 척
파도소리를 유리창에 쏟아 붓고 있다
작살에 꽂힌 등뼈가
지느러미를 밀어 올린다
꽃술만 남은 행운의 실루엣이
집안 가득 비린내를 풀어 놓는다

—「청새치」 전문

　빛의 출생 신화를 기억하는 사람은 드물다. 빛이 다하면 어둠이 되듯 생명이 다한 곳에는 죽음이 된다. 다만 빛이 없던 곳이나 생명이 아직 태동하지 않은 곳에서 빛과 생명이 생겨날 수밖에 없는 이 모순의 신화를 구태여 기억할 필요도 없게, 우리의 삶은 바쁘거나 고달프거나를 기록하며 지난다. 미처 놓쳐지는 것들에 대한 순간의 애도마저 잊은 채 삶이란 이름으로 시공간을 지나친다. 어느 한 빛의 산란(散亂)을 놓치지 않는 시인의 목소리는 어느 희미한 생명에 대한 산란(産卵)의 기억을 놓치지 않고 담는다. 한 마리 "청새치"가 시인의 후각에 들이닥칠 때 그 시작점을 떠올리는 잡념은, 작지만 소중한 자신의 시간을 갖는 과정이다. 어느 잔인한 "햇살" 속 이유를 만들어가며 생명의 사투를 벌이는 요동침, 내 어느 삶의 문턱이지는 않았을까 더듬어 구체화하지 않아도 "행운목"에 묶인 지난날의, 순간의 애도는 절실하다. 슬픈 날들을 기억하는 하나의 방식, 애도사는 시인의 콧속을 맴돌며 "집안 가득" 아무도 기억하지 않는 "청새치" 같은 삶의 이면(裏面)을 구태여 전율케 한다. 우리, 도착점에 이르기까지 무수한, 기억보다 못한 망각만을 영위하는 날들 속에 이런 애도, 가끔은 있어야 한다. 어처구니없는 시인의 태생은 아무도 기억하는 사람이 없는 사람에게서 "청새치"처럼 산란(産卵)하였을지도 모를 일이다.

    호흡기를 제거하는 데 서명한다
    동의 없이도 셀 수 있는 숨결이

    …(중략)…

    어느 누구도 눈물을 흘리지 않는다
                                         ―「특별 서비스」 부분

  「특별 서비스」는 익숙한 신화와 연동한다. 노래와 리라의 달인 오르페우스는 아름다운 에우리디케와 행복한 결혼을 하였지만, 얼마 지나지 않아 아름다운 에우리디케는 독사에게 물려 죽고 만다. 지하세계로 사랑하는 아내를 찾아간 오르페우스는 슬픈 사랑의 연주로 여러 위기를 이겨내고 결국 저승의 신 하데스마저 감동하게 하여 저승에서 나올 기회를 얻는다. 마지막 지하세계의 문턱을 통과하는 순간, 오르페우스는 '뒤를 돌아보아서는 안 된다'는 금기를 어기고 사랑하는 아내 에우리디케와 영원한 이별을 맞게 된다. 배옥주의 시 「특별 서비스」에는 이 이야기처럼 특별한 것이 있다. "살아도 죽은 산낙지"같은 단속(斷續)하는 삶에 서명하는 것은 오르페우스의 금기 위반과 닮았다. 시인이 펼쳐놓은 "수명 한 토막"의 생명과 "연장되지 않을 눈빛"의 교환 속에는 또 하나 에우리디케와 오르페우스의 슬픈 사랑의 침묵이 있다. 호출할 수 없는 그 짧은 침묵 속에는 "빨판 개수만큼" 많은 얼굴의 기표(記標)만이 존재할 뿐, 어떠한 기의(記意)로도 감당할 수 없는 시선이 교차한다. 그리고 "어느 누구도" 흘리지 않는 눈물만이 흐를 뿐이다. 배옥주 시인의 시작(詩作)은 희미해져 가는 빛을 그러모으는 작업이다. 그리하여 그에게 자주 산란하고자 요동치는 시어들에게 빛의 물길을 터주는 고단하지만, "열린 적 없"는 것에 이름을 입히는 소중한 기억이 되고 있다.

보아뱀이 삼킨 시
―김뱅상, 『어느 세계에 당도할 뭇별』(한국문연)

　모래밭으로 마치 나무가 쓰러지듯 조용히 쓰러졌던 어린 왕자. 아무에게도 들려주지 않았던 그 고독한 이야기를 생텍쥐페리가 속삭여 주는 순간, '양'과 '장미꽃'의 존재만큼이나 세상 모든 것들이 또 얼마나 달라져 있을지 의문을 갖지 않는 소중함은 없었다.

　시(詩)가 오는, 그 외롭고 고단하고 바람이 불던 길에 무수히 많은 어린 왕자들이 쓰러져 있었을지라도 시인은 그의 마음이 진정으로 부르는 언어로만 부풀어 오르는 보아뱀을 그려낼 수 있을 뿐이다. 어느 별에서 떨어진 존재처럼 외롭고 쓸쓸했던 순간, 김뱅상 시인은 그만의 보아뱀을 상상한다. 『어느 세계에 당도할 뭇별』에는 그 숱한 별들의 광량을 받아들이는 시인의 수정체 같은 시어들이 빛나고 있기에, 산란하는 기표와 기의가 미로 장(場) 안에서 반복적으로 미끄러지게 되고 또한 그 속에서 우리는 계속적으로 방황하기 십상이다. 다만 '시인의 말'에서 언급되어 있는, '틈'을 지나 '미지의 세계'로 향하는 경로는 여러모로 이해의 표지석이 될 수 있다. 보아뱀처럼 시큼한 언어로 다가오는 몇 편의 시를 살피며 김뱅상 시인의 사유 세계로 따라가 보려 한다.

　　줌zoom을 당긴다 개나리 씀바귀 채송화 엉겅퀴

쑥부쟁이 개망초를 초대한다 사각의 창은 일인
무언극을 한다 가위표시를 하고 손가락을 귀에
대며 입술에 손을 가져간다 연극의 암호는11월
에서12월의플랫폼타고오른다

…(중략)…

눈만 깜빡이는 여러 개의 창

스펀지밥처럼 노랗게 떠 있는 표정들

하나의 사각 속에 또 다른 평면의 심각한 얼굴들

시들어져 가는 꽃들이 사라진다

—「2020. 일인무언극」 부분

「2020. 일인무언극」의 화자는 카메라를 들고 일인무언극을 한다. 혼자서 세상을 바라보는 시선에는 거리의 원근감이 살아 있다. "줌zoom" 기계를 이용하여 인간에게 부여되지 않은 능력을 가지게 된 화자이지만, 렌즈를 통해 바라본 세상의 사물과는 "연극의 암호"처럼 철저하게 분리되어 있다. 어느 들녘에서나 흔히 발견되는 다양한 식물들을 "사각의 창" 안으로 불러들이고 있지만, 시인은 외롭다. "노랗게 떠 있는 표정들"과 "평면의 심각한 얼굴들" 그리고 "시들어가는 꽃들"은 화자의 수정체에 투영된 세계의 단면들이자, 세계 속의 '나'의 모습을 반사하고 있는지도 모르겠다. 그것들은 아무런 말도 없이 오로지 시인이 바라보는 마음 속 세계관을 경유하여 시적 언어로 발현되고 있다. 시인은 원근의 공백이자 틈을 자유롭게 들락거리는 세계와의 관계를 꿈꾼다. 그리하여 시인은 "침묵을 벗어던지"거나 "창을 노크하"는 강렬한 접속 욕망의 화자를 상상하지만, 여전히 '우리' 안에 '나'로서 채워지지 않는 거리 안에 덩그러니 놓여 있다.

    팡세가 방세로 들린다 한 달은 금세 다가오고 창문이 작은 방엔 햇살 잠깐 비췄다가 사라지고 왜 나는 창문을 열면 정원 나무들이 무성한 곳을 선택할 수 없는지 어딘가로 지랄을 떤다 파편처럼 날아가는 못, 한지랄 이지랄 박지랄 김지랄 정지랄이 받는다 똑같애 너만 그렇게 사는 게 아니야 …(중략)… 뛰어내릴 곳이 없네 오, 지랄 같다 오늘은 팡세가 행운의 숫자 4개라도 물어다 줄까 그런데 어디로 가져다주지 창문을 깨어야겠다는 생각이 든다

                                                    ―「삐약 삐약」 부분

「삐약 삐약」은 병아리의 울음 소리를 상징하는 제목으로 시의 시작을 알린다. "팡세"가 매달 납입해야 하는 "방세"로 둔갑되는 음성적 언어유희를 통해, 시인은 경제적 비극을 표현한다. 두 이질적인 음성적 질감은 다성적 주체들이 주고받는 "파편처럼 날아가는 못"과 같은 극적(劇的) 대화 상황으로 인해, 보다 치명적인 파국으로 치닫는다. 비속어가 난무하는 "지랄"의 세계와 "뛰어내릴 곳이 없"다는 "나"의 절박함은 현실 속에 있으면서도 고립된 현대인을 표상한다. 현대인들은 '우리들'의 욕망 속에서 허우적거리며 파편화되고 소외된 각자의 자아를 발견한다. 하지만 '우리 별'의 움직임은 너무나도 더디고 고정불변이어서 아주 가까운 내일의 희망조차 꿈꾸기 어렵다. 김뱅상 시인에게 "창문을 깨어야겠다"는 시도는 현대인을 옭아매는 사회적 관계의 분열선과 절편선의 '검은 구멍'에서 탈주하는 최후의 출구이자, 최선의 돌파구로 간주된다. 하지만 이러한 다짐은 쉽게 이루어지기 어렵다.

    테두리에 잘려 나간 기둥과 창문이, 다가온다

    벚꽃 몇 송이 모자 끝에, 붙는다

모자에 허리 잘린 나무들, 온다

　　정상에 있는 바위, 머리 위에 있고

　　주변으로 몰려오는, 뭉게구름

　　눈을 깜빡이다, 멈추어진

　　사진을 본다, 챙 넓은 모자에서 빠져나온 나,

　　커다란 모자 속에 내가 있다

　　　　　　　　　　　　　　　　　―「모자 속에는」 부분

　시 「모자 속에는」 "나"가 있다. "챙 넓은 속"을 가진 모자의 세계는 "휘어지"고 "테두리에 잘려 나간" 그리고 "허리 잘린" 존재들이 접속하는 장(場)이 되고 있다. "다가오"기도 하고 "붙"거나 "오"기도 하는 방식을 통해, 분열되고 불구가 된 몸체는 "모자"를 기점으로 새롭게 배치되어 생성되고 있다. 과거의 순간을 "사진"이라는 절단된 단면 속에 가둬두는 이미지를 통해, "나"는 "모자"에서 탈주하는 존재의 의미인 동시에 재영토화되는 무기력한 존재로 형상화된다. 이러한 혼란의 세계는 '나'가 만들어낸 가상적인 이미지로 감각기관의 혼동을 초래하기도 한다.

　　귀가 잠들지 않는 밤이다

　　시레솔 드나들었던
　　서른일곱 해의 창고에는 어떤 것이 먼저 버려졌을까

　　안으로 굳게 잠긴 문

다시 두드린다. 문을
두드려도 열리지 않는

…(중략)…

침묵은 검은 구멍 움푹하게 패고

─「귀」 부분

시 「귀」에서 김뱅상 시인은 시각적 이미지인 "밤"의 시간을 "귀가 잠들지 않는" 청각적 이미지로 형상화하면서, 감각의 첨점을 끌어올리고 있다. 비교적 간단하게 명암의 밝기로 대상에 대한 이미지를 지각시키는 시각적 신체 기관과 달리, 미세한 음파의 질감과 강도의 정도에 반응하게 만드는 청각적 신체 기관은 시인의 보다 예민한 심연의 사유를 끌어올리는 데에 적합하다. "침묵"과 같은 심연에는, "안으로 굳게 잠긴 문"과 같은 세계를 향한 통로의 단절과 결코 "두드려도 열리지 않는" 단절에 대한 절박함이 공존한다. 시인에게 "무한대의 침묵"은 벗어날 수 없는 세계 내 불안을 초래하기도 한다.

심야버스 막차 실내등 꺼진다
시간에 쫓긴 맘을 한 잔의 커피와 빵으로 토닥이려 한다

앞으로 세 번째 좌석에서 돌아보는 신이 있다
텁수룩한 수염에 허연 눈동자가 인상을 쓴다
변덕과 짜증이 곰팡이처럼 번져온다

…(중략)…

희번덕거리는 눈동자가 상반신을 일으키며 돌아본다
종착지까지 시체놀이를 하여야 하나

실눈 뜨고 본다
암호는 늘 어두운 곳에서 시작되고
몇 개의 열쇠를 돌려본다
정신분열 공황장애 조현증
터널이 나와야 MRI라도 찍어볼 텐데
어디쯤에 사는 신인지

—「버스 안에 신이 산다」 부분

　　시 「버스 안에 신이 산다」에는 현대인의 불안과 오해의 순간이 긴장감 있게 구성되어 있다. 즉 "심야"라는 시각적 감각의 취약 배경과 "허연 눈동자"의 분노에 찬 타자 발견이라는 극적 상황이 전제되어 있다. 화자는 바빴던 하루의 일상을 마무리하는 심야 시간에 노곤한 몸을 이끌고 막차 버스를 타고 위안이 되는 음식물을 섭취하려고 한다. 하지만 그러한 화자의 모습에 대해 "변덕과 짜증"의 경계심을 갖는 타자의 눈빛은 시적 화자를 극도로 불안하게 만든다. 극도의 공포감은 화자로 하여금 종착지까지 "시체놀이"를 하면서 갈등 상황을 안전하게 회피해야겠다는 스트레스성 판단을 유도한다. "정신분열 공황장애 조현증"과 같은 현대인의 대표적 정신질환과 그에 따른 의료 검사 도구 "MRI"를 상정하는 화자의 인지 행위는, 종국에 비정상적인 것으로 판정된다. 그 타자는 "신"이 아닌 "바바리에 멋진 신사"였기 때문이다. 김뱅상 시인은 왜 타자를 "신"이라는 절대적 존재로 상정하는 오류를 범했을까. 시인은 타자에 대한 불신으로 인해 현대인들의 공포감 크기가 얼마나 거대한지 선명하게 드러내고자 의도하였고, 결국 그러한 타자와의 절대적 거리감으로 인해 자신의 삶조차 온전하게 영위될 수 없음을 우회적으로 강조하였다.

　　극한적 불안과 파편화된 삶 속에서 아무 사건이 발생하지 않았음에도 심리적 신경증으로 불완전한 삶을 살아가고 있는 현대인들에게 김뱅상 시인은 지속적 삶의 방식에 대한 사유의 시간을 요청한다. 이는 현대 철학자 들뢰즈가 '차이 생성'과 '다양체' 개념을 강조하면서 중요하게 다루고 있는 '사이'에 대한 사유와 닮아있다. 들뢰즈는 기존에 중요시하던 어떤 동일성을 전제하는 '사이'가 아니라 '사이' 그 자체에 대한 생성의 의미를 강조하면서, 외적 접속을 통한 타자와의 관계에서 있어 '모든 것의 고유함'을, 무한히 새로운 '이-것들'의 긍정적 사유가 절실함을 역설한다. 즉 거대한 논리에 흡수되는 동일성의 논리가 아닌, 개별자 그 자체로서의 고유함과 차이를 긍정적으로 수용하고자 하는 개개의 의지가 중요한 것이다.

창문 틈 사이로 어슴푸레하게 다가오는 이른 아침 풍경을 훑는다

산과 바위 닿을 듯 창문 밖에 와 있고 곡선으로 이어진 흐린 평원, 아무 곳에나 놓인 듯한 사각 읍면사무소, 희미하게 누워있는 저두 출렁다리 위 바잘 모자 쓴 개미들 오가는, 시간들

딸기 샌드위치 속에 든 검은깨 샐러드를 바라보는, 커피를 마시다가 치즈크림빵을 바라보는, 프루트칵테일 사이로 빠끔 내미는 얼굴 하나, 계란 덮어쓴 행운목이 가져주는 꽃망울 전구가 상처처럼 다가오는, 찹쌀떡 전등 분위기 잡는, 순간들

벚나무 나목들 사이 초조하게 서 있는 은행나무 잎들이 햇살에 막 휘날리는 순간, 흰색 티볼리 따라가는 노랑나비떼들

보이는 것과
보이지 않았던 것의 간격은 어디에서 오는지

으깨진 토마토 같은 머릿속을 의심해 보는, 찰나
　　　　　　　　　　—「보이지 않던 것이 보이는 순간,」 부분

김뱅상 시인은 시「보이지 않던 것이 보이는 순간」에서, "평원", "읍면사무소", "개미들"이 공존하는 배치의 시간과 "샐러드", "치즈크림빵", "얼굴 하나", "꽃망울 전구", "찹쌀떡 전등"을 바라보는 응시의 순간들, 이 모든 시적 세계를 시인의 세계관 속에서 물리적 배치를 떠나 인지적 혹은 상상적 배치로의 전환을 시도하고 있다. 늘 "창문 틈 사이"로 다가오는 물리적 세계가 어느 순간 보이지 않았던 세계와 혼융되어 감각될 때, 우리는 그간 놓치고 있던 '사이(간격)'의 세계에 대해 직면하게 된다. 이처럼 김뱅상 시인은 기존의 분열증적이고 파편화·관습화된 인지적 감각에서 새롭게 깨어나는 것이 비단 사물과 존재와의 접속에서뿐만 아니라 인간 대 인간 사이의 관계에서도 중요하게 다루어져야 할 윤리적 덕목으로 받아들이고 있다.

예측할 수 없는 소용돌이 언어의 미술(美術)
— 『궤도이탈』(시동인지, 가변차선 제5호, 전망)

    언어는 무의미하다. 흩뿌려진 것들 어느 것에도 그 소리를 담아내지 못하고, 시린 겨울 밤하늘 어느 찰나의 섬광에도 명쾌히 명명(命名)하지 못한다. 결국 바람이 길을 터놓은 대로 단지 내 눈과 귀와 살갗들이 감지하는 대로 존재는 그렇게 흘러가기만 할 뿐, 내 골수 어느 곳에도 작은 소용돌이 하나 담아내기 어렵다. 그렇게 무의미한 듯이 공명(共鳴)을 다하는 것이다. 그런 염료의 시어를 고심(苦心)의 시간으로 침묵하는 시인이 있기에, 그들이 그려 놓은 그림 속에는 비로소 의미 그 너머의 다양한 빛깔이 담겨질 수 있는 것이다.

    에즈라 파운드의 말대로 번득이는 생각의 다발로부터 생각이 용솟음치고, 또 이곳을 통해, 이곳을 향해 생각이 돌진하듯이 동적 이미지가 창출된다고 할 때, 여기 다양한 언어의 빛깔로 세계를 담아내려는 시인들이 있다. 이 다섯 시인들이 이번 시집에 담고 있는 '침묵'과 '독백'과 '사랑'과 '춤'과 '선율'은 각각의 모든 시를 다 아우를 수 있는 것은 아닐지언정 그들이 세상을 응시하는 방식을 일면 이해하는 데 중요한 열쇠가 될 수 있겠다.

1. 정경미, '출아하는 침묵'

그녀의 눈빛은 시린 겨울이다
지중해 건너온 햇살을 퍼 담는 웃음 속엔
이끼가 자란다

거세된 언어들이 빠져나가면
목덜미에 내장된 물관은 가시를 밀어낸다
몸속에 박힌 통증
슬픈 기억으로 흐르다가
가끔씩 껍질을 깨고 나온다
생경하게

사막이 그리울 때
태양을 향해 심장을 말리며
나는 자라난 발톱을 하나씩 자른다
목마른 시차를 내려놓는 오후
잠들면 깨어나는 별빛이
이슬을 쓸어 혓바닥을 채운다

삼백여일 물길을 찾는 그 여자
모래밭 내력을 두터운 입술로 뿜어내고
맹금류 울음 껴입은 여름날 고행이
송곳니로 돋아난다
민낯으로 바라보는 하늘은
언제나 돌아 앉아 있다
발신자 없이 날아온 문자에
물소리가 쌓여있다

—「브레비카리스의 반란」 전문

정경미 시인의 시에는 "거세된 언어들"이 출몰한다. 이 언어들은 "달 숲

우거진 벽화마을이 휘어진 저녁을 불러 세우"(「붉은 르네상스 1」 부분)기도 하고, "등 굽은 바람의 갈비뼈가/ 해독하지 못한 입술을 비틀거리"(「겨울 알리바이」 부분)게도 하는 동인(動因)이 되기도 한다. 식물이나 사물을 통해 자신의 내면을 표현하는 방식은 자신의 오래 묵은 기억의 프리즘을 통해 세계를 바라보는 시인의 시선을 보여주는 메타포가 된다. "옛집 뒷마당/ 제비꽃이 바람의 흔적을 퍼 나르"(「꽃들의 레퀴엠」 부분)는 희미한 기억의 '출아' 시간이 되면, 시인은 "오래된 침묵을 풀어놓는다"(「발레리나」 부분). 이러한 과정에서 정경미 시인이 그리고 있는 다양한 이미지들은, 일상적인 것을 낯선 것으로 되돌리는 표현들 속에 "하나 둘 구워져 나오"(「매직 쇼」 부분)는 편린의 기억들을 품고 있다. 제 몸에서 떨어져 나가는 강렬한 '출아' 방식은 내면의 상처를 끝없이 토해내며 온전한 또 하나의 생명체로 성숙하는 과정이며, 자아와 세계 사이의 보이지 않는 지속적인 연계의 끈이 되기도 한다. 언어에 대한 시인의 고민은 "미화원 빗자루 끝에서/ 척추를 세우면/ 기억을 차단시킨 시계가/ 흩어진 피라밋을 끌고 온다"(「늙은 스피노자」 부분)는 스피노자의 시선을 통해 소외된 자들에 대한 따뜻한 관심으로까지 닿아있어, 유폐되고 감금된 자의식의 굴레에서 탈피하려는 시인의 질주도 확인할 수 있다.

2. 김미선, '구토하는 독백'

오후 3시의 사색이
나선형 계단을 내려선다
의식을 번역하는 창백한 독백이
목덜미로 흘러내리자

정오의 늦은 햇살이
다면체의 구름을 건져올린다
어둠에 불을 지피는
싸늘한 절망의 언어가
불안한 시간을 포섭하고
창가에 앉은 노인은
나뒹구는 고뇌를 새김질한다
그늘이 창틀 사이로
장엄한 어깨를 타고
연금술을 불러 모은다
허공을 쌓아가는 화가는
사유의 두께를 재기 시작하고
역광을 받아 든 통점이
고독한 심장을 질주한다
생각하므로 존재하는
큐비즘의 회로가
노을빛 영혼을 풀어 헤친다

―「하르먼손 램브란트의 그림자」 전문

김미선 시인의 시 속에서 화가가 그려내는 것은 무엇인가. 화가는 "싸늘한 절망의 언어"가 구현하지 못하는 세계에 대한 고뇌에 빠져 있다. 그보다 앞서 화가는 자신의 "의식을 번역하는" 작업에도 골몰하고 있다. 자아와 세계 그 어느 것에도 '언어'는 무용지물이 되고 만다. 사유와 존재의 의미 속에 방황하던 화가는 "정오의 늦은 햇살이/ 다면체의 구름을 건져올리"는 모습을 보았고, "노을빛 영혼을 풀어 헤치"는 작업에 몰두하게 된다. 화가는 자연의 염료를 가진 자이고, 김미선 시인은 그런 회화적 이미지를 구현하는 과정을 통해, 화자로 대변되는 작가의 '독백'을 토해내고 있는 중이다. "혁명이/ 부푼 함성을 쏟아내"('원대리 가서의 부분')듯이, "한 점 남은 마지막 절망이/ 짐승 울음을 토해"내듯이, 그 내면 깊숙하게 도사리고 앉은 "한 웅큼의 비애"(「두 툼한 어둠들」부분)를 끝없이 토해내고 있다. 시인에게 '독백'을 토해내기까지 세계를 만나는 여정의 시간이 필요하다. 인도의 어느 길 위에서 발동하는 "물방울"과 "안개"가 시인의 "모난 독백의 틈으로 잠입하"기까지 고행은 계속되고 고결한 영혼의 정화작업은 지속된다. 마치 인도 어느 구도자의 '면벽'의 행위와 닮아있다. 마침내 "때 묻은 욕망의 길을 토해"(「인도 시편 1-안개 속의 길」부분)내는 굴절의 끝자락에 다다라서야, 시인은 "낯설면서 익숙한 바이샬리에서/ 나의 분신으로 들어서"는 깨달음을 보여준다. 시인은 사물을 욕망하는 사태에서 나아가, 보이지 않는 언어로까지 욕망의 굴레에서 고통받는 수많은 현생 '나'에게, 삼키는 것에서 배출하는 삶으로의 전환을 촉망하는 듯 보인다. 김미선 시인은 아무리 무거운 "나의 절망"일지라도 "희디흰 바람꽃 날개를 털어내"(「인도 시편 2-수행자」부분) 버리듯이, "잿빛 남긴 채 절규"(「인도 시편 6-야간열차」부분)를 토해내듯이, 생(生)의 "텅 빈 가트"로 돌아나가는 영혼의 자유를, 언어의 구속에서 탈피하는 생(生)의 미소를 갈망한다.

3. 신선, '낮달의 사랑'

너는 날마다 문밖으로 달아난다
빗장을 걸어 잠근 바다는 너를 안고
영혼의 닻을 내린다
은빛 지느러미를 털어내며 펄럭이는 너의 몸짓
견고한 등대는 주파수를 낯선 도시로 실어 나른다
너를 에워싼 파도가 그리움으로 출렁이고

너는 밤마다 미봉한 편지를 띄운다
오색의 플랑크톤이 낙원을 펼치는 해안
해체할 수 없는 풍경이 거대한 숲을 몰고 간다
안개는 물굽이에서 물구나무서고
늦은 일몰이 방파제를 끌고 널부러진다
낮달은 물보라를 건너뛰며
해파리의 가슴에 안긴다
바다는 거친 물살의 무릎에 파고들어
사라진 물보라의 등판을 들이킨다
젖은 해로가 모발을 말리는 동안
찢어진 그대 치맛자락이 썰물을 헐어낸다
일곱 번째 손가락 사이로 빠져나간 사랑
포구 밖에서 은은하게 떨고 있다

내가 벗어날 출구는 아무 데도 보이지 않는다

―「먼 수평선」 전문

신선 시인의 시에서 "날마다 문밖으로 달아나"는 "너"는 바다와 같은 거대한 대자연의 자장 안에서야 비로소 "영혼의 닻을 내"릴 수 있는 불안한 존재이다. "빗장을 걸어 잠근" 바다의 강건함과 "그리움으로 출렁"이며 에워싼 파도의 간절함만이 "너"의 이탈을 유예시킬 수 있다. 그러한 "너"에게서 "내가 벗어날 출구는 아무 데도 보이지 않는다"는 것은 필연적이면서도 불가역적인 예속 관계의 지속을 의미한다. 그러하기에 우리가 간직하고 있어야 할 사랑은 허무하게 "빠져나간 사랑"이어서는 안 되는 것이다. 그런데 이 시 속에는 상호역전의 상황을 생각하게 하는 구절이 있다. "너를 에워싼 파도가 그리움으로 출렁이고/ 너는 밤마다 미봉한 편지를 띄운"다는 대목에서, "너"라는 실체의 불가능한 발신을 추정케 하는 "미봉한 편지"는, 그리움의 주체와 대상관계가 순식간에 "너"와 화자의 관계로 뒤집어질 수 있는 여지를 둔다.

따라서 제3의 삼각관계를 무리하게 설정하지 않는 구도로 본다면, 결국 화자와 대상은 자웅동체로 "나"가 곧 "너"인 동일 인물로 관계가 재설정될 수 있다. 시인은 이렇듯 '사랑'의 의미에 집중하고 있다. 다만 "횡격막을 파고드는 아내들의 앞가슴"(「네트워크 5」 부분)과 "풍만한 가슴을 드러낸 여자들"(「채널」 부분)과 같은 에로틱한 사랑의 형상화 이외에도 "눈 먼 달빛의 목덜미"(「달빛 수사학」 부분)나 "여름 햇살이 강물을 퍼 올릴 때마다/ 흘러나오는 자몽의 향기/ 살결 뽀얀 물결"을 피워 올리는 모습의 이미지를 살필 때, 시인은 '사랑'의 의미를 대자연 속의 물적 관계로 확장시킨 것으로 보인다. 특히 시인은 "공유할 수 없는 사랑이 낮달을 어루만"(「채널」 부분)진다는 표현을 통해, 사랑의 환상적 이미지도 함께 구축하고 있다. 가장 아름다운 가치인 '사랑'의 실체를 "낮달"의 이미지와 연결시킴으로써, 밤에서야 온전히 그 빛을 발하며 존재감을 드러내는 달이, 밤이 아닌 낮에 보이는 것은 '사랑'의 흔적이나 허상의 잔해물로 해석할 여지를 남긴다. 그리고 시인은 "공중점프를 하는 그윽한 몸짓"(「낙조증후군」 부분)과 "사랑의 앱"에 휘말려 "과즙 쏟아지는 애플농장"과 "삼십 키로씩 젖은 입술들이 쏟아"(「네트워크 2」 부분)진다는 감각적 이미지를 덧붙이는 것으로 보아, 신선 시인에게 있어 세계를 바라보는 시선의 결에는 양가적 '사랑'이 절실하고도 가장 유의미한 창구가 되고 있는 것이다.

4. 이신정, '춤의 관능'

거리 악사들이 비발디 사계 중 가을 연주 하자
시뇨리아 광장에 노아의 홍수가 파도친다

선율을 온몸으로 받아들이고
다비드상이 매혹의 엉덩이를 흔든다
여자는 테라스에 앉아
청산가리처럼 익어 가는
가을 풍경을 스케치하는 동안
중세기 창문마다 우피치 그림을 인쇄한다
둥근 성곽아래 원색으로 덧칠한 네거리
춤추는 멜로디를 휘감는 연인들이
블루스 스텝을 밟는다
두오의 성당 미사를 끝낸
영구차가 베키오 다리를 건너는 동안
줄지어 선 은행나무들이
마지막 이별을 배웅한다
으깨어진 밤의 정수리 밟고 가는
발자국 소리 하얗게 새는 새벽
유칼리나무는
뼈 속 칼슘이 무더기 **빠져** 나간다
떠나는 그대 뒷모습이
무수한 빗금과 원을 그으며
현란한 춤사위로 날아오르며
주춤 멈칫 먹구름 열고 내다본다

―「피렌체의 가을」 전문

    이신정 시인은 '춤'의 언어화를 시도한다. 이국의 거리에서 악사들은 익숙한 음악을 연주하고 광장에는 "선율을 온몸으로 받아들이"는 '춤'의 향연이 한창이다. "매혹의 엉덩이를 흔드"는 다비드상은 광장의 열기와 생(生)의 기운을 짐작케 하는 메타포로 형상화되었고, "청산가리처럼 익어 가는" 피렌체의 가을 분위기는 치명적 순간을 각인시키기에 부족함이 없다. '춤'의 향연은 어느 나라 어느 지역에서든 있을 수 있는 세계의 모습이기에, 시인은 의도적으로 "춤추는 멜로디를 휘감는 연인들이/ 블루스 스텝을 밟는" 경쾌한 삶의 형상화가 "두오의 성당 미사를 끝낸/ 영구차"와 맞닿게 하여, 일시정지하게 하는 무호흡의 충격을 제시한다. 호흡을 멎게 하는 엄숙한 이별의 순간마저도 '춤'과 함께 한다는 시인의 역설적 사고는 삶과 죽음의 분절인식을 붕괴시킨다. 즉, "죽은 먼로가 걸어 나와 섹시 춤을 추고 광장에서 라보엠 멜로디가 휘몰아치"(「디스켓은 회전 중 6」 부분)는 장면과 "꿈속에서 만난 신델라는 / 삼바 춤을 추는 동안/ …(중략)… / 잠들어 있는 미라 곁에/ 장미꽃 붉은 숨결이 쌓이"(「슬로비디오 4」 부분)는 장면들을 통해, 시인은 생(生)과 사(死)를 동일한 시·공간에 배치시킴으로써 언어적 모순을 봉합하고, 관능미적(美的) 인식으로 전향을 시도하고 있다. "불타는 가장자리는/ 빨간 인형이 춤을 추는" 장면과 "밤은 수직으로 흘러가고/ 나비가 원무를 그리는"(「구스타프 클림트의 포옹」 부분) 장면은 세상을 직시하려는 시인의 '춤'에 대한 미감의 영역이 무한히 확대되고 있음을 확인할 수 있는 대목들이다.

5. 김금아, '선율의 바다'

바다 위에 피아노가 떠있다
반사 망원경에 잡힌 거리음악가,
햇살 한 장을 깔고
해변공연을 시작한다
뮤지컬 배우가
88개의 흰건반을 오르내리며
하늘과 바다를 줄달음질을 한다
마리오가 클래식 피아노를 치자
주황색 포스터에서

관객들이 쏟아져 나온다
해상 교를 달려가던 특급열차가
포스터에서 얼굴을 내밀고
교량을 걷어 낸다
모래부리가 은빛 플랜카드를 흔들자
수평선에서 플래시가 터지고
파도는 팝과 오페라의 경계를 넘나들며
공중곡예를 한다
타워크레인 줄에 매달린 뮤지컬 가수는
파스텔 렌즈를 열고
깊고 웅장한 바다를 연주한다

필름 속 연금술사는
바다연주장을 공중으로 견인해 간다

―「퍼즐 카페」 전문

김금아 시인은 시 속에서 바다의 선율을 생성하고 있다. 어느 거리음악가의 해변공연이 만들어내는 구체적 이미지는 상상적 이미지로의 변용을 통해 "팝과 오페라의 경계"를 넘나드는 파도의 역동적 이미지로까지 확대되고 있다. "바다 위에" 떠있는 피아노의 상상적 이미지가 88개의 흰건반을 오르내리는 "뮤지컬 배우"의 동적 이미지로, 배우의 동적 이미지가 "파도"의 역동적 이미지로 전이되어 가는 모습은 시인이 구축하고자 하는 세계의 축소판을 보는 듯하다. 그 공간에서는 선율의 바다가 있고, 주체와 객체가 따로 없으며, 인간과 자연, 사물이 그 역할의 구분 없이 합주를 한다. "아버지의 신발에 우물이 고여 있다/ …(중략)… / 두레박이 열리고 다급한 바리톤이 흘러나오"(「녹색필름」 부분)는 장면과 "코렐 쟁반에서/ 전주곡이 비바체로 핑퐁타기 시작하"(「프레임」 부분)는 장면, 그리고 "요정들이 첼로의 D현을 넘나들면/ 천사들이 혼성 4부 진혼곡을 부르"(「괴도 이탈」 부분)는 장면들 또한 대자연의 통합적 '선율'이 언어의 음악적 표현 한계에도 불구하고, 기묘한 조합을 이루고 있다. 어쩌면 '시'라는 대통합의 장치만이 만들어낼 수 있는 '위대한 소음'인 것은 아닐까. 김금아 시인의 시 속에는 '선율'의 빈틈이 있다. 그 틈새를 메워가며 상상하는 것은 기계적으로 작동하는 현실적 장치에서는 불가능한 것이다. 시인은 인간 중심적 사고방식의 한계를 넘어, "연금술사"의 마법이 "깊고 웅장한 바다"를 연주하듯, 현대인들이 보다 깊고 다양한 상상력을 갖고 세계와의 접속에 적극적으로 대응하기를 기대한다.

   시인들이 의식의 간섭을 받지 않고 시를 쓸 수 있을까? 앙드레 브르통은 인간의 꿈과 무의식의 우발적 기능을 극대화하고 비이성적 사고에 의해 촉발되는 무의식의 메시지를 시 쓰기의 중요한 기법으로 보았다. 이때의 광기와 도취는 보들레르와 발레리 그리고 랭보가 취했던 '접신(接神)'과 '무아(無我)'에도 해당된다. 정경미, 김미선, 신선, 이신정, 김금아 이 다섯 시인에게서도 서양의 시인들과 닮은, 예측할 수 없는 '소용돌이 언어의 미술(美術)'을 보는 듯했다. 다만 아직은 도정(道程)의 과정에 있는 이들에게 당부하고 싶은 것은, 서두에서 말했던 언어의 무의미성을 넘어서는 시의 내적 질서에 대한 고민은 앞으로도 계속되어야 한다는 것이다.
   가변차선 후기에는 정경미, 김미선, 신선, 이신정, 김금아 이 다섯 시인이 중요하게 생각하는, 시(詩)에 대한 다각도의 시선에 대해 피력하고 있다. 자연과 사물, 대상의 본질을 꿰뚫는 중심차선에서 비켜선 가변차선의 시선이, 무한대 차선으로 확장가능한 그들의 시선이기에 다시금 눈여겨보아지고, 이후가 더욱 기대된다.

고요히 밥 짓는 시인
―2021년 ≪부산시인≫ 겨울호를 읽고

  시(詩)란 무엇인가? 지나온 역사적 순간들 속에 우리의 마음을 간절하게 잡아주었던 그 시의 위의(威儀)는 다시 도래할 수 있는가. 섬광 같은 찰라에 가슴 깊숙이 잠깐 머물다 사라지는 그 시적 영감은 도대체 무엇을 의미하기 위함이었던가. 김준오의 『시론』에는, 오늘날의 일반적인 시는 대부분 서정시라고 불러야 할 만큼 서정이 아닌 것과 그 경계를 구분 짓기 어렵고, 애초에 서구의 음악적 기원에서 연원한 '서정시'라는 외래어는 더 이상 우리 시 문학사에 음악적 예속성을 동반하기 어려운 실정이라고 보고 있다. 최근 언어적 유희성(遊戲性)과 연동하여 일컬어지고 소비되는 경향의 시적(詩的) 존재성은 과연 여타의 소비재와 별 다를 바가 없는 것인가.
  외부에서 다가서는 '바람'과 '별빛'같이 오롯이 자아와 다른 존재와의 접속으로 시인의 내적인 고요는 동요(動搖)로 바뀌고 그 동요의 이유와 그 떨림의 정도를 고스란히 독자에게 전해보고자 밤잠을 설치며 사유를 갈무리하는 시인의 부단한 작업은 오늘날의 자본과 소비라는 물적 가치와는 아무래도 거리가 있어 보이며, 적어도 창작의 과정을 통해 고유한 한 존재의 정신적 가치가 한지처럼 스며든다는 것, 그것만으로 운치 있는 일인 것만은 분명하다. 그러하기에 시 짓는 일은 밥을 짓는 삶과 닮아있다.

무거운 햇살을 지고 길을 가로지르는 뱀
길이 길을 끌어당기는 백주대낮 어두운 곳을 찾아
찔레꽃 가시밭길 허둥지둥 내빼는데
청명에 죽으나 한식에 죽으나 그럼에도
죽을 판 살판 팔다리 없이 달리는 생명을 향해
짱돌부터 들고 줄팔매질을 해대는 건
생사여탈권을 쥔 살의도 방어도 아닌 다만
너의 이름과 형체만으로 대단히 언짢은 것이다
딱, 거기까지가 우리의 경계 그러니까
섬뜩한 너보다 짜릿한 긴장의 최전방
철천의 원수는 서로가 지레 놀라는 외나무다리
누구는 원죄 탓이라지만
뒤도 돌아보지 않고 꿈속까지 달아난
내 발뒤꿈치가 시린 것이다
죽음의 충동과 생명의 충동이 부딪치는 찰나
앗, 뜨거!
초강력 울트라 급속냉동의 피가 꽁꽁 언
천연냉동고에서 히말라야 눈바람이 불었고
내 몸 팔만사천 비늘이 섰다
주린 뱃구레로 논배미 수풀사이
달리기 위해 발을 버린 너에게 굳이
필요 없는 사족(蛇足)을 달자면
미안하다 너도 목숨인데
사실 알고 보면 아득한 옛날 우리도
손발 대신 앞발과 뒷다리로
노루처럼 뛰놀았는지도 몰라.

—「딱, 거기까지」전문

박정애의 시 「딱, 거기까지」는 뱀과 닮은 삶에 대해 노래하고 있다. "백주대낮 어두운 곳을 찾아" 도망치기 바쁜 존재였던 "뱀"에게 우리는 아무 까닭 없이 아무 돌맹이나 들고 "줄팔매질"을 퍼붓지 않았던가. 그러한 존재와의 경계선에는 "원죄"라는 회복 불가능한 굴레를 들씌우고 자행됐던 무의식적인 차별이자 잊어버린 폭력이 늘 도사리고 있었다. "죽음"과 "생명"이 부딪치는 자리에 대한 진지한 사유를 거치고 나서야 "내 몸 팔만사천 비늘"의 서러움과 속죄의 깨달음이 너와 나 사이의 미안한 거리였음을 직감할 수 있다. 그리하여 시인이 뱀에게 보내는 낮은 시선은 고요히 흔들리고 있는 것이다.

> 담장 너머
> 벌레 먹은 감 나뭇가지에
> 늦가을이 찾아오면
>
> 지나는 나그네의 마음을 훔치는
> 붉은 홍시
> 지나간 첫사랑의 몸살을 앓는다
>
> 찬 서리가 내리면
> 길가에 구르는 가랑잎에도
> 알알이 영글어가는 햇살이여
>
> 후회뿐인 황혼길에서
> 낙엽 위에 쓰다만 가을 편지를
> 가슴에 묻는다
>
> ―「홍시」 전문

김혜영의 시 「홍시」에는 의뭉스러움이 있다. 가을날의 풍경을 묘사하면서 "벌레 먹은 감 나뭇가지"의 애잔함에서 "붉은 홍시"의 싱그러움을 불러내고 있다. "찬 서리"가 내려앉을 때면 한 철을 견뎌내던 감나무 잎들도 생명을 다하고 여기저기 나뒹굴게 된다. 삶은 이렇듯 부질없이 흘러가 버린 뒤안길이며, 낙엽 위에 얼른거리는 "가을 편지"의 흔적이다. 이 쓸쓸하고 초라한 배경에 유일의 생기를 불어넣는 것은 "홍시"이다. 세월의 야속함 속에 붉은 기억으로 남을 법한 이야기들을 공중에 높이 매달고 있는 존재, "나그네"의 발길과 마음을 붙잡아 두고 그네들의 시선마저 땅 아래로 굴러떨어지지 않게 그 "첫사랑"의 높이는 "햇살"을 향해 있다. "후회"가 널브러진 삶의 노정 위에 오래된 기억을 영글어 생(生)의 높은 곳에 올려놓은 시인의 의뭉이 싱그럽다.

바깥 날씨를 피해
에어콘 틀고 거실에 앉아
모처럼
시 한 편 쓰려 하니
어디에서 냄새를 맡았는지 커피잔 테두리에
살랑살랑 눈길을 마주치는 하루살이 한 마리
눈에 거슬려 손사래를 친다

저리 비켜 이놈아!

보이지 않던 모습이
생각을 가다듬고
한 줄 써 내려 가는데
노-트에 살며시 앉는다

이것 봐라
너와 난 삶이 다르잖아--

손바닥에 누워 있는 놈
흔들어도 대답이 없다

하얀 면사포를 씌어

장례식 중이다

말매미 하염없이 우는 날
문상객이 올는지--

—「무의식 중에 살인」 전문

이옥순의 시 「무의식 중에 살인」은 일상과 속삭이는 사유가 재미있다. 무더운 여름날 "에어콘 틀고" 커피 한 잔 마시며 시 쓰는 여유는 누구에게나 상상가능한 장면이다. 일시에 그 고요한 평온을 뒤흔드는 "하루살이" 존재의 출현은 "문상객"을 떠올리는 시적 일상의 기록으로 마무리된다. 시인은 시를 쓰는 시인의 모습을 시로써 기록하는 메타적 시선을 견지하고 있다. 이 일상의 "무의식"적 살생이 하염없이 낮게 추락하지 않는 데에는 "시(詩)"라는 사유의 배경 속에 모든 시적 구도가 안착하고 있기 때문이다. 누구에게나 일어날 법한 일상에 대해 "너와 난 삶이 다르잖아"라는 삶의 경중을 속삭이는 대화적 구성과, "하얀 면사포를 씌어" 장례를 치른다는 미물에 대한 유희적 사유가, 시의 언어가 만들어내는 잔잔하고 쉽게 읽히는 템포와 만나면서 일면 미소 짓게 하는 순간을 연출하고 이옥순 시인의 내일의 시에는 무엇이 또 담겨 있으려나 하는 궁금증을 남긴다.

봄 날,
마빡에 덧난 부스럼의 가려움에 못 견뎌 하던
열 살의 봄 날 이었습니다.
좋은 볕, 맑은 바람 들이는 담벼락 아래 작은 구덩이 파서
몇 삽 흙에 눈물 섞어 시신을 묻었습니다.
기어이 다시 만날 날 온다는 할머니 말씀 좇아
고양이를 심었습니다.

가을 날,
땡볕 따가워 뭉게구름도 이리저리 분주한
모진 가을 날이었습니다.
남북통일 못 이루고 왜 먼저 가느냐고 대통령의 죽음을 원망하신
바로 그 다음 날 할머니도 가셨습니다.
발바닥 힘주어 야무지게 봉분 밟으며
엄마의 위로에 용기 내어 다시 만날 날 믿으면서
할머니를 심었습니다.

마지막 옷 한 벌 태워 지붕 위에 올린
서러운 가을 날이었습니다.
울타리 중간 중간 제자리 잡은 아름드리 누렁 호박
콩 심은 데 콩 나고 팥 심은 데 팥 나고,
고양이 심은 데 호박이 났습니다.

하나뿐인 주먹, 허공을 향해 불끈 휘두르며
호박보다 더 실한 통일이 자랄 것이라고
참전용사 외팔이 아버지는 외쳤습니다.

—「고양이 심기」 전문

　　박미출 시인의 시 「고양이 심기」에는 '죽음'이라는 의례적 행위와 역사적 현실이 같이 구현되어 무게감을 준다. "봄 날"의 어린 날에, 아이는 "담벼락 아래 작은 구덩이"를 파서 "고양이"를 묻으면서 회혼(回魂)의 기약을 할머니에게 듣는다. '목숨'이 다한 존재를 대하는 겸허한 자세는 소멸할 수 없는 생의 순간과 그 기억으로 흘러간 "가을 날"까지 지속된다. "통일"이라는 재회와 분리불가능에 대한 민족적 차원의 논의는 "할머니"에 대한 "엄마"의 '봉분 밟기'에서 개인적 차원의 관계의 집요로 전환되고, "참전용사 외팔이 아버지"의 외침에서 다시 역사적 차원의 변모로 구현되고 있다. 끝이 끝이 아니라는

삶과 죽음의 뒤엉킨 굴레만큼이나 무진(無盡)의 안개처럼 개인을 둘러싸고 있는 사회적 배경은 단독자로서 삶이 과연 개인에게 실현가능한 지점에 있는지 고민하게 한다. 그럼에도 불구하고 "콩 심은 데 콩 나고 팥 심은 데 팥 난다"라는 오래 묵은 속담의 인유는 여전히 '지속'되는 것과 오래도록 '지속'되어야 할 것에 대한 사유의 "심기"를 유도하고 있다.

> 영원히 죽지 않는 문장이다
> 감쪽같이 이어붙인 나는
> 당신들의 생생한 생 몇
> 발각될 줄 모르는 적나라한 죽음 몇
> 받아 적었어요
> 몽환적으로 대답하던 시인처럼
> 휘갈기는 거짓말탐지기처럼
> 일련번호도 없는 몽상의 파편들을 기록하는
> 나는 필경사
> 숙주를 찾아다니는 연가시처럼
> 환상을 필사하는 나는
> 멈출 때까지 멈추지 않는 사상충
> 꼬리를 잡히면 숨겨둔 가짜꼬리를 꺼낸다
> 물속에서 베껴 쓰는 나의 당신들
> 훔쳐온 들숨은 반드시 삼킬테니
> 걱정마시라
> 심해에 나를 수장시킨 나는
> 절대 수면 위로 떠오를 리 없으니
>
> *리플리 증후군: 스스로 지어낸 거짓말을 믿어버리고 환상 속에서 살게 되는 인격 장애
>
> ―「리플리 증후군」 전문

배옥주 시인의 시 「리플리 증후군」에도 시인이라는 존재의 병적인 증세에

대한 깊이를 보여준다. "영원히 죽지 않는 문장"을 발굴하려는 시인은, "생 몇"과 "죽음 몇"을 받아적는 보잘것없는 "필경사"에 지나지 않는다. 하지만 시인은 여느 필경사와는 달리, "휘갈기는 거짓말탐지기"가 되거나 "몽상의 파편들"을 기록하는 "리플리 증후군" 환자가 되어, 결코 부상할 수 없는 내적 잔흔의 "심해"에 깃들어 있는 존재이기도 하다. '스스로 지어낸 거짓말'과 '환상' 속에서 벗어나지 못하는 "리플리 증후군" 환자에게는 결코 없는, 시인 의 시적 언어에는 영원한 아름다운 숙제가 남겨져 있다. 필경사가 세상 모든 것을 받아적을 수 없는 것과 같이, 시인 또한 세계의 모든 진실을 드러내 놓을 수는 없다. 다만 심해에 영원히 도사리고 있는 "들숨"을 우리에게 차분 히 바라보게 하고 귀 기울여 듣게 하는 언어의 마법을 지니고 있을 뿐이다.

>민달팽이가 줄을 선다
>후두둑 굵은 빗줄기 소리
>장대비가 쏟아진다
>싸늘한 시멘트벽에
>더듬이 촉수를 놓치면
>가늠할 수 없는 길 위를
>산더미같이 이삿짐을 싣고 간다
>유토피아를 찾아 나서는 구름 사이
>햇살 한 줌 흘러내린다
>바닷가 산기슭 낯선 곳에 다다르자
>새로운 달팽이의 빈집이 떠오른다
>떠나온 곳은 아득하고
>뒤돌아보면 그리움이 어른거린다
>
>비상을 꿈꾸며 날아오르는 새 떼들
>넓은 바다를 건넌다
>
>――「이사」 전문

양선빈의 시 「모자 속에는」 존재의 방황을 담고 있다. 이 시에는 "비상을 꿈꾸며 날아오르는 새 떼들"과 달리 언제까지나 바닥으로 기며 이동할 수밖에 없는 존재의 한계성을 표상하는 "민달팽이"가 있다. "굵은 빗줄기"의 장대비가 시련이 되고, "싸늘한 시멘트벽"이 결코 만만치 않은 삶의 행로를 덧보탠다. 그간 지내왔던 삶의 터인 "집"을 떠나서 방황하고 다시 안정된 삶의 공간인 "집"을 갈구해야 하는 디아스포라적 존재는 차이의 경계를 넘어선 삶에 대해 늘 고민하게 된다. 녹록지 않은 "가늠할 수 없는 길 위"의 삶이란, 피안의 세계에서부터 불려 나온 운명의 불가사의일지도 모르지만, "민달팽이"로 표상되는 존재에게 시인이 고담하게 속삭이는 것은 무엇인가. "산더미"같은 생의 무게를 짊어지고 이동하는 삶, 멀기만 한 "유토피아"를 향한 "햇살 한 줌"의 환상은 길게 가지 못한다. 안주(安住)할 수 없는 길 위에 놓인 '방황'하는 존재로서의 우리 자신의 위치를 직시하고 보다 진실한 사유의 깊이로 그리고 고요히 밥 지으라.

신생비평선·14
스탄차의 밤

지은이·김종광
펴낸이·원양희
펴낸곳·도서출판 신생

등록·제2003-000011호
주소·48932 부산광역시 중구 대청로 135번길 5(401호)
　　　lapori01@hanmail.net　www.sinsaeng.org
전화·051-466-2006
팩스·051-441-4445

제1판 제1쇄·2024년 7월 26일

공급처·도서출판 전망

값 16,500원

ISBN 978-89-90944-88-7

*저자와의 협의에 의해 인지를 생략합니다.
*이 책 내용의 전부 또는 일부를 재사용하려면 반드시 저작권자와 신생 양측의 동의를 받아야 합니다.

*이 책은 경남문화예술진흥원의 문화예술지원을 보조받아 발간되었습니다.